读国学 · 诵经典

吕氏春秋 精解

（战国）吕不韦 ◎ 著　赵文彤 ◎ 编著

中国华侨出版社

图书在版编目（CIP）数据

吕氏春秋精解 /（战国）吕不韦著；赵文彤编著.
— 北京：中国华侨出版社，2016.10
ISBN 978-7-5113-6384-8

Ⅰ. ①吕… Ⅱ. ①吕… ②赵… Ⅲ. ①杂家②《吕氏春秋》—译文③《吕氏春秋》—注释 Ⅳ. ①B229.2

中国版本图书馆 CIP 数据核字（2016）第 245227 号

● 吕氏春秋精解

编　　著 /（战国）吕不韦著；赵文彤编著

责任编辑 / 王　燕

责任校对 / 孙　丽

装帧设计 / 环球互动

经　　销 / 新华书店

开　　本 / 730 毫米×1030 毫米 1/16　印张 /17　字数 /287 千字

印　　刷 / 北京柯蓝博泰印务有限公司

版　　次 / 2016 年 12 月第 1 版　2016 年 12 月第 1 次印刷

书　　号 / ISBN 978-7-5113-6384-8

定　　价 / 35.00 元

中国华侨出版社　北京市朝阳区静安里 26 号通成达大厦 3 层　邮编：100028

法律顾问：陈鹰律师事务所　　　　　　编辑部：（010）64443056　　64443979

发行部：（010）64443051　　　　　　传　真：（010）64439708

网　址：www.oveaschin.com　　　E-mail：oveaschin@sina.com

前　言

　　《吕氏春秋》又称《吕览》，是秦国丞相吕不韦集合门客而编撰的一部汇集先秦各家思想的巨著。它博采众家学说，以道家思想为主干，又涉及儒家、墨家、阴阳家、法家、名家等各家思想，力图阐述天地万物、古往今来的各种道理。无论九州地理、阴阳四时、天地万物等自然事理，还是士农工商、兴废之乱、仁义道德等人事，书中都各有详细论述。吕不韦的目的就是要编撰一部可以囊括"天地、万物、古今"的奇书，从一定程度上说，他的确实现了自己的目的，《吕氏春秋》这本书自诞生之始就受到了世人的重视，很多学者将其视为百家争鸣的总结者，对其大加推崇。东汉学者高诱就称赞它："大出诸子之右。"

　　《吕氏春秋》的出色还不仅仅体现在思想内容上，它的文字也十分优美，很多篇章单独提出来都算得上是上乘散文，无论叙事还是论理都非常精彩。吕不韦本人对这部著作非常满意。他曾令人将全书誊抄整齐，悬挂于咸阳市中，声称有能改动一字的即赏赐千金。消息传开后，人们蜂拥前往观看，无不对此书交口称赞，却没有一个人能够改动的。由此可知，本书在当时就可以称得上是"尽善尽美"了。

　　因为吕不韦的地位权势、其可以利用的资源十分充分，所以《吕氏春秋》一书从一开始就定下了宏大的规模，在形制、气派上就远远超过了前时诸子的作品。全书共分为十二纪、八览、六论。十二纪按照月令顺序编写，内容遵循春生、夏长、秋收、冬藏的自然变化规律，以天时引出人事，以人事论述道理，体现了道家天人合一的理念。八览主要是察览世风人情、叙说世间盛衰兴旺之理，士人如何立身、君主如何治国等道理都囊括于其中。六论则着重论述人世间的各种道理，包括人应采取怎样的行为尺度、坚守怎样的处世准则、在不同情境之中如何行事等等。可见，《吕氏春秋》的编写有着严密的计划，它是要"纪治乱存亡"、"知寿夭吉凶"，"上揆之天，下验之地，中审之人"，探索天地之间、古往今来的一切人情事理。

　　《吕氏春秋》的立意如此高远、宏大，人们在阅读之中获得的收获也自然十分丰富，所能学到的道理也自然十分深刻。它汇集百家思想，并非随意摘录，而是"集腋成裘"，力图选取各家思想之中最精华、最深刻的部分，并力图将其融会贯通，打破各家的门户之见，构造出一个囊括诸子、又超越百家的"道"——这"道"，不仅仅是某一家的道，而是天地之间通用、通行的道。所以，我们可以在《吕氏春秋》中看到道家的重生、贵柔、不争的思想，看到儒家的仁爱、守礼、名分等思想，看到墨家的兼爱、大公思想，看到法家的重法、公平等思想，看到名家的控名指实、名实相符等思想……这些思想都是诸子百家最精华的部分。可以说《吕氏春秋》就是一部诸子百家的"群书治要"，看它是最容易全面了解我国先秦思想文化的。

　　因为《吕氏春秋》原文繁多，且其中有关阴阳、时令、音乐、用兵等的内容对当今读者来说理解起来存在很多困难。所以，本书精选了其中一些相对更为有意义的部分，对其进行详细注释、翻译，以及大略解读，使读者更容易阅读，并领悟其中的道理。

　　我们力图使读者在最轻松的阅读中收获最多，在最短的时间内体悟到此书的精华。但由于水平有限，书中存在疏漏在所难免，尚企盼读者不吝批评指正。

目 录

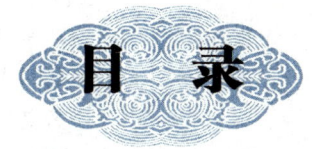

卷一纪

卷二览

卷三论

卷一纪

孟春纪

本生

原　文

　　始生之者，天也；养成之者，人也。能养天之所生而勿撄①之谓天子。天子之动也，以全天为故者也，此官之所自立也。立官者，以全生也。今世之惑主，多官而反以害生，则失所为立之矣。譬之若修兵者，以备寇也；今修兵而反以自攻，则亦失所为修之矣。

　　夫水之性清，土者抇②之，故不得清。人之性寿，物者抇之，故不得寿。物也者，所以养性也，非所以性养也。今世之人，惑者多以性养物，则不知轻重也。不知轻重，则重者为轻，轻者为重矣。若此，则每动无不败。以此为君，悖；以此为臣，乱；以此为子，狂。三者国有一焉，无幸必亡。

　　今有声于此，耳听之必慊③已，听之则使人聋，必弗听。有色于此，目视之必慊已，视之则使人盲，必弗视。有味于此，口食之必慊已，食之则使人瘖④，必弗食。是故圣人之于声色滋味也，利于性则取之，害于性则舍之，此全性之道也。世之贵富者，其于声色滋味也，多惑者。日夜求，幸而得之则遁⑤焉。遁焉，性恶得不伤？

1

万人操弓，共射其一招，招无不中。万物章章，以害一生，生无不伤；以便一生，生无不长。故圣人之制万物也，以全其天也。天全，则神和矣，目明矣，耳聪矣，鼻臭矣，口敏矣，三百六十节皆通利矣。若此人者，不言而信，不谋而当，不虑而得；精通乎天地，神覆乎宇宙；其于物无不受也，无不裹⑥也，若天地然；上为天子而不骄，下为匹夫而不惛⑦。此之谓全德之人。

贵富而不知道，适足以为患，不如贫贱。贫贱之致物也难，虽欲过之，奚由？出则以车，入则以辇，务以自佚，命之曰"招蹷之机⑧"。肥肉厚酒，务以自强，命之曰"烂肠之食"。靡曼皓齿，郑卫之音⑨，务以自乐，命之曰"伐性之斧"。三患者，贵富之所致也。故古之人有不肯贵富者矣，由重生故也；非夸以名也，为其实也。则此论之不可不察也。

注　释

①撄：摧残、扰乱。

②扪：搅乱。

③慊：愉悦、心中感到快乐。

④瘖：哑，说不出话来。

⑤遁：沉溺其间不能自拔。

⑥裹：囊括，包容。

⑦惛：通"闷"，郁闷、忧愁。

⑧招蹷之机：导致脚病的机械。蹷，脚病。

⑨靡曼皓齿：年轻艳丽的美女。郑卫之音：郑、卫之地放荡淫逸的音乐。

译　文

初始创造生命的是天，养育成就生命的是人。能够保养上天所创造出的生命不扰乱、摧残它的人称为天子。天子的任何举动，都是以保全天性及生命为目的的，这就是设立官职的缘由。设立官职，就是为了保全生命。如今世上昏惑的君主，过多地设立官职反而妨害了生命，这就违背了之所以要设立官职的初衷。譬如修整军队的目的本是为了抵御盗贼，如今修整军队却反过来攻杀自己，则也失去了修整军队的初衷。

水的本性是清澈的，有泥土使它扰乱，所以不能保持清澈；人的本性是长寿的，有外物使他扰乱，所以不能得到长寿。外物是用来供养生命的，而不是要损害生命去追逐外物。当今之人，愚惑者多损害自己本性去追逐外物，就是不知轻重了。不知轻重，则重要的东西被轻视，轻贱的东西反而被看重。如此，无论有什么举动，没有不失败的。这样的人做君主，就会昏聩糊涂；这样的人做臣子，就会悖乱无礼；这样的人做儿子，就会骄狂不孝。这三种情况，国家只要有其中一种，就难以幸免，必定灭亡。

如今假若有这样一种声音，耳朵听了一定能感到愉悦，但听了就会耳聋，人们一定不会去听；假若有这样一种颜色，眼睛看了一定能感到愉悦，但看完就会目盲，人们一定不会去看；假若有这样一种味道，嘴巴吃了一定能感到愉悦，但吃完就会哑掉，人们一定不会去吃。所以，圣人对于声色滋味，有利于生命就追求它，不利于生命就舍弃它，这才是保全天性之道。世上富贵的人对于声色滋味大多是愚惑糊涂的。他们日日夜夜地追求，侥幸得到了便沉溺于其间不能自禁，生命怎能不受损伤呢？

一万个人操持弓箭，射向同一个目标，这个目标没有不被射中的。万物明丽茂美，用来戕害一个生命，这个生命没有不被损害的；反之若用来养育一个生命，这个生命没有不得到长寿的。所以圣人对万物进行节制，目的是为了保全人的天性；天性保全了，精神就和谐了，眼睛就明亮了，耳朵就灵敏了，嗅觉就敏锐了，口齿就伶俐了，全身的筋骨也就舒展畅通了。这样的人，不用言说就拥有信义，不用谋划就行事恰当，不用思虑就知道结果；他们的精神与天地相通，涵盖了宇宙的方方面面；对于外物，他们无不承受，无不包容，就像天地一样；他们贵为天子也不会有一丝骄傲，贱为匹夫也不会有一丝苦闷。这就是所谓的"全德之人"。

富贵却不懂得养生大道，正足以作为忧患，如此还不如贫贱。贫贱时想获得外物也很难，即便想沉溺于物质享乐之中，又如何能够呢？出门乘车，入门乘辇，务求舒服安逸，这种车辇便可称为"招蹶之机"。吃肥肉，饮醇酒，极尽口腹之快，这种酒肉便可称为"烂肠之食"。妖冶曼丽的美女，放荡淫逸的郑卫之音，穷极耳目之乐，这种美色美音便可称为"伐性之斧"。这三种祸患，都是富贵所导致的。所以古代有不愿得到富贵的人，是因为看重生命的缘故啊！他们并不是为了夸耀虚名，而是为了实实在在的身体性命。人如果珍重自己的生命，就不可不明察以上的这些道理。

解　读

生命是人的根本，没有生命，衣食住行等一切活动便无法谈起；没有生命，仁义礼智等精神追求也就失去了载体。上天之道，利而不害；君子也应效法天道，珍惜自己的生命，珍爱他人的生命，多做有利于生命的事，而不要去戕害它。对于自己来说，要有积极向上的心态，珍惜上天、父母赐予我们的生命，热爱生活，多去做一些有意义的事情；对于他人来说，就要心怀仁慈，有好生之德，尤其是君主、统治者，要多采取有利于百姓的措施，不要为了自己的安乐享受而将百姓驱向死亡。天生人类是为了让我们保护万物的，而不是去戕害生命的；圣人树立天子、设立官职，也是为了让他们来爱护人民的，而不是让其戕害人民的。若自己忘记了自己的使命，违背天道，残害百姓、生灵，那就必然会被上天所厌弃，最终使自己走向灭亡。

想要有利于生命，就要顺从生命的本性，不要拂逆它。顺从生命的本性应使生命有所节制，而非纵容欲望、沉溺恣肆。我们需要饮食，但过于看重饮食，成天甘酒肥浓反而会伤害了肠胃；我们需要放松，但放松过度，成天沉浸于声乐游乐之中，反而会让人头脑混乱、志向消沉；我们需要安逸，但过分安逸，成天坐在车辇之上，也会让人四肢退化。老子说："五色令人目盲，五音令人耳聋，五味令人口爽，驰骋田猎令人心发狂。"《菜根谭》中说："爽口之味，皆烂肠腐骨之药，五分便无殃；快心之事，悉败身散德之媒，五分便无悔。"都是告诉人们，无论做什么事都要有节度，不可沉湎于感官的享受，反而损害了自己的生命。

重己

原　文

> 　　倕，至巧也；人不爱倕之指，而爱己之指，有之利故也。人不爱昆山之玉、江汉之珠，而爱己之一苍璧小玑[①]，有之利故也。今吾生之为我有，而利我亦大矣。论其贵贱，爵为天子，不足以比焉；论其轻重，富有天下，不可以易之；论其安危，一曙失之，终身不复得。此三者，有道者之所慎也。
>
> 　　有慎之而反害之者，不达乎性命之情也。不达乎性命之情，慎之何益？是师者[②]之爱子也，不免乎枕之以糠；是聋者之养婴儿也，方雷而窥之于堂。有殊弗知慎者？夫弗知慎者，是死生存亡可不可未始有别也。未始有别者，其所谓是未尝是，其所谓非未尝非。是其所谓非，非其所谓是，此之谓大惑。若此人者，天之所祸也。以此治身，必死必殃；以此治国，必残必亡。夫死殃残亡，非自至也，惑召之也。寿长至常[③]亦然。故有道者不察所召，而察其召之者，则其至不可禁矣。此论不可不熟。

使乌获①疾引牛尾，尾绝力勋⑤，而牛不可行，逆也。使五尺竖子引其棬⑥，而牛恣所以之，顺也。世之人主贵人，无贤不肖，莫不欲长生久视⑦，而日逆其生，欲之何益？凡生之长也，顺之也；使生不顺者，欲也。故圣人必先适欲。

室大则多阴，台高则多阳；多阴则蹷⑧，多阳则痿。此阴阳不适之患也。是故先王不处大室，不为高台，味不众珍，衣不燀热。燀热则理塞，理塞则气不达；味众珍则胃充，胃充则中大鞔⑨，中大鞔而气不达。以此长生可得乎？昔先圣王之为苑囿园池也，足以观望劳形而已矣；其为宫室台榭也，足以辟燥湿而已矣；其为舆马衣裘也，足以逸身暖骸而已矣；其为饮食酏醴⑩也，足以适味充虚而已矣；其为声色音乐也，足以安性自娱而已矣。五者，圣王之所以养性也，非好俭而恶费也，节乎性也。

注 释

①苍璧小玑：苍璧，次一等的玉璧；小玑，小珠子。

②师者：盲人。

③寿长至常：寿长，得到长寿；至常，生命至为正常，不受突发灾变。

④乌获：古代的大力士。

⑤勋：同"殚"，尽。

⑥棬：牛的鼻环。

⑦长生久视：即健康长寿。

⑧蹷：蹷疾，手足僵冷之病。

⑨鞔：通"懑"，闷胀。

⑩酏醴：酒浆。

译 文

倕，是天下最灵巧的人；然而，人们不爱惜倕的手指，却都爱惜自己的手指，是因为它属于自己而有利于自己的缘故。人们不爱惜昆山的美玉、江汉的宝珠，却爱惜自己的苍璧、小珠子，也是因为它们属于自己而有利于自己的缘故。如今我的生命为我所拥有，而带给我的利益也是极大的。从贵贱上说，即便是贵为天子，也不足以同我的生命相比；从轻重上说，即便是富有天下，也不能和我的生命相交换；从安危上说，生命一旦失去了，就再也不可复得了。这三方面都是有道之人所慎重考虑的。

有对生命小心翼翼却戕害生命的人，就是因为不能通达性命之真情的缘故。不能通达性命之真情，小心翼翼又有什么用呢？就如盲人爱护自己的孩子，却让他枕卧粗硬的谷糠；就如聋人养育婴儿，正当打雷的时候却抱着他在大堂中向外张望。这样的人知道对生命小心翼翼和不知道的人又有何差别呢？不知对生命小心的人，是他们根本不知道生死、存亡、可与不可之间的区别。不知道其间的区别，他们认为对的不一定是对的，他们认为错的不一定是错的；他们把正确的东西当成是错误的，却把错误的东西当成是正确的，这种情况就叫作"大惑"。像这样的人，是上天降祸的对象。这样的人保养自身，一定会遭遇死亡、罹受灾祸；这样的人治理国家，国家一定会残破、灭亡。死亡、灾祸、残破、灭亡，并非它们自己到来的，而是人的昏惑招致来的。长寿无祸也是同样的道理。所以有道之人不去考察招致而来的结果，而深察招致它们的原因，那么将生命发挥到极致也就是不可阻挡的了。这个道理不可不熟知。

假若让乌获用力拉牛的尾巴，即使用尽力气，将牛尾都拉断了，也不能让牛跟着走，这是违逆牛习性的缘故。假若让五尺高的童子牵着牛鼻环，牛就会顺从地跟着他到处走，这是顺从牛习性的缘故。世上的君主、贵人，无论贤能与否，莫不想获得健康长寿，然而却每日拂逆生命的习性，虽然想长寿，又有什么用呢？但凡生命长久，都是顺从其习性的缘故；使生命不顺的，就是欲望。所以圣人一定要先节制自己的欲望，使之适度。

房屋过大，阴气就会过多；台阁太高，阳气就会过盛。阴气过多就会生蹶疾，阳气过盛就会生痿疾。这就是阴阳不协带来的灾患。所以先王不住在大屋之中，不建筑高大的台阁，饮食不求丰盛珍异，穿衣不求过厚过暖。衣服过厚过暖脉理就会闭结，脉理闭结血气就不通畅；饮食丰盛珍异，胃就会被充满，胃被充满胸腹就会闷胀，胸腹闷胀气血就不能畅达。如此想要得到长生可以吗？从前圣王建造苑囿园池，足够观赏眺望、活动身体就可以了；建造宫室台榭，足以用来避暑避湿就可以了；制造车马衣裘，足以安身保暖就可以了；制备饮食美酒，足以调和口味、填饱肚子就可以了；设立声色音乐，足以安定性情、获得愉悦就可以了。这五种原则，就是圣人的养性之道，他们并不是喜好节俭，厌恶奢靡，仅仅是调节性情使其适度罢了。

解 读

重己，就是让人重视自己最宝贵的生命。别人的东西再好，我们也不在乎；自己的东西再小，我们也十分珍视，这是因为自己的东西能有利于自己。可最能有利于自己的莫过于生命了，我们有什么理由不珍惜自己的生命呢？

然而可悲的是，很多人知道生命的可贵，却经常做着损害生命的事情。这就是不能通达性命之真情，而被对外物的欲望所迷惑的原因。这样的人可以说是没有远见，也可以说是不辨是非、愚昧无知。譬如明明知道好色的危害，却不能离开女色；明明知道吸毒的危害却不能戒掉毒品；明明知道贪污受贿不会有好下场，却不能坚守节操……等到疾病、刑戮到来的时候，才悔恨自己曾经的过错，但那时已经晚了。君子一定要有远见，从事一件事的时候在享受它所带来的快乐时，一定要想到其中的危害。若在沉溺酒色之时，便想到疾病缠身时的苦痛；在追逐财禄之时，便能想到身遭刑戮之时的悲惨；在恣肆放纵之时，便想到众叛亲离、走投无路时的凄苦，又怎么还敢继续放纵呢？怎能不幡然醒悟、冷汗淋漓从而改邪归正呢？

知道错的事，不能立刻停止；知道对的事，不能立刻去施行。这就是人性之中存在的惰性。圣贤的教诲就记录在典籍之中，人人都可以读到，然而真正能够效仿圣贤的人却少之又少；前人亡国败身的事数不胜数，就记录在史书之中，人人都可以读到，然而步其后尘的人依然前仆后继……这真是可悲啊！君子要想避免祸患，在人生之中取得一番不平凡的业绩，就必须能克服自己身上的惰性，抑制人欲，明辨是非，依循天理、中道而行事。

贵公

原　文

　　昔先圣王之治天下也，必先公。公则天下平①矣。平得于公。尝试观于上志②，有得天下者众矣，其得之以公，其失之必以偏。凡主之立也，生于公。故《鸿范》③曰："无偏无党，王道荡荡。无偏无颇，遵王之义。无或作好，遵王之道。无或作恶，遵王之路。"

　　天下，非一人之天下也，天下之天下也。阴阳之和，不长一类；甘露时雨，不私一物；万民之主，不阿一人。伯禽④将行，请所以治鲁。周公曰："利而勿利也。"荆人有遗弓者，而不肯索，曰："荆人遗之，荆人得之，又何索焉？"孔子闻之曰："去其'荆'而可矣。"老聃闻之曰："去其'人'而可矣。"故老聃则至公矣。天地大矣，生而弗子⑤，成而弗有，万物皆被其泽，得其利，而莫知其所由始，此三皇五帝之德也。

　　管仲有病，桓公往问之，曰："仲父之病矣。渍⑥甚，国人弗讳，寡人将谁属国？"管仲对曰："昔者臣尽力竭智，犹未足以知之也。今病在于朝夕之中，臣奚能言？"桓公曰："此大事也，愿仲父之教寡人也。"管仲敬诺，曰："公谁欲相？"公曰："鲍叔牙可乎？"管仲对曰："不可。夷吾善鲍叔牙。鲍叔牙之为人也，清廉洁直；视不己若者，不比于人；一闻人之过，终身不忘。勿已，则隰朋其可乎？隰朋之为人也，上志而下求⑦，丑不若黄帝，而哀不己若者。其于国也，有不闻也；其于物也，有不知也；其于人也，有不见也。勿已乎，则隰朋可也。"夫相，大官也。处大官者，不欲小察，不欲小智，故曰：大匠不斫，大庖不豆⑧，大勇不斗，大兵不寇。桓公行公去私恶，用管子而为五伯长；行私阿所爱，用竖刀而虫出于户。

　　人之少也愚，其长也智。故智而用私，不若愚而用公。日醉而饰服⑨，私利而立公，贪戾而求王，舜弗能为。

注　释

　　①平：平定、治理。

②上志：古代典籍。

③鸿范：即《洪范》，《尚书》章名，相传为箕子向周武王陈述的治国之道。所选文字可翻译为：不要行偏，不要结党，先王大道宽敞坦荡；不要行偏，不要倾侧，遵从先王的大义。不要作私好，遵从先王的大道；不要行奸恶，遵从先王的大路。

④伯禽：周公之子，被分封在鲁国。

⑤弗子：不将其视为子女，即不以父母之恩德自居。

⑥渍：病。

⑦上志而下求：上志，有高大的志向，以比自己贤能的人为目标；下求，向下求索，即不耻下问。

⑧大庖不豆：好的厨师不亲自安排酒食。

⑨饰服：修饰丧纪服饰。

译 文

从前先代圣王治理天下，必定将公正无私放在首位。做到公正无私，天下就治平了。天下的平定就来自于公正无私。可以查看上古的记述，得到过天下的人很多，得到天下无不以公正无私，而失去天下则无不以偏颇不公。但凡明主创业垂统，一定是出自公正无私的本性。所以《鸿范》说："无偏无党，王道荡荡。无偏无颇，遵王之义。无或作好，遵王之道。无或作恶，遵王之路。"

天下，不是私属于某人的天下，而是所有天下人的天下。阴阳调和，不只生长一类物种；甘露时雨，不只滋润单一物类；万民之主，也不当偏私于某一人。伯禽将要赴鲁就国，向周公请教治国方策。周公告诉他："惠利民众而不要谋取私利。"楚国有人丢失了弓，而不去寻找，说："楚国人丢了，又会被楚国人捡到，还寻找什么呢？"孔子听闻此事，说："把'楚国'去掉就好了。"老聃听闻此事，说："再把'人'也去掉就好了。"像老聃这样，是最为公正无私的。天地是如此的伟大，生育万物而不以父母自居，成就万物而不占有它们，万物都承受它们的恩泽，得到它们的好处，却不知道这些恩泽、好处从何而来，这也正是三皇五帝的崇高德行。

管仲患病，齐桓公前往探望，问道："仲父病得相当重了。若您的病情恶化，不幸与世长辞，寡人可以将国家托付给谁呢？"管仲回答："从前臣竭尽精力、智慧，尚且不足以应付此事。如今重病，危在旦夕，又怎么能谈论这件事呢？"桓公说："这是关乎社稷的大事，希望仲父能教导我。"管仲恭敬地许诺了，问道："您打算任用谁为国相？"桓公问："鲍叔牙可以吗？"管仲回答："不可以。我和鲍叔牙交好。鲍叔牙为人过于清廉耿直；看到不如自己的人，就不屑与之为伍；一旦听闻他人的过错，便终身不忘。实在不得已，隰朋或许可以担任国相吧？隰朋的为人，既能向比自己贤能的人看齐，又不耻下问，以自己赶不上黄帝为耻辱，却能怜悯不如自己的人。他对于国事，不求全部明察；对于事物，不求全部得知；对于别人，不求全部闻见。若不得已，则隰朋可以担任国相。"相，是辅佐君主的大官。身处大官之位的人，不应该在小的地方苛察，不应该玩弄小聪明，所以说：高明的工匠不用自己动手砍削，高明的厨师不用自己安排酒食，大勇之人不去与人格斗厮杀，强大的军队不去劫掠钱财。齐桓公最初行事公正，摒弃自己的私仇，任用管子而成为五霸之首；而后行事偏私，亲昵宠嬖，任用竖刀而不得其死，尸虫爬出门外。

人年少时愚钝朴实，长大以后聪明有智。聪明却用私心，不如愚钝而行公德。整日饮酒至醉却要整饬丧纪，自私自利却要树立公正，贪婪暴戾却要追求王道，即便是舜也难以做到。

解读

何谓大公无私？老子说："天之道，利而不害；人之道，为而不争。"大公无私就是时刻怀着利人、利天下之心，不争名、不争位，不争私利。只有大公无私才能得到尊重、才配得到尊重。天地"无不持载，无不覆帱"，它们覆育万物、承载万物，对天地万物都平等视之，从来没有什么偏私，既不会特别钟爱谁，也不会特意讨厌谁，它们遵守自然规律而运行，所以四时有序，日月升降有常，世间万物都得以正常生长繁殖，人们无不感激天地的养育之恩，崇拜它们、祭祀它们。

君王治理国家，要想获得天地一样的尊崇，就必须效法天地大公无私的美德。对天下所有人一视同仁，无论贤愚贵贱、无论远近亲疏，都要关爱他们、保护他们，维护他们的利益、顺应他们的愿望，不因为私爱而偏私任何人，不因为私怨而抛弃任何人，有了利益不与臣民相争，有了过错不迁罪于人，铭记民众奉养自己的恩德，而忘记自己施惠于百姓的恩德。

人最容易犯的错误就是因小失大，喜欢玩弄小聪明的人，没有大智慧；喜欢在小事上苛察的人，没有大局观；喜欢结党营私的人，不会被天下人所认可……从前，光武帝姐姐的家奴犯法，被董宣所处死，光武帝不偏私自己的姐姐，就是因为他知道治理天下必须有大公之心，所以他能够将天下治理得井井有条；而东汉末期的君主，如汉桓帝、汉灵帝，只知道亲信身边的宦官，连朝中的大臣都猜忌、疏远，更何况天下百姓呢？于是朝中有"党锢之祸"，朝外有农民起义，天下混乱，王朝走向灭亡。历史上那些受人尊重的先贤，都是心怀天下、大公无私之人，如"鞠躬尽瘁，死而后已"的诸葛亮；如"先天下之忧而忧，后天下之乐而乐"的范仲淹；如铁面无私，不徇私情，不惧权贵的包拯……

公正是一种美德，它能让君子获得世人的尊重；公正是一种智慧，它能让君子事业坚实巩固；公正是一种难得的能力，只有贤能有德的君子才能战胜私心，做到公正无私。无论我们身居何位，应对什么事情，都要努力去追求公正的美德，培养自己公正的能力，它将成为你事业成功的有力保障。

去私

原　文

　　天无私覆也，地无私载也，日月无私烛也，四时无私行也。行其德而万物得遂长焉。黄帝言曰："声禁重，色禁重，衣禁重，香禁重，味禁重，室禁重。"尧有子十人，不与其子而授舜；舜有子九人，不与其子而授禹：至公也。

晋平公问于祁黄羊①曰："南阳无令,其谁可而为之?"祁黄羊对曰:"解狐可。"平公曰:"解狐非子之雠邪?"对曰:"君问可,非问臣之雠也。"平公曰:"善。"遂用之。国人称善焉。居有间,平公又问祁黄羊曰:"国无尉,其谁可而为之?"对曰:"午可。"平公曰:"午非子之子邪?"对曰:"君问可,非问臣之子也。"平公曰:"善。"又遂用之。国人称善焉。孔子闻之曰:"善哉!祁黄羊之论也,外举不避雠,内举不避子。"祁黄羊可谓公矣。

墨者有钜子②腹䵍,居秦,其子杀人,秦惠王曰:"先生之年长矣,非有他子也,寡人已令吏弗诛矣,先生之以此听寡人也。"腹䵍对曰:"墨者之法曰:'杀人者死,伤人者刑。'此所以禁杀伤人也。夫禁杀伤人者,天下之大义也。王虽为之赐,而令吏弗诛,腹䵍不可不行墨子之法。"不许惠王,而遂杀之。子,人之所私也。忍所私以行大义,钜子可谓公矣。

庖人调和而弗敢食,故可以为庖。若使庖人调和③而食之,则不可以为庖矣。王伯之君亦然。诛暴而不私,以封天下之贤者,故可以为王伯。若使王伯之君诛暴而私之,则亦不可以为王伯矣。

注 释

①祁黄羊:春秋时晋国大夫祁奚,字黄羊。
②钜子:又称"巨子",墨家的领袖。
③调和:烹调、调味。

译 文

上天覆育万物,不会有所偏私;大地承载万物,不会有所偏私;日月照耀万物,不会有所偏私;四时流行交替,不会有所偏私。它们播撒大公无私的美德,于是万物得以成长。黄帝曾经说过:"音乐禁止淫靡,色彩禁止炫目,衣服禁止奢华,香料禁止浓烈,食物禁止丰盛,宫室禁止高大。"尧有十个儿子,不将天下传给儿子而传给了舜;舜有九个儿子,不将天下传给儿子而传给了禹:他们可以称得上是至公了。

晋平公询问祁黄羊说:"南阳没有守令,谁可以担任呢?"祁黄羊回答:

"解狐可以。"晋平公问:"解狐不是你的仇人吗?"祁黄羊回答:"您询问谁可以担任南阳守令,而不是询问谁是我的仇人。"晋平公称赞道:"好啊!"于是任用解狐为南阳守令。国人都对这任命称好。过了一段时间,晋平公又问祁黄羊:"国家没有军尉,谁可以担任呢?"祁黄羊回答:"祁午可以。"晋平公问:"祁午难道不是你的儿子吗?"祁黄羊回答:"您询问的是谁可以担任军尉,而不是询问谁是我的儿子。"晋平公称赞道:"好啊!"于是任命祁午担任军尉。国人都对这任命称好。孔子听闻此事,感慨道:"好啊!祁黄羊举荐贤才,在外不避仇家,在内不避儿子。"祁黄羊可以称为大公无私了。

　　墨家有钜子名叫腹䵍,居住在秦国,他的儿子杀了人,秦惠王对他说:"先生的年纪很大了,没有其他的儿子,寡人已经下令给法吏不要诛杀他。这件事先生就听从我的吧。"腹䵍回答说:"墨家的法律规定:'杀人者偿命,伤人者受刑',这是用来禁止杀人、伤人的。禁止杀人、伤人,是天下的大义。大王虽赐我恩惠,让法吏不要诛杀他,我腹䵍却不可不施行墨子的法律。"于是没有应允秦惠王,自己处死了儿子。儿子,是人所私爱的。忍心杀死私爱的儿子来推行天下大义,钜子腹䵍可以说是大公无私了。

　　厨师调和好五味而不敢私自食用,所以可以做厨师。假若厨师调和好食物就私自去吃,那就不可以担任厨师了。成就王、霸之业的君主也是这样的:诛除残暴而不谋求私利,把得到的土地封赏给天下贤人,然后可以成就王霸之业。假若诛除残暴而私自贪取其利益,那就不可成就王霸之业了。

解　读

　　"贵公"、"去私"一脉相承,要想做到公正,就必须去除私心杂欲。古代的圣王心中考虑的从来都是民众的利益,从不为自己的私利打算,更不会为了满足自己的嗜欲而剥削人民:黄帝拥有整个天下,却不追求私人的享乐;尧、舜身居天子之位,却将天下授予贤人,而不授予自己的儿子;大禹为了将民众从洪水中拯救出来,奔波四方,屡过家门而不入……正因为他们能够以大公无私之心治理天下,爱护万民,所以民众像敬爱自己的父母一样敬爱他们,像崇拜天地神灵一样崇拜他们。

　　圣人不为自己考虑,但上天不会亏待他,人民不会忘记他,越是无私的人，越能成就自身的利益。黄帝无私，后人无不将其视为先祖，以最高的规格祭拜他；大禹无私，人们铭记他的恩德，将他的后代推上王位，使他们享国数百年……所以，老子说："圣人后其身而身先，外其身而身存，以其无私，故能成其私。"

贪私之心是一个人灾祸的来源，无论任何人一旦有了私心便不足以安身，即便贵为天子、诸侯也是如此。周厉王有私心，任用贪鄙的荣夷公与民争财，最后被民众所厌弃、驱逐；汉灵帝有私心，巧立名目搜刮钱财，卖官鬻爵以求享乐，结果引发了黄巾之乱，国家倾覆；隋炀帝有私心，私意搜刮民财，自己奢靡无度，最后身死国破……历史上那些败国亡家之人，那些贪赃枉法之人，岂不都是因为私心太盛而走向灭亡的？

贪私之心是一个人最大的缺陷，无论任何人有了私心便不足以任用。厨师有了私心，便会偷吃食物；库吏有了私心便会窃取钱财；士兵有了私心便会贪生怕死；法官有了私心便会徇私舞弊；卿相大臣有了私心便会欺上弄权；王公宰辅有了私心便会窃国作乱……

所以说，君子要想安身立命，远离灾祸就必须克制自己的私心；君子要想建功立业、成就大事，就要远离那些贪私鄙吝的人。"去私"，不仅要消除自己心中的私念，还要去除身边自私自利的小人。

仲春纪

贵生

　　圣人深虑天下，莫贵于生。夫耳目鼻口，生之役①也。耳虽欲声，目虽欲色，鼻虽欲芬香，口虽欲滋味，害于生则止。在四官者不欲，利于生者则弗为。由此观之，耳目鼻口不得擅行，必有所制。譬之若官职，不得擅为，必有所制。此贵生之术也。

　　尧以天下让于子州支父，子州支父对曰："以我为天子犹可也。虽然，我适有幽忧之病②，方将治之，未暇在天下也。"天下，重物也，而不以害其生，又况于他物乎？惟不以天下害其生者也，可以托天下。

　　越人三世杀其君，王子搜患之，逃乎丹穴③。越国无君，求王子搜而不得，从之丹穴。王子搜不肯出。越人薰之以艾，乘之以王舆。王子搜援绥登车，仰天而呼曰："君乎！独不可以舍我乎？"王子搜非恶为君也，恶为君之患也。若王子搜者，可谓不以国伤其生矣——此固越人之所欲得而为君也。

　　鲁君闻颜阖得道之人也，使人以币先焉。颜阖守闾，鹿布④之衣，而自饭牛。鲁君之使者至，颜阖自对之。使者曰："此颜阖之家邪？"颜阖对曰："此阖之家也。"使者致币，颜阖对曰："恐听缪而遗使者罪，不若审之。"使者还反审之，复来求之，则不得已。故若颜阖者，非恶富贵也，由重生恶之也。世之人主多以富贵骄得道之人，其不相知，岂不悲哉？

故曰：道之真，以持身；其绪余，以为国家；其土苴⑤，以治天下。由此观之，帝王之功，圣人之余事也，非所以完身养生之道也。今世俗之君子，危身弃生以徇物，彼且奚以此之也？彼且奚以此为也？凡圣人之动作也，必察其所以之与其所以为。今有人于此，以随侯之珠弹千仞之雀，世必笑之。是何也？所用重，所要轻也。夫生，岂特随侯珠之重也哉！

子华子曰："全生为上，亏生次之，死次之，迫生为下。"故所谓尊生者，全生之谓；所谓全生者，六欲⑥皆得其宜也。所谓亏生者，六欲分得其宜也。亏生则于其尊之者薄矣。其亏弥甚者也，其尊弥薄。所谓死者，无有所以知，复其未生也。所谓迫生者，六欲莫得其宜也，皆获其所甚恶者。服是也，辱是也。辱莫大于不义，故不义，迫生也。而迫生非独不义也，故曰迫生不若死。奚以知其然也？耳闻所恶，不若无闻；目见所恶，不若无见。故雷则掩耳，电则掩目，此其比也。凡六欲者，皆知其所甚恶，而必不得免，不若无有所以知。无有所以知者，死之谓也，故迫生不若死。嗜肉者，非腐鼠之谓也；嗜酒者，非败酒之谓也；尊生者，非迫生之谓也。

注　释

①生之役：被生命所支配。

②幽忧之病：过度忧劳的疾病。

③丹穴：山洞。

④鹿布：粗布。

⑤土苴：碎屑、渣滓。

⑥六欲：指眼、耳、鼻、舌、身、意等诸欲望。

译　文

圣人深虑天下之事，没有比生命更重要的了。耳、目、鼻、口等，都要为生命所支配。耳朵虽然想听到美声，眼睛虽然想看到美色，鼻子虽然想闻到芳香，嘴巴虽然想品尝美味，但如果这些危害到了生命，就应停止下来。相反，对于这四种感官来说，即便其本身不愿，只要有利于生命也会继续去做。由此看来，耳、目、鼻、口这四种感官都不能擅自行动，一定要有所约束。这就如设立各种官职，不能任其擅为，一定要有所节制。这就是珍惜生命的方法。

尧要将天下让给子州支父，子州支父回答："让我做天子是可以的。然而，我现在正患有过度忧劳的病症，正准备治疗，没有余暇顾及天下。"天下，是重大的事物，贤者不愿因为天下而妨害生命，更何况于其他东西呢？只有不愿因天下而妨害自己生命的人，才可以将天下托付给他。

越国人连续三代杀死国君，王子搜以此为忧患，逃到山洞之中。越国没有国君，寻找王子搜却找不到，最后追踪到了山洞中，王子搜不肯出来，越人便点燃艾草，用烟将其熏了出来。王子搜不得已拉着缰绳登上马车，仰天叹息道："国君啊！难道我就不能避开这个位置吗？"王子搜并不是厌恶做国君，而是厌恶做国君会招致的灾祸。王子搜，可以说是不愿因国家而损害自己性命的人了——这也正是越国人期望他来做国君的原因。

鲁君听说颜阖是位得道之人，便遣人带着礼物前往致意。颜阖守候在里巷门口，穿着粗布衣服，亲自喂牛。鲁君的使者到来，颜阖亲自接待他。使者问："这是颜阖家吗？"颜阖回答："这是颜阖的家。"使者奉上礼物，颜阖说："恐怕您将名字搞错了，这将给您引来罪过，不如先回去审察明白。"使者回去查问清楚了，回来再寻找颜阖，却已经寻不到了。像颜阖这样的人，并非本来就厌恶富贵，而是因为看重生命而厌恶它。世上的君主多凭恃富贵而骄傲于得道之人，他们如此不了解得道者，岂不是很可悲吗？

所以说：道的主体用来保全身体，剩余的部分用来管理国家，残渣碎屑用来治理天下。由此而看，帝王的功业，只不过是圣人闲暇之余的事情，并不是用来全身养性的至道。如今世俗的君子，危害自身、放弃生命以追求外物，他们这样做又是为了什么呢？他们怎么能够这样做呢？但凡圣人有所举止动作，必定明察其所要达到的目的和所能采取的手段。若有人用随侯的宝珠来弹射高空中的飞鸟，世人必然会嘲笑他，为何呢？所耗费的太重，而所追求的太轻。生命的贵重又岂止是随侯之珠可以相比的？

子华子说："全生是最上等的，亏生是次一等的，死亡又次一等，迫生是最低下的。"所谓的尊重生命，就是全生；全生，就是让六欲都得到适宜。所谓的亏生，就是让六欲只得到部分的适宜。亏生，生命中最珍贵的部分就有所亏损，亏损得越厉害，生命中最珍贵的部分就越薄弱。所谓的死亡，是指无知无欲，就如回复到生命开始前的状态一样。所谓的迫生，是指六欲都不得适宜，得到的都是它们所厌恶的。屈服、耻辱就是如此。屈辱没有比不义更大的了，所以不义就属于迫生。然而迫生不仅仅限于不义，所以说，迫生连死都不如。何以能知道这一点呢？耳朵听到令其厌恶的声音，还不如什么都听不到；眼睛看到所厌恶的事物，还不如什么都看不见。所以打雷了人们就掩上耳朵，知道闪电将至就闭上眼睛，迫生不如死的道理与此类似。各种感官知觉都知道自己十分厌恶的东西是什么，若一定不能免除，就不如没有知觉。没有知觉，就称为死亡，所以说迫生不如死。嗜好吃肉，并非是要吃腐烂的鼠肉；嗜好饮酒，并非是要吃变质的劣酒；珍惜生命，也并非是要珍惜连死亡都不如的迫生。

解　读

天下没有比生命更为重要的事情了，圣贤宁可不要天下也不会损害自己的生命。有利于生命的事情，他们就会积极去做；不利于生命的事情，他们就果断停止。然而，很多人却不能如此，他们懂得生命的可贵，却做着损害生命的事情：沉溺于感官享乐而伤害自己的身体；追求功名利禄而破坏自己的健康；做着不合道义的举动以招致刑罚……他们为了暂时的快乐，不惜损毁自己生于世间的基础，真是愚昧无知啊！

道，是用来保全身体的，而不是用来损害身体的。真正的得道者既能成就自己的事业，又能保全自己的身体，若连自己的身体都不能保全，又怎么去保护民众呢？古代有很多鞠躬尽瘁的统治者，他们不惜损害自己的身体以求治理，可即便能够成功，其所达到的治理也只是昙花一现，靠一个人勤劳牺牲毕竟不是治国之大道。那些真正懂得治国大道的人，只需垂拱而治，便能实现天下的长治久安，又怎会劳损自己的身体？所以，老子说："贵以身为天下，若可寄天下；爱以身为天下，若可托天下。"

然而，珍惜生命，并非是让人将性命看得比什么都重要、让人苟且偷生。懂得珍惜生命，就要让生命活得自在适宜、活得心安理得、活得问心无愧。假若因背弃了道义而生活在悔疚、耻辱之中，这样地活着对人来说就是一种折磨，即迫生，迫生还不如去死。所以说，贵生不仅要懂得生命的重要性，珍视生命，还要知道如何让生命得到它的尊贵。

情欲

原　文

　　天生人而使有贪有欲。欲有情，情有节。圣人修节以止欲，故不过行其情①也。故耳之欲五声，目之欲五色，口之欲五味，情也。此三者，贵贱、愚智、贤不肖欲之若一，虽神农、黄帝，其与桀、纣同。圣人之所以异者，得其情也。由贵生动，则得其情矣；不由贵生动，则失其情矣。此二者，死生存亡之本也。

　　俗主②亏情，故每动为亡败。耳不可赡③，目不可厌，口不可满；身尽府种④，筋骨沈滞，血脉壅塞，九窍寥寥，曲失其宜，虽有彭祖，犹不能为也。其于物也，不可得之为欲，不可足之为求，大失生本；民人怨谤，又树大雠；意气易动，跷然不固；矜势好智，胸中欺诈；德义之缓，邪利之急。身以困穷，虽后悔之，尚将奚及？巧佞之近，端直之远，国家大危，悔前之过，犹不可反。闻言而惊，不得所由。百病怒起，乱难时至。以此君人，为身大忧。耳不乐声，目不乐色，口不甘味，与死无择。

　　古人得道者，生以寿长，声色滋味能久乐之，奚故？论早定也。论早定则知早啬⑤，知早啬则精不竭。秋早寒则冬必暖矣，春多雨则夏必旱矣。天地不能两，而况于人类乎？人之与天地也同。万物之形虽异，其情一体也。故古之治身与天下者，必法天地也。

　　尊，酌者众则速尽。万物之酌大贵之生者众矣。故大贵之生常速尽。非徒万物酌之也，又损其生以资天下之人，而终不自知。功虽成乎外，而生亏乎内。耳不可以听，目不可以视，口不可以食，胸中大扰，妄言想见，临死之上，颠倒惊惧，不知所为。用心如此，岂不悲哉！

　　世人之事君者，皆以孙叔敖之遇荆庄王为幸。自有道者论之则不然，此荆国之幸。荆庄王好周游田猎，驰骋弋射，欢乐无遗，尽付其境内之劳与诸侯之忧于孙叔敖。孙叔敖日夜不息，不得以便生为故，故使庄王功迹著乎竹帛，传乎后世。

注　释

①不过行其情：不过分地纵容自己的感情。

②俗主：世俗之君主。

③赡：足够、满足。

④府种：浮肿。

⑤啬：节俭、节制。

译　文

上天创造出人类，就使他有了贪婪、欲望。欲望产生了感情，感情中带有节度。圣人依循节度而克制欲望，所以不会过分纵容自己的感情。所以，耳朵希望能听到五声，眼睛希望能看到五色，嘴巴希望能吃到五味，这是人之常情。这三者，无论贵贱、愚智、贤不肖之人都是一样的，神农、黄帝和桀、纣在这些上并无不同。圣人之所以不同于普通人，是因为他们能不使自己的感情超过节度。从贵生出发，就能节制自己的感情；不从贵生出发，就不能节制自己的感情。这两者，就是决定生死存亡的根源。

世俗之君缺乏对情感的节制，所以动辄灭亡。耳朵的欲望不可满足，眼睛的欲望不可满足，嘴巴的欲望不可满足；以至于全身浮肿，筋骨沉滞，血脉塞阻，九窍空虚，全部丧失了正常机能，即便有彭祖那样的身体基础，也是无能为力的。他们对于外物，总是想求得不可求得的东西，以此作为欲望；总是想满足不可满足的嗜欲，以此作为追求，大大丧失了生命的根本；导致民众怨恨，又给自己树立了大敌；他们的意气容易扰动，变化迅速而不稳固；他们夸耀权势、喜好智巧，胸中充满欺诈；他们轻慢德义而急于追逐邪恶私利，最后无不身陷困穷的境地之中，虽然事后悔恨，还来得及吗？他们亲近巧佞之辈，疏远端直的君子，以至于国家倾危，这才后悔从前的过错，但已经无法挽回了。他们听到自己将要灭亡的话才惊醒过来，却不知道造成这种恶果的因缘。百病暴发，乱难迭至。这样来治理百姓，只能给自身带来大患。最后，耳听五音感觉不到快乐；眼见五色感觉不到快乐，口尝五味感觉不到快乐，和死也没有什么两样了。

古代得道的人，生来就长寿，且能长久地享受声色滋味之乐，这是为什么呢？贵生的信念早就定下来了。贵生的信念早就定下来，则早早就知道节度嗜欲，早早知道节度嗜欲，精气就不会衰竭。秋寒到来得早，冬天必定暖和；春天雨水过多，夏天必然干旱。天地况且不能两全，更遑论区区个人呢？人身和天地的道理是相同的。万物虽然形体各异，但它们盛衰之道是同样的。所以古代修养自身和治理天下的人一定要效法天地。

杯中的酒，倒的人多了，干竭得就迅速。万物之中消耗宝贵生命的东西太多了。所以宝贵的生命常常很快就耗尽。不只是万物消耗它，君主又自己损害它来为天下人操劳，而自己始终并不察觉。虽然成就了身外的功名，但却在内里亏损了生命。耳朵不可以听音，眼睛不可以视物，嘴巴不可以品尝美食，胸中受到极大的扰动，胡言乱语，神思恍惚，临死之时，精神错乱、惊恐万分，举止失常。劳心劳到这种程度，岂不可悲！

世上侍奉君王的人，都以为孙叔敖能够遇到楚庄王为幸事。但有道的人就不会如此评论，这只是楚国的幸事而已。楚庄王喜好周游田猎，驰骋射箭，纵情享乐，将国内操劳的政事和来自于诸侯的忧患都托付给孙叔敖。孙叔敖日夜不得休息，无法顾及到养生之事，这样才使楚庄王的功绩被记录于竹帛史书之上，流传于后世。

解　读

任何人都有欲望和感情，嘴巴喜欢吃美味，耳朵喜欢听音乐，眼睛喜欢看美色，无论是圣人还是愚人，是君子还是小人都是如此。所不同的是，圣人、君子懂得节制自己的感情，能够以理智指导外在的感官欲望，他们在满足耳目口鼻的享乐之时不忘自己应当坚守的原则，不会为了这些而伤害最根本的生命；小人、愚者则不然，他们纵容自己的情感，为了满足嗜欲而无所不为，弃置道德、节操，不顾生命的根本，最后也会被这种无节度的欲望所吞没，给自己招来耻辱、灾祸。

"飘风不终朝，骤雨不终日"，天地之间任何东西都是有限的，生命自然也不例外。得道之人在享受生命的同时也能够注意养护它，他们不会随意耗费自己的精力，所以能够健康长寿；而愚昧的人没有这种贵生的远见，总以为生命是无尽的、精力是用不完的，不知道爱惜自己的身体，肆意纵情纵欲，等到精力耗竭、百病怒至之时才畏惧悔疚，但已经晚了。

所以，君子一定要爱惜自己的生命，节制自己的欲望，合理调整自己的感情，在正常的工作学习之中也要劳逸结合，使精力不致多度损耗。

当染

原　文

墨子见染素丝者而叹曰："染于苍则苍，染于黄则黄，所以入者变，其色亦变，五入而以为五色矣。"故染不可不慎也。

非独染丝然也，国亦有染。舜染于许由、伯阳，禹染于皋陶、伯益，汤染于伊尹、仲虺，武王染于太公望、周公旦。此四王者，所染当，故王天下，立为天子，功名蔽天地。举天下之仁义显人，必称此四王者。夏桀染于干辛、岐踵戎，殷纣染于崇侯、恶来，周厉王染于虢公长父、荣夷终，幽王染于虢公鼓、祭公敦。此四王者，所染不当，故国残身死，为天下僇①。举天下之不义辱人，必称此四王者。齐桓公染于管仲、鲍叔，晋文公染于咎犯、邻偃，荆庄王染于孙叔敖、沈尹蒸，吴王阖庐染于伍员、文之仪，越王句践染于范蠡、大夫种。此五君者，所染当，故霸诸侯，功名传于后世。范吉射染于张柳朔、王生，中行寅染于黄籍秦、高强，吴王夫差染于王孙雄、太宰嚭，智伯瑶染于智国、张武，中山尚染于魏义、椻长，宋康王染于唐鞅、田不禋。此六君者，所染不当，故国皆残亡，身或死辱，宗庙不血食，绝其后类，君臣离散，民人流亡。举天下之贪暴可羞人，必称此六君者。凡为君，非为君而因荣也，非为君而因安也，以为行理也。行理生于当染。故古之善为君者，劳于论人②而佚于官事③，得其经也。不能为君者，伤形费神，愁心劳耳目，国愈危，身愈辱，不知要故也。不知要故，则所染不当；所染不当，理奚由至？六君者是已。六君者，非不重其国、爱其身也，所染不当也。存亡故不独是也，帝王亦然。

非独国有染也。孔子学于老聃、孟苏、夔靖叔。鲁惠公使宰让请郊庙之礼于天子，桓王使史角往，惠公止之。其后在于鲁，墨子学焉。此二士者，无爵位以显人④，无赏禄以利人。举天下之显荣者，必称此二士也。皆死久矣，从属弥众，弟子弥丰，充满天下。王公大人从而显之；有爱子弟者，随而学焉，无时之绝。子贡、子夏、曾子学于孔子，田子方学于子贡，段干木学于子夏，吴起学于曾子；禽滑黎学于墨子，许犯学于禽滑黎，田系学于许犯。孔墨之后学显荣于天下者众矣，不可胜数，皆所染者得当也。

注 释

①僇：辱。

②论人：考察贤人，任用材士。

③官事：处理具体事务。

④无爵位以显人：指其身为平民，没有爵位来赐予别人让他人显贵。

译 文

墨子看到染丝的人，不禁感叹："染于黑色就为黑色，染于黄色就为黄色，所浸入的染料改变了，丝的颜色也就变了，五次浸入不同的染料，便呈现五种不同的色彩。"所以，对于浸染之物不可不慎重啊！

不仅仅染丝是这样的，国家也有所浸染。舜受到许由、伯阳的浸染，禹受到皋陶、伯益的浸染，汤受到伊尹、仲虺的浸染，武王受到太公望、周公旦的浸染。这四位先王所浸染之人得当，所以能称王于天下，被立为天子，功名覆盖天地。人们谈及天下有仁义的显达者，一定要称这四位先王。夏桀受到干辛、岐踵戎的浸染，殷纣受到崇侯、恶来的浸染，周厉王受到虢公长父、荣夷终的浸染，周幽王受到虢公鼓、祭公敦的浸染。这四位先王所浸染的人不当，所以国家残破，身先死我，被天下所羞辱。人们谈及天下不义受辱之人，一定会称这四位先王。齐桓公浸染于管仲、鲍叔牙，晋文公浸染于咎犯、郤偃，楚庄王浸染于孙叔敖、沈尹蒸，吴王阖闾浸染于伍子胥、文之仪，越王句践浸染于范蠡、文种。这五位君主所浸染之人得当，所以能够称霸诸侯，功名流传于后世。范吉射浸染于张柳朔、王生，中行寅浸染于黄籍秦、高强，吴王夫差浸染于王孙雄、太宰嚭，智伯瑶浸染于智国、张武，中山尚浸染于魏义、椻长，宋康王浸染于唐鞅、田不禋。这六位君主所浸染的人不当，所以国家无不残破，自身或死或辱，宗庙倾覆，家族断绝，君臣离散，人民流亡。人们在谈及天下贪婪残暴令人羞耻的人时，一定要称这六位君主。但凡作为君主，并非因为是君主才荣耀，并非是因为君主才安逸，是因为他们能施行正道，施行正道在于所浸染之人得当。所以古代善于做君主的人，在察贤任能上勤劳而很少去操心具体的政事，这就是掌握了为君的方法。不善于担任君主的人，伤身费神，内心忧愁，耳目劳累，国家却越来越危险，自身也越来越受辱，这就是不知为政之要的缘故。不知为政之要，就在于所浸染的人不得当；所浸染的人不得当，治国的正道由何而来呢？以上那六位君主就是如此啊。以上那六位君主并非不爱惜自己的国家，并非不爱惜自己的身体，只因浸染之人不得当而已。不单单诸侯的存亡如此，帝王也是这样的。

不只国君有所浸染，普通人也是一样的。孔子向老聃、孟苏、夔靖叔学习。鲁惠公派遣宰让像周天子请教郊庙祭祀的礼节，周桓王派遣史角前往教授，鲁惠公便将史角留在了鲁国。他的后代在鲁国居住，墨子就是从那里求学的。这两个人，没有爵位来使人显贵，没有赏禄来使人富贵，然而人们在谈及天下先打荣耀之人时，必定要称这两位先贤。他们都去世很久了，但追随他们学说的人却越来越多，弟子学生也越来越多，遍及天下。王公大臣也跟从学习，使之更加显荣；人们有爱护子弟的，都让他们跟着学习，没有停止衰落之时。子贡、子夏、曾子跟随孔子学习，田子方向子贡学习，段干木向子夏学习，吴起向曾子学习；禽滑黎向墨子学习，许犯向禽滑黎学习，田系向许犯学习。孔子、墨子的后学弟子荣显于天下的人太多了，不可胜数，都是因为所浸染得当的缘故。

解　读

丝帛染于苍色便为苍色，染于黄色便为黄色，最初的材质是相同的，但结果却迥异，其最终用处也必然大不相同，也许有的被用作君主的礼服，有的只能被用作擦桌子的抹布……人也是如此，染于君子则为君子，染于小人则为小人，同样是本性纯真的婴孩，有的人长大成为圣人贤士，成为国家的栋梁；有的只能成为庸人俗人，默默无闻；更有的甚至沦为奸邪盗贼，身受刑戮……如何选择身边的人，就决定了自己会变成什么样子。作为君主，要想成为一个明君，就需要亲近贤臣，选拔有德之士来辅佐自己；若心中思慕成为贤君，却让自己身边环绕阿谀谄媚的小人，那就是缘木求鱼了，必然不能如愿。普通人同样也应该亲近贤人，疏远道德败坏、见识浅薄的小人、愚人。孔子说："里仁为美，择不处仁，焉得智？"荀子说："蓬生麻中，不扶而直；白沙在涅，与之俱黑。"所阐述的都是这一道理。

功名

原　文

　　由其道，功名之不可得逃，犹表①之与影，若呼之与响。善钓者，出鱼乎十仞之下，饵香也；善弋者，下鸟乎百仞之上，弓良也；善为君者，蛮夷反舌殊俗异习皆服之，德厚也。水泉深则鱼鳖归之，树木盛则飞鸟归之，庶草茂则禽兽归之，人主贤则豪杰归之。故圣王不务归之者，而务其所以归。

　　强令之笑不乐；强令之哭不悲；强令之为道也，可以成小，而不可以成大。缶醯黄②，蚋聚之，有酸，徒水则必不可。以狸致鼠，以冰致蝇，虽工，不能。以茹鱼③去蝇，蝇愈至，不可禁，以致之之道去之也。桀、纣以去之之道致之也，罚虽重，刑虽严，何益？大寒既致，民暖是利；大热在上，民清是走。故民无常处，见利之聚，无之去。欲为天子，民之所走，不可不察。今之世，至寒矣，至热矣，而民无走者，取则行钧也④。欲为天子，所以示民，不可不异也。行不异乱，虽信令，民犹无走。民无走，则王者废矣，暴君幸矣，民绝望矣。故当今之世，有仁人在焉，不可而不此⑤务；有贤主，不可而不此事。

　　贤不肖不可以不相分⑥，若命之不可易，若美恶之不可移。桀、纣贵为天子，富有天下，能尽害天下之民，而不能得贤名之。关龙逢、王子比干能以要领之死争其上之过，而不能与之贤名。名固不可以相分，必由其理。

注　释

　　①表：晷表，日晷的标杆。

②醯黄：醯，醋；黄，变质，长出黄衣。

③茹鱼：腐鱼。

④取则行钧也：指走到哪里都是一样，各地统治者同样残暴无道。

⑤此：指推行王道、施行仁政。

⑥不可以不相分：应为"不可以相分"，即名实相符，有贤能的德行，便有贤能的名声；有不肖的行为，便有不肖的名声。

译　文

依循正道而追求功名，功名就不可以逃脱掉，就如晷表与影子一样，就如呼声和回音一样。善于垂钓的人，能够将鱼从十仞深的渊水中钓出，这是饵香的缘故；善于射猎的人，能够将鸟从百仞高的空中射下，这是弓好的缘故；善于为君的人，能够令蛮夷戎狄等语言习俗相异的人都服从，这是德厚的缘故。渊水幽深，鱼鳖就会前来游曳；树木茂盛，飞鸟就会前来栖息；草木兴盛，禽兽就会前来生活；君主贤能，天下豪杰就会前来归附。所以，圣王不勉强要求人民归附，而是努力创造出使人民愿意归附的条件。

强迫别人笑，笑得必然不快乐；强迫别人哭，哭得必然不悲伤；强迫别人跟随自己，只能取得小成就，而不可以成就大业。缶中的醋长了黄衣，蚋虫就会聚集在上面，是因为有酸；若缶中盛的仅仅是水就不会这样了。用狸猫来招致老鼠，用冰块来招致苍蝇，虽然工巧，但也不可能如愿。以腐鱼驱赶苍蝇，苍蝇反而来得更多，不可以禁止，这是因为用招引它们的方法来驱赶它们的缘故啊。桀纣以驱逐百姓的方式来招揽百姓，刑罚虽然严厉残酷，又有什么用处呢？大寒到了，人们就会追求温暖；酷暑之时，人们就会追逐清凉。所以民众没有特定的止处，看到有利的地方就聚集而去，没有惠利便离开。要想成为合格的天子，百姓所趋向的原因，不可不深察。当今之世，至为寒冷，至为酷热，而民众没有奔走的，是因为各个君主所做的都是一样的。要想成为天子，用来施与百姓的，不可以不与他国相异。若每个君主的行为都与暴乱之君并无差别，那么即便下达命令，人民也不会趋附于谁。民众不趋附于谁，王道就被废弃了，那天下的暴君将得以侥幸存活，民众则会陷入绝望之中。所以，当今之世，若有仁者存在不可不勉励追求仁政王道，若有贤主在位，不可不勉励推行仁政王道。

贤能与不肖的名声不可以与实际德行相分离，就如命数之不可变易，就如美丑之不可更改。桀、纣贵为天子，富有天下，能够害遍天下所有百姓，却不能获得贤能的名声；关龙逢、王子比干能以死来争辩其君主的过失，而不能给予他们贤能的名声。名声本来就不可脱离于德行，一定是有它由来的道理。

解　读

《颜氏家训·名实篇》中说："名之与实，犹形之与影也。德艺周厚，则名必善焉；容色姝丽，则影必美焉。今不修身而求令名于世者，犹貌甚恶而责妍影于镜也。"本段文字所阐述的就是这个道理。美名并不是独立存在的，它仅仅是德行的附属之物，德行高尚美名自然会到来，德行卑劣不肖之名也自然会到来。每个人都希望拥有美好的名声，即便桀纣幽厉之君也不例外，但很多人却不知道如何才可以获得好的名声。他们不注意修养自己的德行，却在外虚伪矫饰，盗名欺世；他们做着无耻失德的勾当，却埋怨别人的指责；他们残酷地虐待百姓，却强迫百姓称赞自己。这样的人即便手中的权力再大，再为奸诈，也逃不掉被后人唾弃的命运。

《大学》中说："人之视己，如见肺肝然。"你有什么样的德行，做了什么样的事情，别人都看得清清楚楚，德行美好，行事端正，美名想躲也躲不掉；德行败坏，行事偏邪，恶名想避也避不开。历史上，有的统治者不注重修德行善，却害怕民众批判指责，妄想堵住悠悠众口，所以控制言论，实施"文字狱"；有的统治者平庸无能，毫无功绩，却招揽一批阿谀小丑，到处为自己歌功颂德，宣扬根本不存在的丰功伟绩……这种拙劣的表演，只能在历史中成为笑话。

好的名声并非不可求得，但一定要知道求得的正道。要想获得仁爱的名声，就要切实去爱护百姓，关心百姓；要想获得贤明的名声，就要真正能疏远小人，亲近贤者，实施利国利民的政策；要想获得宽惠的名声，就要真正做到心胸宽广，容纳与自己观点不同的人；要想获得有能力的名声，就要勤政努力，建立出真正值得世人钦佩的业绩。名不虚立，誉不虚至，只有有德者才能拥有它们。

季春纪

先己

　　汤问于伊尹曰："欲取天下，若何？"伊尹对曰："欲取天下，天下不可取；可取，身将先取。"凡事之本，必先治身，啬其大宝①。用其新，弃其陈，腠理遂通。精气日新，邪气尽去，及其天年。此之谓真人。

　　昔者，先圣王成其身而天下成，治其身而天下治。故善响者不于响于声，善影者不于影于形，为天下者不于天下于身。《诗》②曰："淑人君子，其仪不忒。其仪不忒，正是四国。"言正诸身也。故反其道③而身善矣；行义则人善④矣；乐备君道而百官已治矣，万民已利矣。三者之成也，在于无为。无为之道曰胜天⑤，义曰利身，君曰勿身。勿身督听⑥，利身平静，胜天顺性。顺性则聪明寿长，平静则业进乐乡，督听则奸塞不皇。故上失其道，则边侵于敌；内失其行，名声堕于外。是故百仞之松，本伤于下而末槁于上；商、周之国，谋失于胸，令困于彼。故心得而听得，听得而事得，事得而功名得。五帝先道而后德，故德莫盛焉；三王先教而后杀，故事莫功焉；五伯先事而后兵，故兵莫强焉。当今之世，巧谋并行，诈术递用，攻战不休，亡国辱主愈众，所事者末也。

夏后相启与有扈战于甘泽而不胜。六卿请复之，夏后相启曰："不可。吾地不浅，吾民不寡，战而不胜，是吾德薄而教不善也。"于是乎处不重席，食不贰味，琴瑟不张，钟鼓不修，子女不饬⑦，亲亲长长，尊贤使能。期年而有扈氏服。故欲胜人者，必先自胜；欲论人者，必先自论；欲知人者，必先自知。《诗》⑧曰："执辔如组。"孔子曰："审此言也，可以为天下。"子贡曰："何其躁也！"孔子曰："非谓其躁也，谓其为之于此，而成文于彼也。"圣人组修其身而成文于天下矣。故子华子曰："丘陵成而穴者安矣，大水深渊成而鱼鳖安矣，松柏成而涂之人已荫矣。"

孔子见鲁哀公，哀公曰："有语寡人曰：'为国家者，为之堂上而已矣。'寡人以为迂言也。"孔子曰："此非迂言也。丘闻之，得之于身者得之人，失之于身者失之人。不出于门户而天下治者，其惟知反于己身者乎！"

注　释

①大宝：身体、性命。

②出自《诗·曹风·鸤鸠》，诗句可译为：善良美好的君子，仪容端庄而整洁。仪容端庄而整洁，为各国立下良好榜样。

③反其道：反身自省，回归道义。

④人善：得到他人的称誉、认可。

⑤胜天：顺从天命。

⑥督听：正听，不偏听。

⑦饬：修饰、打扮。

⑧出自《诗·邶风·简兮》。组，丝线；即驾马者熟练掌控着缰绳，就如织布一样。

译　文

商汤向伊尹请教："要想得到天下，应该怎样做呢？"伊尹回答："一心想要夺取天下，天下反而不能得到；要想得到它，就必须反求于自身。"大凡做事的根本，一定要先整治自身，爱惜自己的身体。弃旧纳新，肌肤纹理便会通畅；每日更新精气，摒除邪气，就能终其天年。这样的人就是所谓的"真人"。

从前，古代圣明的君主，成就自身以成就天下，治理自身以治理天下。所以，善于了解回声的人，不去致力于回声而去了解声源；善于了解影子的人，不去致力于影子而去了解本体；善于治理天下的人，不去致力于天下而去修养自身。《诗》中说："淑人君子，其仪不忒。其仪不忒，正是四国。"就是在强调要端正自身。所以反身回到正道，就能得到自身的完善；勉励践行仁义，就能得到他人的赞许；乐于施行君道，就能使百官有序、万民受利。这三方面的成功，都在于"无为"。无为之道，就是顺应天命；无为之义，就是有利于自身；无为之君，就是凡事不亲力亲为。凡事不亲力亲为，就不会偏听偏信；有利于自身，就能内心平静；行事顺应天命，就不会拂逆本性。不拂逆本性则聪明长寿，内心平静则事业兴盛，不偏听偏信，视听就不会被奸佞所掩蔽。所以，为君失道，则敌人入寇边疆；在内失德，则名声遭到败坏。因此，百仞高的松树，下面的根受到了损伤，上面的枝叶就会枯萎；商、周这样的大国，君主胸中谋略不当，政令就会无法推行。所以，心有所得，听就会有所得；听有所得，政事就会有所得；政事有所得，功名便自然获得。五帝依循天道而修养德行，所以德行至盛；三王普施教化而设立刑罚，所以功业至高；五霸修理政事而进行征讨，所以军队至强。当今之世，智巧计谋并行，诈伪权势并用，攻伐征战不休，灭亡的国家、受辱的君主因此越来越多，就是因为他们所致力的是细枝末节啊！

夏王启与有扈氏在甘泽展开大战而未胜。六卿请求再战，夏启说："不可以。我的土地不狭小，我的民众不稀少，与人战而不胜，是我的德行浅薄而政教不善啊！"于是，他坐的时候不铺两重席子，吃的时候不备两种以上菜肴，不听琴瑟、钟鼓以娱乐，不让子女修饰打扮，亲近亲人、敬爱长者、尊重贤能、任用良才。这样一年以后，有扈氏自动归服。所以说，要想胜过别人，首先克制自己；要想评论别人，首先整饬自身；要想了解别人，首先了解自己。《诗》云："执辔如组。"孔子说："审度清楚这句话的道理，就可以治理天下了。"子贡说："《诗》中的做法太急躁了吧！"孔子说："诗句并不是在说驾驭者有多么急躁，而是说在这里握着缰绳，而驾驭的命令在那里体现。"圣人修养自身而天下治平，就如织布时花纹会自动显现一样。所以子华子说："丘陵形成了，穴居的动物就安身了；大水深渊形成了，鱼鳖就安身了；松柏长成了，路中的行人就能得到荫凉了。"

孔子拜见鲁哀公，哀公说："有人对寡人说：'治理国家的人，在朝堂之上就能将国家治理好。'寡人认为这是迂腐之言。"孔子说："这绝非迂腐之言。我听说，得到自身修养的人就可以得到人心，失去自身修养的人就会失去人心。不用出门户就能将天下治理好的人，所指的就是懂得反省自身的人吧！"

解 读

"物有本末，事有终始，知所先后，则近道矣。"凡事都要求之于本，而不要求之与细枝末节。得到天下之本，在于得到人民；得到人民之本，在于自身的道德修养。一个人道德高尚，能够施行有利于民众的政治，民众就会爱戴他、拥护他，他就能拥有强大的力量，就能拥有广大的土地，就能建立王霸之业；反之，一个人即便身处高位，继承大国，但若不修德行，民众就会厌恶他，就会弃他而去，他的权力和土地都将会失去。《大学》中说："有德此有人，有人此有土，有土此有财，有财此有用。"《中庸》中说："大德必得其位。"《论语》中说："为政以德，譬如北辰，居其所而众星拱之。"所阐述的都是以德为本的道理。

论人

原 文

主道约，君守近。太上①反诸己，其次求诸人。其索之弥远者，其推之弥疏；其求之弥强者，失之弥远。

何谓反诸已也？适耳目，节嗜欲，释智谋，去巧故②，而游意乎无穷之次，事心乎自然之涂，若此则无以害其天矣。无以害其天则知精③，知精则知神④，知神之谓得一⑤。凡彼万形，得一后成。故知一，则应物变化，阔大渊深，不可测也；德行昭美，比于日月，不可息也，豪士时之，远方来宾，不可塞也；意气宣通，无所束缚，不可收也。故知，知一则复归于朴，嗜欲易足，取养节薄，不可得也；离世自乐，中情洁白，不可量也；威不能惧，严不能恐，不可服也。故知，知一则可动作当务，与时周旋，不可极也；举错以数，取与遵理，不可惑也；言无遗者，集肌肤⑥，不可革也。谍人困穷，贤者遂兴，不可匿也。故知，知一则若天地然，则何事之不胜？何物之不应？譬之若御者，反诸己，则车轻马利，致远复食而不倦。昔上世之亡主，以罪为在人，故日杀戮而不止，以至于亡而不悟。三代之兴王，以罪为在己，故日功而不衰，以至于王。

何谓求诸人？人同类而智殊，贤不肖异，皆巧言辩辞以自防御，此不肖主之所以乱也。凡论人，通则观其所礼，贵则观其所进，富则观其所养，听则观其所行，止则观其所好，习⑦则观其所言，穷则观其所不受，贱则观其所不为。喜之以验其守，乐之以验其僻⑧，怒之以验其节，惧之以验其特，哀之以验其人，苦之以验其志。八观六验，此贤主之所以论人也。论人者，又必以六戚四隐。何谓六戚？父、母、兄、弟、妻、子。何为四隐？交友、故旧、邑里、门郭。内则用六戚四隐，外则用八观六验，人之情伪、贪鄙、美恶无所失矣。譬之若逃雨污，无之而非是。此先圣王之所以知人也。

注　释

①太上：首先。

②巧故：巧饰、做作。

③精：微妙的事理。

④神：万物奥妙的变化规律。

⑤得一：得道。

⑥集肌肤：指正道如肌肤一般与己合一，不可分离。

⑦习：任职行事之时。

⑧僻：癖好。

译　文

人主须恪守的大道十分简单，君王要奉行的原则近在身边。首先要懂得反求于己，其次要懂得求之于人。该求之于近的，越向远处索求就越会疏离；该求之于浅的，越向深处追寻就越会失去。

什么叫反求于己呢？使耳目获得适宜，使嗜欲得到节制，放下智术谋略，抛弃诈巧虚伪，让思绪在无限的空间中遨游，让心灵在自然的道路上行进，如此就不会损害自己的天性了。不损害自己的天性便能知晓事理的精妙，知晓事理的精妙便能知晓变易的玄奥，知晓变易的玄奥便是所谓的得道。世间万物，得道之后才能生成。故而得道，就能顺应万物变化，这样的人智慧博大精深，不可测度；德行昭然美好，并于日月，不可熄灭；四方豪杰、远方宾客都会随时前来归附他们，不可遏止；他们自身意气宣畅，无所束缚，不可抑敛。由此可知，得道就会复归于淳朴，嗜欲容易满足，仅需少量地索取养身之物，而无须占有它们；得道就能脱离世俗而自得其乐，情感中和、品性洁白，不可污染；这样的人威吓不能使其畏悚，严厉不能使其恐惧，凭恃强力也难以将其压服。由此可知，得道就会举止恰当合宜，能够随时周旋交际，不会陷入穷窘之中；这样的人举动合乎常情，取与遵循道理，不可以迷惑；这样的人言辞没有过失，正道就如肌肤一样与其合二为一，不可更改。当他们执掌政事之时，谗佞者穷困潦倒，贤能者意气风发，世人的善恶贤愚都无所隐藏。由此可知，反求于己的得道者就如天地一样，还有什么不能解决的呢？还有什么不应对的呢？就如驾车的人，反过来要求自己，就会觉得车轻马利，到达很远的地方再进食也不会觉得疲倦。从前那些亡国之主，总以为罪过都在别人身上，故每日杀戮不止，以至于灭亡了都不知道悔悟。而三代兴盛的明王，总会觉得罪过都在自己身上，所以能日日建功而不衰败，以至于称王天下。

什么叫求之于人呢？世人虽同属一类，却愚智不同，贤不肖有别，什么样的人都巧言辩解来掩饰自己，这就是昏君迷乱的原因。但凡考察他人，通达时就观察他所礼遇的人，显贵时就观察他所举荐的人，富贵时就观察他所奉养的人；有所言论时就观察他的行为，空闲无事时就观察他的喜好，任职做事时就观察他的话语；贫穷时观察他不愿接受的东西，贫贱时观察他不愿去做的事情。欢喜时检验他的操守，快乐时检验他的癖好；故意激怒他来观察他的节气，故意恐吓他来验证他的原则；让他悲哀来考验他的为人，让他痛苦来考验他的志向。这八观六验就是贤者用来考察他人的方法。考察人还必须借用六戚四隐。什么是六戚呢？父亲、母亲、兄长、弟弟、妻子、子女。什么是四隐呢？朋友、故旧、乡人、邻居。在内则用六戚四隐，在外则用八观六验，人的真伪、贪鄙、美恶就能完全知晓。这就如将其置身于大雨之中一样，无论跑到哪里都无法逃脱贤者的考察。这就是先代圣王用以识别他人的方法。

解　读

本节文章讨论了君主应该明知的两大原则：反诸己、求诸人。反诸己，就是遇到事情先从自己身上找原因，不要急着去苛责他人；求诸人，就是如何才能真正了解他人，辨别贤愚忠奸。这两方面不单单适用于君主，任何人都应该遵守、了解。

反诸己，是人人都该具有的美德。它要求对别人宽容，而对自己进行节制。遇到错误，从自己身上找原因；有了过失，自己主动去承担；事情失败了，莫迁怒于他人；事情成功不要自居功劳；不好的事情不要强推给别人，美好的事不要自己争着占有……这就是恕道，是不争、谦让的美德，是坚毅刚强、勇于承担的美德。从古至今，那些受人敬仰的明君贤臣都是善于求诸己的。如商汤训诫众人时说："万方有罪，在予一人。"孔子教训弟子们说："君子求诸己，小人求诸人。"秦穆公在崤之战失败后，不责罚将领们而自己承担罪过。诸葛亮北伐失利以后，主动为自己降级……而那些昏庸的人则都是不能反诸己，而好迁怒于人的。夏桀、商纣、秦二世、隋炀帝等都是如此，他们自身德行不足，却怪罪自己的大臣，肆意因小过残杀国家栋梁，他们遇到了挫折便认为将领无能、百姓不忠，用严刑酷法驱使他人，用高压暴政维护自己的权威，然而越是这样，灭亡到来得就越为迅速。我们在生活之中，遇到了什么困难，受到了什么挫折，一定要善于从自己身上找原因，一定要勇于自己承担责任，这即是为人的美德，也是立身处世的智慧。

求诸人，则是能够审察别人的智慧。只有能够真正了解他人，才能知道谁是贤者，谁是愚者，谁是君子，谁是小人，谁正直而善良，谁虚伪而奸佞，这样我们才能亲贤远佞，才能结交君子，疏远小人，才不会陷入小人的环绕之中而茫然不自知。

孟夏纪

劝学

先王之教，莫荣于孝，莫显于忠。忠孝，人君人亲之所甚欲也；显荣，人子人臣之所甚愿也。然而人君人亲不得其所欲，人子人臣不得其所愿，此生于不知理义。不知义理，生于不学。

学者师达而有材，吾未知其不为圣人。圣人之所在，则天下理①焉。在右则右重，在左则左重，是故古之圣王未有不尊师者也。尊师则不论其贵贱贫富矣，若此则名号显矣，德行彰矣。故师之教也，不争轻重尊卑贫富，而争于道。其人苟可，其事无不可。所求尽得，所欲尽成，此生于得圣人。圣人生于疾学，不疾学而能为魁士②名人者，未之尝有也。疾学在于尊师，师尊则言信矣，道论矣。故往教者不化，召师者不化；自卑者不听，卑师者不听。师操不化不听之术，而以强教之，欲道之行、身之尊也，不亦远乎？学者处不化不听之势，而以自行，欲名之显、身之安也，是怀腐而欲香也，是入水而恶濡也。

凡说者，兑③之也，非说④之也。今世之说者，多弗能兑，而反说之。夫弗能兑而反说，是拯溺而硾之以石也，是救病而饮之以堇⑤也。使世益乱、不肖主重惑者，从此生矣。故为师之务，在于胜理，在于行义。理胜义立则位尊矣，王公大人弗敢骄也，上至于天子，朝之而不惭。凡遇合也，合不可必。遗理释义，以要不可必，而欲人之尊之也，不亦难乎？故师必胜理行义然后尊。

曾子曰："君子行于道路，其有父者可知也，其有师者可知也。夫无父而无师者，余若夫何哉！"此言事师之犹事父也。曾点⑥使曾参，过期而不至，人皆见曾点曰："无乃畏⑦邪？"曾点曰："彼虽畏，我存，夫安敢畏？"孔子畏于匡，颜渊后，孔子曰："吾以汝为死矣。"颜渊曰："子在，回何敢死？"颜回之于孔子也，犹曾参之事父也。古之贤者与，其尊师若此，故师尽智竭道以教。

注　释

①理：得到治理，有理可依。

②魁士：贤能之士。

③兑：通"悦"，使人心悦诚服。

④说：死说硬灌，不能以理服人。

⑤堇：乌头草，有毒。

⑥曾点：曾子的父亲，也是孔子的学生。

⑦畏：受困。

译　文

先王的政教中，没有比孝更为荣耀的了，没有比忠更为显扬的了。忠孝，是作为君主、父亲甚为希望得到的；荣显，是作为臣子、儿子甚为希望拥有的。然而，作为君主、父亲却往往难以得到他们想要的忠孝，作为臣子、儿子往往也难以拥有他们想要的荣显，这都是因为不懂得义理的缘故。不懂得义理的根源在于不去学习。

学者，若老师贤达而自己又有才，我不知道他为何不能成为圣人。圣人存在，天下也就治理了。圣人在左边，左边就会被看重；圣人在右边，右边就被看重，所以古代的圣明君主没有不尊重老师的。尊重老师就不要去计较他们的贵贱贫富，这样名号就显达了，德行就彰明了。所以，老师在教诲学生的时候，也不要计较他们的尊卑贫富，只在乎他们是否一心向道。只要其人能够归于正道，其行事也不会有什么差池。所追求的全部能得到，所希望的全部能实现，这种情况就在于达到了圣人的境界。圣人产生于努力学习，不努力学习而能成为贤士名人的，从来没有过。努力学习在于尊敬老师，尊敬老师言辞才会信实，才可以去谈论大道。所以说，主动上门教人的老师不可以教好他人，呼唤老师前来的学生不可以得到教化；自卑自贱的老师不会被听从，鄙视轻慢老师的学生也不会学得真学问。老师采用不可教化他人、不能让他人听从的手段来勉强教育学生，要想道义得到施行、自身获得显贵，不是会距离目的越来越远吗？学生处在不可被教化、不会学到真学问的地位，而随意行事，想要名声彰显、自身安稳，就如希望芳香却怀揣腐臭之物，就如厌恶被沾湿却进入水中一样。

但凡说教，应该令对方心悦诚服，而不是硬说硬灌。当今世上说教的人，大多不能使对方心悦诚服，却去硬说硬灌。不能使对方心悦诚服而反去硬说硬灌，就如拯救溺水者却用石头令其沉下去一样，就如想要给人治病却让他喝下毒药一般。天下愈加混乱、不肖之主愈加昏惑的原因，都在于此。所以，做老师的要务在于以道理取胜，在于确立道义。以道理取胜、确立了道义，老师的地位也就尊显了，王公大臣也不敢轻慢，贵为天子拜见老师也不会惭愧。大凡师徒相遇，并不一定都能和谐融洽。放弃道理、不立道义，而去追求不一定成功的事，想要让人尊重自己不是很难吗？所以，老师一定要竭尽智力，遵循道义，然后才能尊显。

曾子说："君子在道路上行走，其中有父亲的可以看出来，其中有老师的也可以看出来。对于那些无父无师的人，我又能将其如何呢？"这是说侍奉老师就应该像侍奉父亲那样。曾点曾派曾子出去办事，过了期限曾子还没回来，人们见了曾点都说："不是被什么事情困住了吧？"曾点说："他即便被困住，但我还在这里，他怎么敢受困在那儿不回来呢？"孔子受困于匡地，颜渊落在了后面，孔子对他说："我还以为你死了呢！"颜渊说："您还在，我怎么敢轻易去死。"颜回对于孔子，就如曾子侍奉他的父亲。古代的贤者，尊重自己的老师到了这种地步，所以老师也尽心竭力地教诲他们。

解 读

"玉不琢，不成器；人不学，不知义。"人固然有善良的本性，但若不接受教育，不去向老师学习，善良的本性便不能扩充开来，各种美德也就不会在他的身上显现。人生之初资质大多类似，长大以后却贤愚悬殊，善恶迥异，就是因为他们所接受的教育不同，对学习的态度不一。以贤者为师，学习先圣的大道，便能了解各种做人的原则，知道大丈夫立于世间应该坚守什么样的节操；从不接受贤者的教诲，整日与奸邪小人厮混，头脑中便没有那些正确的做人观念，也就谈不上什么操守、原则了，这样的人如何能成为受人尊敬的君子呢？如何能担当起时代赋予的使命呢？

学习首先要尊重自己的老师，是老师为自己传道授业解惑的，是他们让自己摆脱愚昧，使自己脱胎换骨，成为君子的。在某种意义上，老师和父母一样都赋予了自己新的生命，尊重他们就该如尊重父母一样，所以古人说："一日为师，终身为父。"同时，老师也应主动获得学生的尊重，而获得学生尊重的方法就是"理胜义立"，即以理教育学生，使其心悦诚服，树立仁义之道，使学生能沿着正道而成长。

总之，学生要想学业有成，就必须尊重老师，向其学习圣贤之道；老师要想获得尊贵，就必须以义教人，以理服人。

尊师

原　文

　　神农师悉诸，黄帝师大挠，帝颛顼师伯夷父，帝喾师伯招，帝尧师子州支父，帝舜师许由，禹师大成贽，汤师小臣，文王、武王师吕望、周公旦，齐桓公师管夷吾，晋文公师咎犯、随会，秦穆公师百里奚、公孙枝，楚庄王师孙叔敖、沈尹巫，吴王阖闾师伍子胥、文之仪，越王句践师范蠡、大夫种。此十圣人、六贤者未有不尊师者也。今尊不至于帝，智不至于圣，而欲无尊师，奚由至哉？此五帝之所以绝，三代之所以灭。

　　且天生人也，而使其耳可以闻，不学，其闻不若聋；使其目可以见，不学，其见不若盲；使其口可以言，不学，其言不若爽[①]；使其心可以知，不学，其知不若狂。故凡学，非能益也，达天性也。能全天之所生而勿败之，是谓善学。子张，鲁之鄙家也；颜涿聚，梁父之大盗也；学于孔子。段干木，晋国之大驵②也，学于子夏。高何、县子石，齐国之暴者也，指于乡曲③，学于子墨子。索卢参，东方之钜狡也，学于禽滑黎。此六人者，刑戮死辱之人也。今非徒免于刑戮死辱也，由此为天下名士显人，以终其寿，王公大人从而礼之，此得之于学也。

凡学，必务进业，心则无营④。疾讽诵，谨司闻，观欢愉，问书意，顺耳目，不逆志，退思虑，求所谓，时辨说，以论道，不苟辨⑤，必中法，得之无矜，失之无惭，必反其本。生则谨养，谨养之道，养心为贵；死则敬祭，敬祭之术，时节为务。此所以尊师也。治唐圃，疾灌浸，务种树；织葩屦⑥，结罝网，捆蒲苇；之田野，力耕耘，事五谷；如山林，入川泽，取鱼鳖，求鸟兽。此所以尊师也。视舆马，慎驾御；适衣服，务轻暖；临饮食，必蠲洁；善调和，务甘肥；必恭敬，和颜色，审辞令；疾趋翔，必严肃。此所以尊师也。

君子之学也，说义必称师以论道，听从必尽力以光明。听从不尽力，命之曰背；说义不称师，命之曰叛。背叛之人，贤主弗内之于朝，君子不与交友。故教也者，义之大者也；学也者，知之盛者也。义之大者，莫大于利人，利人莫大于教；知之盛者，莫大于成身，成身莫大于学。身成则为人子弗使而孝矣，为人臣弗令而忠矣，为人君弗强而平矣，有大势可以为天下正矣。故子贡问孔子曰："后世将何以称夫子？"孔子曰："吾何足以称哉？勿已者，则好学而不厌，好教而不倦，其惟此邪！"天子入太庙祭先圣，则齿⑦尝为师者弗臣，所以见敬学与尊师也。

注 释

①爽：疾病，指口哑不能言。

②大驵：市场上的中间经纪人。

③指于乡曲：被乡人所斥责。

④营：疑惑。

⑤苟辨：坚持错误的观点而巧言辩解。

⑥菅屦：麻鞋。

⑦齿：并列。

译　文

神农以悉诸为师，黄帝以大挠为师，颛顼以伯夷父为师，帝喾以伯招为师，尧以子州支父为师，舜以许由为师，禹以大成赞为师，汤以小臣为师，文王、武王以吕望、周公旦为师，齐桓公以管夷吾为师，晋文公以咎犯、随会为师，秦穆公以百里奚、公孙枝为师，楚庄王以孙叔敖、沈尹巫为师，吴王阖闾以伍子胥、文之仪为师，越王句践以范蠡、大夫种为师。以上十个圣人、六位贤者没有不尊敬老师的。如今的人，尊贵不及帝王，智慧赶不上圣人，却想不尊重老师而治理国家，怎么能实现呢？这正是五帝之道废绝，三代之治不再重现的原因啊！

况且，上天创造人类，使人的耳朵具有听力，若不学习，他的听力就不如聋人；使人的眼睛具有视力，若不学习，他的视力就不如盲人；使人的嘴巴可以言语，若不学习，他的表达能力就不如哑巴；使人的心可以感知事物，若不学习，他的知觉就不如狂惑之人。但凡学习，并非是为了求取好处，而是使人能通达天性。能够保全上天赐予的本性而不损害它们，这就叫作善于学习。子张，出身于鲁国鄙俗的家庭；颜涿聚，本是梁父之间的大盗，他们都能向孔子学习。段干木，本为晋国市场上的中间贩子，他能向子夏学习。高何、县子石，本是齐国残暴的人，被乡曲所斥责，他们能向墨子学习。索卢参，本是东方有名的奸猾之辈，他能够向禽滑黎学习。这六个人，本为应遭受刑戮、死亡、耻辱的人，如今不仅免除了刑戮、死亡、耻辱，反而成为天下的名人显达之士，得以寿终正寝，连王公大人都信服并礼遇他们，这都是因为学习的原因啊。

但凡学习，务必要追求增进学业，这样心中就没有疑惑了。要努力诵习，谨慎地听取老师的教诲，注意在老师欢愉的时候去请教书中的意旨，要顺适老师的耳目，不违背老师的心意，退下来认真思考，探求老师所讲的道理，时时对学问分辨讨论，以论述其中的道理，不要苟且巧辩，一定要合乎法度，自己意见正确不要骄矜，自己意见不正确也不要失落，一定要切实追求学问的根本。老师活着的时候，要谨慎地奉养他，奉养之道，以养心最为重要；老师去世以后，要恭敬地祭祀他，祭祀之术，以合时为最为重要。这就是尊重老师的做法。治理场圃，努力灌溉，积极种植；织造麻鞋，编结兽网，编织蒲苇；到田野上努力耕耘，种植五谷；到山林、川泽之中捕捉鱼鳖、鸟兽。这些都是尊师的做法。察视马车，谨慎驾驭；穿衣适度，力求轻暖；备办饮食，确保清洁；善于调和五味，务求肥美甘甜；对人务必恭敬，颜色和悦，谨审辞令；行走迅速，表情庄重。这些都是尊重老师的做法。

君子的学习，谈说义理必定称引老师的教导以阐明道义，听从老师的教诲就一定努力将其发扬光大。听从老师的教导，而不尽力将其发扬光大，这就叫作"背师"；言说义理而不称引老师的教导，这就叫作"叛师"；背师、叛师之人，贤明的君主不会接纳他们在朝为臣；君子也不会与他们交友。所以，教育是极为重要的一种道义；学习是极为高明的一种智慧。最大的道义，莫过于利人，利人之事没有胜过教育的了；最高的智慧，莫过于成身，成身之事没有胜过学习的了。身成之后，作为儿子不用驱使就能自动孝顺，作为臣子不用命令就自动忠诚，作为君主不用强迫就能自动公正，其中最具大势的便是成为天下的君主。所以，子贡曾询问孔子说："后代将用什么话来称赞夫子呢？"孔子说："我有什么值得称道的？如果一定要说的话，就是学而不厌，诲人不倦，大概只有这些吧！"天子进入太庙祭祀先圣，就与曾经作为自己老师的人并排而立，不将他们视为臣子，这就是敬仰学习与尊重老师的体现。

解　读

尊重老师，就是尊重大道。古代那些圣王都能亲近贤者，将贤者当作老师看待，所以能够以道治国，使国家兴盛；而那些傲慢自大的君主，从来都是自以为是，对能够教益自己的贤士也不尽礼节，所以他们永远也不知道在何处，德行浅薄、智慧鄙陋，以至于身危国亡。要想成为一个有德有才、事业成功的人，我们就应该永远保持谦虚的品行，以贤者为师，尊重他们，践行他们的教诲。

奉养之道，以养心为贵；尊重老师，最好的做法就是铭记老师的教导，将老师的学说发扬光大。所以，努力修缮自己的德行，做一个才德兼备的君子；努力充实自己的学问，用自己的学问来造福天下；注意自己的言行举止，使自己获得尊重、荣耀，而使自己的老师同样得到荣耀，这就是对老师最大的尊重。表面上尊重老师，口中说着客气的话，却不听从老师的教诲，做着老师所厌恶的事情，这哪里算得上是尊师呢？

用众

原　文

　　善学者，若齐王之食鸡也，必食其跖数千而后足①；虽不足，犹若有跖。物固莫不有长，莫不有短，人亦然。故善学者，假人之长以补其短。故假人者遂有天下。无丑不能，无恶不知。丑不能，恶不知，病②矣。不丑不能，不恶不知，尚矣。虽桀、纣犹有可畏可取者，而况于贤者乎？

　　故学士曰：辩议③不可，不为。辩议而苟可，为，是教也。教，大议也。辩议而不可，为，是被褐而出，衣锦而入④。

　　戎人生乎戎、长乎戎而戎言，不知其所受之；楚人生乎楚、长乎楚而楚言，不知其所受之。今使楚人长乎戎，戎人长乎楚，则楚人戎言，戎人楚言矣。由是观之，吾未知亡国之主不可以为贤主也，其所生长者不可耳。故所生长不可不察也。

　　天下无粹白之狐，而有粹白之裘，取之众白也。夫取于众，此三皇五帝之所以大立功名也。凡君之所以立，出乎众也。立已定而舍其众，是得其末而失其本。得其末而失其本，不闻安居。故以众勇无畏乎孟贲矣，以众力无畏乎乌获矣，以众视无畏乎离娄矣，以众知无畏乎尧、舜矣。夫以众者，此君人之大宝也。田骈谓齐王曰："孟贲庶乎患术⑤，而边境弗患。"楚、魏之王辞言不说⑥，而境内已修备矣，兵士已修用矣，得之众也。

注　释

　　①跖，脚，即鸡爪。这句话以齐王吃鸡只吃自己喜欢的鸡爪，来喻指为学者只学习别人身上的优点，而忽略其他方面。

②病：过错、穷困。

③辩议：通过辩解、辩论来考察事情的正误。

④被褐而出，衣锦而入：将华美的衣服穿在里面，而将粗麻衣服披在外面。形容不能光大美好的学说，不能教化他人。

⑤孟贲庶乎患术：孟贲也畏惧众人的力量。孟贲为秦将，有勇力，齐王为此担忧，故田骈告诉他依据众人的力量，像孟贲那样的勇者也无须畏惧。

⑥辞言不说：不发一言，指依据众人的力量，无须自己亲自发号施令。

译　文

善于学习的人，就应该像齐王吃鸡一样，一定要吃几千只鸡爪然后才能满足；即便还不满足，也仍然有鸡爪可供取食。事物本来无不有长处，无不有短处；人也一样。所以，善于学习的人，借助他人的长处来弥补自己的短处。善于借取别人长处的人，最终可以拥有天下。不要以不能为丑，不要以不知为恶。以不能为丑，以不知为恶，过错就大了；不以不能为丑，不以不知为恶，是最高的智慧。即便是桀、纣那样无道的昏君，也有令人敬畏、可取之处，更何况贤者呢？

所以，有学问的人说："对问题进行辩议，不合乎道理，就不能去做。"辩议之后，合乎道理，去做，这就是教育。教育是需要慎重辩议的大事。辩议之后不合乎道理，还去做，就如将破衣服套在外面，而将锦衣穿在里面一样不可。

戎人生在戎地，长在戎地，说戎人的语言，自己不知道这些从何学来；楚人生在楚地，长在楚地，说楚人的语言，自己不知道这些从何而来。如今，让楚人长在戎地，戎人长在楚地，则楚人会讲戎人的语言，而戎人也会讲楚人的语言。由此可见，亡国之主未必不能成为贤主，只是他自己所生长的环境不可让他成为贤君罢了，所以君子对于生长的环境不可不谨察。

天下没有纯白的狐狸，却有纯白的狐裘，这狐裘是集取众多狐狸的白色毛皮而制成的。善于取于众人，这就是三皇五帝能够大立功名的原因。大凡君主能够得立，凭借的都是众人的力量。确立君位以后便舍弃众人，这是得到细枝末节却抛弃根本。得到细枝末节而抛弃根本的人，没有可以长久安于其位的。所以说，依靠众人的勇力，就不用惧怕孟贲了；依靠众人的力气，就不用惧怕乌获了；依靠众人的眼力，就不用畏惧离娄了；依靠众人的智慧，就不用担忧赶不上尧、舜了。依靠众人，是君主统治民众的根本大法。田骈对齐王说："孟贲对于众人的力量也感到忧虑，因而齐国的边境不用担心。"楚国、魏国的君主连言辞都不用说一句，而境内设施已经修缮完备，士兵已经训练有素，这就是得力于众人的缘故啊。

解　读

子曰："三人行，必有我师焉，择其善者而从之。"任何人身上都有缺点、有优点，能够发现别人身上的优点，努力学习到自己身上，日日自新，必然可以成就自身。别人出现在我们的身边，将身上的优点展现给我们，是最好的馈赠。若整日与人交往，不去学习他人身上的优点，反而沾染到他人身上的恶习，那就比买椟还珠还要愚蠢了。人们在吃东西的时候，都知道挑好的吃，很多盘子摆放在桌子上，小孩子都知道挑拣每个盘中最美味的一部分吃；但在和人交往的时候，便不愿分辨好坏对错，要么一味接受，要么一味无视，这岂不是在填饱肚子的小事之上明智，而在修养自身的大事之上糊涂？

生在戎地而为戎人，是因为他所学的都是来自于戎人；生在楚地而为楚人，是因为他所学的都来自于楚人。同样，生在小人之中而成为小人，是因为他学到的都是小人身上的恶习；生在君子之中而成为君子，也是因为他学到的都是君子身上的美德。所以，人对于自己每日学习的对象和学习的内容不可不明察，要致力于学为善人，学为君子，学为圣贤，而非学为恶人、小人、庸人。

周武王依靠周公、召公、太公等人的力量，统一天下，成为天子；齐桓公依靠管仲、鲍叔牙、隰朋等人的力量，九合诸侯，成为霸主；而那些刚愎自用的领导者不能任用众人的力量，无不遭到灭亡的命运，如百里奚在虞国而虞公不用，最后亡国；李左车在赵国而陈馀不用，最后军败……所以说，任何想要建立非凡功勋的人，都要善于汇集众人的力量、才智，能依靠众人者，才可成就自身、得到天下。

孟秋纪

荡兵

　　古圣王有义兵①而无有偃兵②。兵之所自来者上矣，与始有民俱。凡兵也者，威也；威也者，力也。民之有威力，性也。性者，所受于天也，非人之所能为也。武者不能革，而工者不能移。兵所自来者久矣。黄、炎故用水火矣，共工氏固次作难矣，五帝固相与争矣。递兴废，胜者用事。人曰"蚩尤作兵③"，蚩尤非作兵也，利其械矣。未有蚩尤之时，民固剥林木以战矣，胜者为长。长则犹不足治之，故立君。君又不足以治之，故立天子。天子之立也出于君，君之立也出于长，长之立也出于争。争斗之所自来者久矣，不可禁，不可止。故古之贤王有义兵而无有偃兵。

　　家无怒笞，则竖子、婴儿之有过也立见；国无刑罚，则百姓之相侵也立见；天下无诛伐，则诸侯之相暴也立见。故怒笞不可偃于家，刑罚不可偃于国，诛伐不可偃于天下，有巧有拙而已矣。故古之圣王有义兵而无有偃兵。

　　夫有以噎死者，欲禁天下之食，悖；有以乘舟死者，欲禁天下之船，悖；有以用兵丧其国者，欲偃天下之兵，悖。夫兵不可偃也，譬之若水火然，善用之则为福，不能用之则为祸；若用药者然，得良药则活人，得恶药则杀人。义兵之为天下良药也亦大矣。且兵之所自来者远矣，未尝少选不用。贵贱、长少、贤者不肖相与同，有巨有微而已矣。察兵之微：在心而未发，兵也；疾视，兵也；作色，兵也；傲言，兵也；援推①，兵也；连反⑤，兵也；侈斗⑥，兵也；三军攻战，兵也。此八者皆兵也，微巨之争也。今世之以偃兵疾说者，终身用兵而不自知悖，故说虽强，谈虽辩，文学虽博⑦，犹不见听。故古之圣王有义兵而无有偃兵。

兵诚义，以诛暴君而振苦民，民之说也，若孝子之见慈亲也，若饥者之见美食也；民之号呼而走之，若强弩之射于深溪也，若积大水而失其壅堤也。中主犹若不能有其民，而况于暴君乎？

注　释

①义兵：合乎道义的战争。

②偃兵：废止战争。

③蚩尤作兵：蚩尤发明兵器。

④援推：推推搡搡。

⑤连反：角力。

⑥侈斗：大规模地战斗演习。

⑦文学虽博：引经据典十分广博。

译　文

古代的圣王主张战争当合乎道义，而不主张废止兵事。战争的产生是很久以前的事了，从初始有人类的时候它就相伴而来了。所谓的战争，就是倚仗威势；而威势，就是依靠力量。具有威势和力量，是人的本性。本性受命于上天，不是人力所造成的。勇武的人不能使之改变，机巧的人也不能让它转移。战争的由来已经十分久远了。黄帝、炎帝当初就用水火进行战争，接下来共工氏又曾兴兵发难，五帝之间已经相互斗争了。他们递相兴起，胜者执掌天下大事。人们常说"蚩尤发明了兵器"，蚩尤并非发明了兵器，只不过将兵器改造得更加锋利罢了。在蚩尤之前，民众就已经砍削林木作为武器而进行战争了，战争中取胜的人便担任部落首领。有了部落首领，天下还不能治理，所以又确立了君主；有了君主天下还不能治理，所以又确立了天子。天子是在君主的基础上产生的，君主是在部落首领的基础上产生的，而部落首领的确立则来源于斗争。争斗的由来已经很久远了，不可以禁止，不可以平息。所以，古代的圣王主张战争当合乎道义，而不主张废弃兵事。

家中如果没有责罚，童仆、小儿的过错就会立刻出现；国内如果没有刑戮，百姓相互侵夺的事就会立刻出现；天下如果没有诛伐，诸侯相侵犯的事就会立刻出现。所以说，责罚不能在家中废止，刑戮不可以在国中废止，诛伐不能在天下废止，只不过在使用之上有高明、笨拙的区别罢了。所以，古代的圣王主张战争当合乎道义，而不主张废除兵事。

有因为吃饭而噎死的人，若以此便禁止天下所有食物，这是荒谬的；有乘舟而淹死的人，若以此便禁止天下所有的船只，这是荒谬的；有用兵而导致国家灭亡的，若以此便废止天下一切战争，同样也是荒谬的。战争是不可以废止的，就如水火一样，善于利用便能造福于人，不善于利用便会造成灾害；就如用药一样，得到良药就能救人，得到毒药就能杀人。正义的战争作为天下良药，其意义也是十分巨大的。况且，战争的由来相当久远了，没有一刻不在被使用。无论贵贱、少长、贤与不肖，人们在这点上是相同的，只不过在使用战争上有大有小罢了。考察战争的细微之处：斗争之意隐藏在心中而尚未表露出来，是战争；双方怒目相视，是战争；面上露出怒气，是战争；口出傲慢的言辞，是战争；推搡拉扯，是战争；角力搏斗是战争；大规模练兵演习，是战争；三军相互攻打，是战争。以上这八种行为都是战争，只不过大小有别罢了。如今世上那些到处奔走鼓吹废止战争的人，他们终身都在战争而不知自己言行相悖，所以其口才虽然出众，言谈虽然善辩，引用的文典虽然广博，却仍然不被采用。所以，古代的圣王主张战争当合乎道义，而不主张废除兵事。

若战争果然合乎道义，其目的是为了诛除暴君而拯救民众，那么民众对它的喜悦，必然如孝子见到慈爱的双亲一样，如饥者见到美味的食物一样；人民呼喊着奔向它，就如强弩射向深溪中一样，如积蓄的大水冲垮堤坝一样。这种情况下，平庸之君都不能保有他的人民，更何况暴君呢？

解　读

一提到战争，人们就会觉得它是邪恶之物，是祸乱天下、残害百姓的，就会想到那些争权夺地、穷兵黩武之辈，就会认为它应该永远被禁止，永远不再出现。其实，战争本身并无正义、邪恶之分，怀着邪恶、自私的目的而私意发动侵略战争，固然是罪恶的，但怀着正义、利民济世的目的而发动的战争也是必不可少的。商汤不通过战争如何能推翻夏桀，周武王不通过战争如何能推翻殷纣，陈胜、吴广等人不起兵如何能推翻暴秦，孔子、孟子以仁义立说，却也从不反对正义的战争。

是发动战争还是保持和平，唯一的取舍标准就是是否合乎道义：若战争合乎道义，有利于人民，那就毫不犹豫地发动它；若战争不符合道义，不利于人民，那就顺从民心，不要兴兵。所以，君主的当务之急，并不是在战争与和平上纠缠不休，而是顺从民心民意，以造福人民作为标准来取舍自己的行为。

振乱

原　文

当今之世浊甚矣，黔首①之苦不可以加矣。天子既绝，贤者废伏②，世主恣行，与民相离，黔首无所告诉。世有贤主秀士，宜察此论也，则其兵为义矣。天下之民，且死者也而生，且辱者也而荣，且苦者也而逸。世主恣行，则中人将逃其君，去其亲，又况于不肖者乎？故义兵至，则世主不能有其民矣，人亲不能禁其子矣。

凡为天下之民长也，虑莫如长有道而息无道，赏有义而罚不义。今之世学者多非乎攻伐。非攻伐而取救守，取救守，则乡之所谓长有道而息无道、赏有义而罚不义之术不行矣。天下之长民，其利害在察此论也。攻伐之与救守一实也，而取舍人异。以辩说去之，终无所定论。固不知，悖也；知而欺心，诬也。诬悖之士，虽辩无用矣。是非其所取而取其所非也，是利之而反害之也，安之而反危之也。为天下之长患、致黔首之大害者，若说为深。夫以利天下之民为心者，不可以不熟察此论也。

夫攻伐之事，未有不攻无道而罚不义也。攻无道而伐不义，则福莫大焉，黔首利莫厚焉。禁之者，是息有道而伐有义也，是穷汤、武之事，而遂桀、纣之过也。凡人之所以恶为无道、不义者，为其罚也；所以蕲有道，行有义者，为其赏也。今无道、不义存，存者，赏之也；而有道、行义穷，穷者，罚之也。赏不善而罚善，欲民之治也，不亦难乎？故乱天下、害黔首者，若论为大。

注 释

①黔首：百姓。

②废伏：不被任用，而隐伏。

译 文

当今之世，混乱之至，百姓的疾苦无以复加。周天子名存实亡，贤能的人都不被任用而隐伏起来，各国君主肆意妄行，背离民众，人们连诉苦的地方都没有。世上苟有贤能的君主和杰出的达士，应注意到这种情况，那么他们起兵就是合乎道义的做法。天下的百姓，就会因为他们的起兵，将死去的人得到复生，将受辱的人得到荣耀，将困苦的人得到安逸。各国君主肆意横行，品质中等的人都将逃离他的君主，离开他的亲人，更何况那些不注重气节的庸人呢？所以义兵若是到来，则各国的君主都不能再拥有他们的百姓了，连父亲都不能制止儿子做出这种选择。

凡是天下的统治者，考虑问题没有比弘扬有道之事而制止无道之事、奖赏有义之举而惩罚无义之举更迫切的了。如今的学者多反对攻伐，反对攻伐而赞成防守，赞成防守，那么刚才所说的弘扬有道之事而制止无道之事、奖赏有义之举而惩罚无义之举便不能施行了。天下统治者，其利害完全在于能否熟察此论。攻伐与防守的道理是一致的，或取或舍，随人而异。以辩论的方法来确定，最终也难以得到定论。自己本来就不知大道，是糊涂；了解大道却自欺欺人，是欺诈。又糊涂、又欺诈的人，即便有口善辩也没有任何用处。这样的人是在反对自己所择取的东西，而择取自己所反对的东西；是想要对民众有利，反而有害于民众；是想安定天下，反而让天下更加危险。导致天下祸乱增长，人民遭受极大危害的事物中，以这种论调为深刻。那些心怀造福天下人民的志士，不可不熟察这个道理。

攻伐这种事，没有不攻打无道而惩罚不义的。攻打无道而惩罚不义，获得的福惠没有更大的了，百姓得到的好处没有更多的了。禁止这样的攻伐，就如消除有道而讨伐有义之人，是废弃商汤、周武的事业，而助长夏桀、商纣的罪过。普通人之所以厌恶行无道、不义之事，就是因为害怕诛罚；之所以趋向有道，行有义之事，就是为了获得奖励。如今无道、不义的人还安存于世，他们能够安存，无疑是一种奖赏；而有道、有义的人却陷入穷途末路，他们陷入穷途末路，无疑是一种惩罚。奖赏不善之人而惩罚善者，要想民众得到治理，不是很难吗？所以扰乱天下，祸害百姓的，以这种废止战争的论调最为深刻。

解读

君子生于乱世，当心怀天下百姓，立志兴起义兵，为世间诛除残暴、为人民解除忧患。一个人正义与否，不在于他主张用兵还是主张和平，而在于他的目的能否有利于天下百姓。伊尹、姜太公都是主张用兵的人，都劝谏自己的君主兴兵讨伐暴政，没有人说他们穷兵黩武；很多人生于乱世之中，却反对任何战争，妄想以和平的方式来呼吁那些狂悖恣肆的君主爱惜百姓，他们的想法虽然是好的，但却很难如愿以偿。大部分暴虐狂妄的统治者是永远不会自我醒悟的，不以战争反抗他们，就是对暴政的纵容，就是对生活在水深火热之中的民众的忽视。

仲秋纪

论威

　　义也者，万事之纪也，君臣、上下、亲疏之所由起也，治乱、安危、过胜①之所在也。过胜之，勿求于他，必反于己。人情欲生而恶死，欲荣而恶辱。死生荣辱之道一，则三军之士可使一心矣。

　　凡军，欲其众也；心，欲其一也。三军一心，则令可使无敌②矣。令能无敌者，其兵之于天下也，亦无敌矣。古之至兵，民之重令也，重乎天下，贵乎天子。其藏于民心，捷于肌肤也，深痛执固，不可摇荡，物莫之能动。若此则敌胡足胜矣？故曰：其令强者其敌弱，其令信者其敌诎③。先胜之于此，则必胜之于彼矣。

　　凡兵，天下之凶器也；勇，天下之凶德也。举凶器，行凶德，犹不得已也。举凶器必杀，杀，所以生之也；行凶德必威，威，所以慑之也。敌慑民生，此义兵之所以隆也。故古之至兵，才民未合，而威已谕矣，敌已服矣，岂必用枹鼓干戈哉？故善谕威者，于其未发也，于其未通也，窅窅乎冥冥，莫知其情，此之谓至威之诚。

　　凡兵，欲急疾捷先④。欲急疾捷先之道，在于知缓徐迟后而急疾捷先之分也。急疾捷先，此所以决义兵之胜也，而不可久处。知其不可久处，则知

51

所兔起凫举死殍之地⑤矣。虽有江河之险则凌之，虽有大山之塞则陷之。并气专精，心无有虑，目无有视，耳无有闻，一诸武而已矣。冉叔誓必死于田侯⑥，而齐国皆惧；豫让必死于襄子⑦，而赵氏皆恐；成荆致死于韩主⑧，而周人皆畏；又况乎万乘之国而有所诚必乎？则何敌之有矣？刃未接而欲已得矣。敌人之悼惧惮恐、单荡精神尽矣，咸若狂魄，形性相离，行不知所之，走不知所往，虽有险阻要塞、铦兵利械，心无敢据，意无敢处，此夏桀之所以死于南巢也。今以木击木则拌⑨，以水投水则散，以冰投冰则沈，以涂投涂则陷，以疾徐先后之势也。夫兵有大要，知谋物之不谋之不禁也，则得之矣。专诸是也，独手举剑至而已矣，吴王壹成⑩。又况乎义兵，多者数万，少者数千，密其蹴路，开敌之涂，则士岂特与专诸议哉！

注　释

①过胜：获得胜利、取得胜利。

②令可使无敌：政令畅通无所阻碍。

③诎：畏惧、屈服。

④急疾捷先：行动迅速、先发制人。

⑤兔起凫举死殍之地：野兔奔跑、野鸭急飞，都迅速地要离开那个绝地，形容地势恶劣，不可停留。

⑥冉叔誓必死于田侯：冉叔发誓一定要杀死齐侯。事不可考。

⑦豫让必死于襄子：豫让为智伯家臣，智氏被赵襄子灭亡后，豫让发誓报仇，屡次行刺赵襄子。

⑧成荆致死于韩主：成荆为齐国勇士。其事不可考。

⑨拌：破裂。

⑩吴王壹成：指专诸刺杀吴王僚后阖闾一举登上王位。

译　文

义，是天下万事的纪纲，是君臣、上下、亲疏等关系产生的根源，是治理混乱、转危为安、取得胜利的关键。取得胜利，不要求之于外，而要反求于己。人情都是希望生存厌恶死亡、希望荣耀厌恶羞辱的。生死荣辱之道统一，三军的将士也就能团结一心了。

但凡军队，都期望其人数越多越好，军心越统一越好。三军一心，就能使号令畅通无阻。号令畅通无阻，军队也就无敌于天下了。古代至德之兵，人民尊重其号令，将号令看得比天下还重要，比天子还重要。号令藏于民心，人们感受号令就如肌肤受到刺触一般灵敏，深切牢固，不可动摇，没有什么东西能使之改变。这样的军队，敌人在它面前哪里还值得一击呢？所以说：号令严明的军队，敌人就弱小；号令畅通的军队，敌人就屈服。军队若能在号令之上胜过敌人，在战斗之中也必然能够取胜。

但凡兵器，都是天下的凶器；但凡勇武，都是天下的凶德。操持凶器，行使凶德，都是迫不得已的。举起凶器一定要杀伐，杀伐，是为了让人民能够生存下去；行使凶德一定要立威，立威，是为了慑服无道的敌人。敌人慑服、民众获得生存，这就是正义之师兴盛的原因。所以古代正义之师，双方还没有交战，威力就已经显示出来，敌人就已经慑服了，难道还非得要经过击鼓进军、相互厮杀才能决出胜负吗？所以，善于显示威力的军队，其威力往往在尚未行动、发挥之前，就已经产生作用了，这种威力深远难见，没人了解其真实情况，这就是威力达到极致的表现。

但凡用兵作战，都要行动迅速、先发制人。要想行动迅速、先发制人，在于明白迟缓、落后与迅速、先捷的区别。行动迅速、先发制人，这是决定正义之师胜利的关键，而不可滞留在一地。知道不可滞留在一地，就应知道哪些地方是应该迅速离开的死绝之地。这样，虽然有江河之险也要越过，虽然有大山的阻塞也要攻克。精神专一，心无旁贷，目无旁视，耳无旁听，全部集中在军事之上就可以了。冉叔发誓一定要杀死齐侯，整个齐国都感到恐惧；豫让一定要杀死赵襄子，整个赵氏都感到惊恐；成荆要与韩主拼命，所有周人都感到畏惧；一个人一心致敌尚能如此，更何况万乘之国决心要达成某种目的呢？还有什么能与之抗衡呢？兵刃还未交接，其意愿就已经达到了。敌人畏惧害怕，精神动摇、衰竭到极点，都吓得如精神错乱一般，魂不守舍，行走盲目，即便有要塞险阻，锋利的兵刃器械，心里也不敢将其作为依托，不敢择地固守，这就是夏桀死于南巢的原因。如今用木头击打木头，后者就会破裂；将水注入水中，后者就会散开；将冰投向冰面，后者就会下沉；将泥投入泥中，后者就会下陷，这就是疾徐、先后的不同形势啊。

用兵有其要点，知道攻敌不备，出其不意，那就掌握了用兵之道。专诸就是如此，单手举剑忽然而至，事情就已经成功了，一举就成就了阖闾的吴王地位。一介匹夫尚能如此，更何况正义之师，多者数万人，少者也有数千呢，所到之处足迹布满道路，在敌国畅通无阻，像这样为正义而战的勇士又岂是专诸那种匹夫能够相提并论的！

解 读

本节文字主要论述了军队的威力来自于何处。最根本的是"义"，正义的军队才能得到民众的拥护，才能具有最大的威力；其次是"令"，治军必须法令严明，是人民、士兵敬畏法令、自动遵循法令；再次，是懂得行动迅速、先发制人，古人所说"兵贵神速"就是这个道理；最后是"出其不意，攻其不备"，用兵要有智谋，要懂得避实击虚，懂得在敌人最意想不到之时、最意想不到之处发动攻击。

"君子不重则不威"，拥有威严是君子的追求。在普通生活中，人们也要懂得立威之道。立威，既要知根本，又要有"手段"。根本就是修德行义，将提高自己道德，多行道义之举，作为确立自己威严的根本前提。自己希望荣耀，却给民众带来耻辱；自己希望生存，却驱使百姓去死亡，这样的统治者就是无德无义，他们是不会得到民众的爱戴、获得威严的。其次，行事之中也要坚持一些原则来增加、维护自己的威严，如严明法令、说到做到、行事果断等等。树立了威严，才能更好地管理下属，才能在与人交往之中获得更多的尊重。

爱士

原 文

衣人以其寒也，食人以其饥也。饥寒，人之大害也；救之，义也。人之困穷，甚如饥寒，故贤主必怜人之困也，必哀人之穷也。如此则名号显矣，国士得矣。

昔者，秦缪公乘马而车为败，右服①失而野人取之。缪公自往求之，见野人方将食之于岐山之阳。缪公叹曰："食骏马之肉而不还饮酒，余恐其伤女也！"于是遍饮而去。处一年，为韩原之战。晋人已环缪公之车矣，晋梁由靡②已扣缪公之左骖矣，晋惠公之右路石奋投而去缪公之甲，中之者已六札矣。野人之尝食马肉于岐山之阳者三百有余人，毕力为缪公疾斗于车下，遂大克晋，反获惠公以归。此《诗》之所谓曰"君君子则正，以行其德；君贱人③则宽，以尽其力"者也。人主其胡可以无务行德爱人乎？行德爱人，则民亲其上；民亲其上，则皆乐为其君死矣。

赵简子有两白骡而甚爱之。阳城胥渠处广门之官，夜款门而谒曰："主君之臣胥渠有疾，医教之曰：'得白骡之肝，病则止；不得则死。'"谒者入通。董安于御于侧，愠曰："嘻！胥渠也。期吾君骡，请即刑焉。"简子曰："夫杀人以活畜，不亦不仁乎？杀畜以活人，不亦仁乎？"于是召庖人杀白骡，取肝以与阳城胥渠。处无几何，赵兴兵而攻翟。广门之官，左七百人，右七百人，皆先登而获甲首。人主其胡可以不好士？

凡敌人之来也，以求利也。今来而得死，且以走为利。敌皆以走为利，则刃无与接。故敌得生于我，则我得死于敌；敌得死于我，则我得生于敌。夫得生于敌，与敌得生于我，岂可不察哉？此兵之精者也。存亡死生决于知此而已矣。

注　释

①右服：古代四马一车，居中的两匹称为"服"，右服则右侧居中的一匹马。

②梁由靡：晋国大夫。

③贱人：小人，身份低微的粗人。

译　文

给人民衣服穿，是因为人民寒冷；给人民食物吃，是因为人民饥饿。寒冷、饥饿是人的大灾害；拯救处于灾害之中的人民，就是义。人的困窘贫穷，比饥寒之灾更加严重，所以贤明的君主一定要对陷入困境中的人心存怜悯，对遭受穷苦的人心怀哀怜。如此，君主的声名就显赫了，国士就会前来归附了。

从前，秦穆公乘车出行，车子坏掉了，右侧的服马逃逸，被一群农夫抓到。穆公亲自前往寻找，看到农夫们已经将其杀死，正在岐山南面将要分食马肉。秦穆公叹息道："吃了骏马的肉，而不回去饮酒，我怕马肉会伤害你们的身体啊！"于是赏赐给他们酒，让其一一喝完才回去。一年以后，秦晋之间爆发了韩原之战。晋军已经包围了秦穆公的车子，晋将梁由靡已经抓住了秦穆公车左边的骖马，晋惠公的车右路石举起长殳击中了穆公的铠甲，已经击中了六片甲叶。此时，那些曾经在岐山之南分食马肉的三百余人赶来，奋力在车下为秦穆公殊死搏斗，于是大败晋军，反而俘虏了晋惠公带回秦国。这就是《诗》中所说的："管理君子就要公正无私，以发挥他们的德行；管理小人就要宽容大度，以竭尽他们的力气。"作为君主怎么能不力求施行仁德、爱惜民众呢？施行仁德、爱惜民众，民众就会亲近统治者，民众亲近统治者，就都乐为其君主而效死了。

赵简子有两匹白色的骡子，甚为喜爱。阳城胥渠是广门邑的小吏，一天夜里叩门求见赵简子说："您的臣子胥渠有疾病，医生告诉他：'得到白骡的肝吃了，病就能痊愈；得不到，就会病死。'"负责通报的人进去禀报赵简子。董安于正在一旁陪侍，生气地说："嘿！胥渠这个家伙。竟然要吃我们主公的白骡，请求将其处死。"赵简子说："杀人以存活畜生，太不仁义了吧？杀死畜生来救人，不正是仁爱吗？"于是就呼唤厨师杀死了白骡，将骡肝拿给阳城胥渠。没过多久，赵简子起兵攻打翟国。广门邑的士兵，左队七百人，右队七百人，都争先登上城头，并斩获敌方披甲者的首级。由此看来，作为君主怎么能不爱士呢？

敌人前来进犯，都是为了追求利益。假如来进犯就要遭到灭亡，那他们就会将退走当成有利的。敌人都以退走当成有利的，那就用不着交锋对抗了。所以，敌人若能从我们这里得到生存，那么我们就会死在敌人手中；敌人若能从我们这里得到死亡，那我们就可以在敌人那里获得生存。从敌人那里得到生存、还是敌人从我们这里得到生存的道理怎能不深察呢？这就是用兵的精妙之所在，生死存亡都取决于是否能懂得这个道理。

解　读

　　秦穆公因为宽容农夫、关心农夫，而在韩原之战中转败为胜；赵简子因为爱惜下属阳城胥渠，而在攻打翟国时得到胥渠所属士兵的拼死效力。可见统治者能够爱惜下属，下属才会为其效死；统治者懂得爱惜民众，民众才会甘愿为其效力。这就是孟子所说的"爱人者人恒爱之，敬人者人恒敬之"。

　　《诗》云："无言不雠，无德不报。"你宽容、爱惜他人，他人反过来也会尊重、敬爱你；你刻薄、苛刻地对待他人，他人必然也会仇视、报复于你。我们每个人都希望在关键时刻得到他人的敬爱、支持，却不知道他人如何对待自己都是由自己平日的态度所决定的。所以，一定要在平时多持宽容之心行事，关心、爱惜他人，要知道这也是在为自己积累福泽。

季秋纪

顺民

先王先顺民心，故功名成。夫以德得民心以立大功名者，上世多有之矣。失民心而立功名者，未之曾有也。得民必有道，万乘之国，百户之邑，民无有不说，取民之所说而民取矣。民之所说岂众哉？此取民之要也。

昔者汤克夏而正天下①。天大旱，五年不收，汤乃以身祷于桑林，曰："余一人有罪，无及万夫。万夫有罪，在余一人。无以一人之不敏，使上帝鬼神伤民之命。"于是翦其发，枥②其手，以身为牺牲，用祈福于上帝。民乃甚说，雨乃大至。则汤达乎鬼神之化、人事之传也。

文王处岐事纣，冤侮雅逊③，朝夕必时，上贡必适，祭祀必敬。纣喜，命文王称西伯，赐之千里之地。文王载拜稽首而辞曰："愿为民请炮烙之刑。"文王非恶千里之地，以为民请炮烙之刑，必欲得民心也。得民心则贤于千里之地，故曰文王智矣。

越王苦会稽之耻④，欲深得民心，以致必死于吴。身不安枕席，口不甘厚味，目不视靡曼，耳不听钟鼓。三年苦身劳力，焦唇干肺，内亲群臣，下养百姓，以来其心。有甘脆不足分，弗敢食；有酒流之江⑤，与民同之。

身亲耕而食，妻亲织而衣。味禁珍，衣禁袭⑥，色禁二。时出行路，从车载食，以视孤寡老弱之溃病⑦、困穷、颜色愁悴、不赡者，必身自食之。于是属诸大夫而告之曰："愿一与吴徼天下之衷⑧。今吴、越之国相与俱残，士大夫履肝肺，同日而死，孤与吴王接颈交臂而偾，此孤之大愿也。若此而不可得也，内量吾国不足以伤吴，外事之诸侯不能害之，则孤将弃国家，释群臣，服剑臂刃，变容貌，易姓名，执箕帚而臣事之，以与吴王争一旦之死。孤虽知要领不属，首足异处，四枝布裂，为天下戮，孤之志必将出焉！"于是异日果与吴战于五湖，吴师大败，遂大围王宫，城门不守，禽夫差，戮吴相，残吴二年而霸。此先顺民心也。

齐庄子请攻越，问于和子⑨。和子曰："先君有遗令曰：'无攻越。越，猛虎也。'"庄子曰："虽猛虎也，而今已死矣。"和子曰以告鸱子⑩。鸱子曰："已死矣，以为生。故凡举事，必先审民心，然后可举。"

注　释

①正天下：统治天下。

②柭：拶起自己的手指，用木棒夹住，以示惩罚。

③冤侮雅逊：即便受到冤辱，依然保持雅正、谦虚的美德。

④会稽之耻：吴越相战，越国被击败，越王句践推到会稽山上，被迫向吴国投降。

⑤酒流之江：将美酒倒入江中，以使所有百姓都能尝到。

⑥袭：重。

⑦溃病：即生病。溃也是病的意思。

⑧一与吴徼天下之衷：与吴国一决胜负，请上天进行裁决。

⑨齐庄子，即齐国大夫田庄子，名白。和子，即田和，为田庄子的儿子。

⑩鸱子，即鸱夷子皮，昔日的越国大夫范蠡。

译　文

先王治理天下，一定要先顺应民心，所以能够功成名就。能够凭借仁德获取民心而成就伟大功名的人，古代大有人在；失去民心而树立功名的人，从来就没有过。得到民心有道，从万乘的大国到百户的小邑，民众无不有所喜悦之事，做民众所喜悦的事，民心也就获得了。民众所期望获得的喜悦难道很多吗？这就是取得民心的关键。

从前商汤灭掉夏朝而统治天下。天下大旱，五年没有收成，商汤就用自己的身体在桑林之中向上天祈祷。说："我一人有罪，不要累及天下百姓。天下百姓有罪，也都归责于我一人。不要因为我一人不材，而使上帝鬼神伤害百姓的性命。"于是剪下自己的头发，用木头夹住自己的手指，将自身作为牺牲，用以向上帝祈福。百姓于是甚为欢喜，大雨不久就降下了。商汤可以说是通晓鬼神变化、人事转移的道理了。

文王处于岐山之下，侍奉纣王，遭受冤枉屈辱，但依旧雅正恭顺，朝夕朝拜不失其时，进献贡品遵守规定，祭祀之事毕恭毕敬。纣王很高兴，封文王为西伯，赐予他千里的土地。文王再拜稽首，辞谢说："我不要土地，愿替人民请求大王废除炮烙的刑罚。"文王并非厌恶千里之地，用它来替民众请求废除炮烙之刑，是想要得到民心。得到民心要远胜于得到潜力的土地，所以说文王是聪明人啊！

越王句践以会稽之耻而感到痛苦，想要深得民心，以同吴国拼死一战。他不追求枕席之安，口不尝甘醇美味，目不见婀娜美色，耳不闻钟鼓之音。三年之间劳心苦力，唇焦肺干，在内亲附群臣，在下养护百姓，以收揽人心。有甘甜美味的食物，不够与众人分享，自己不敢独吃；得到了美酒，便倒入江中，与人民共饮。自己亲自耕种吃饭，妻子亲自织布做衣服。饮食不求珍奇，衣服不穿两层，不用二色为饰。经常外出巡视，随从车辆载着食物，去探望孤寡老弱中生病的、穷困的、颜色憔悴的、饮食不足的，一定要亲自给他们食物吃。然后，他召集诸大夫，向他们宣告说："我愿与吴国一决胜负，请求上天进行裁决。宁愿吴国与越国一道残破，士大夫踏肝践肺同日战死，寡人与吴王接颈交臂肉搏而死，这是我最大的愿望。如果这不能实现，在内估量我们的国家实力不足以伤害吴国，从外部结交诸侯也不能报复它，那么我将抛弃国家，离开群臣，身藏宝剑，手持利刃，变换容貌，更改姓名，执箕帚侍奉吴王，以求能与吴王决死于一旦之间。我虽然知道这样会导致身首分离，头脚异处，四肢分裂，为天下所羞辱，但我一定要将此志向付诸行动!"于是，他日越国果然于吴国决战于五湖之上，吴军大败，于是越军包围了吴国王宫，攻下城门，擒获了夫差，诛杀了吴国宰相，灭吴两年之后越王称霸。这都是先顺依民心的结果啊！

齐庄子请求攻打越国，征求和子的意见。和子说："先君曾留有遗命，说'不要攻打越国。越国就像猛虎一样。'"齐庄子说："虽然曾经是猛虎，不过如今已经死掉了。"和子将这话告诉了鸮子。鸮子说："虽然已经死了，但人们还认为它活着。"所以说，凡是行事，一定要先考察民心，然后才可以付诸行动。

解　读

"得民心者，得天下。失民心者，失天下。"古代的贤王不爱惜土地财宝，而爱惜民心，所以得到人民的拥护，长久地据有天下，珍宝财物永远也用不尽；而那些昏聩的君主，为了抢夺土地、搜罗财货而大失民心，他们即便暂时得到了所追求的，也不可能长久享有——被人民所抛弃，必将失去一切。商纣建造鹿台，聚集天下所有珍宝；秦始皇父子修筑阿房宫，聚集天下所有珍奇；董卓修筑郿坞，汇集天下所有钱粮，然而这些并没有给他们带来长久的安乐，反而因此失去民心，身死财去，为天下所羞辱、耻笑。

对于统治者来说，最重要的就是民心，获得人民的支持，政权才能稳固，自己的权势、地位也就能够长久了；失去民众的支持，眼前的一切都是水中幻影，荣华富贵都不过昙花一现。所以，居上位者，凡事都应以顺应民心，求得民众的支持为要务。

知士

原　文

今有千里之马于此，非得良工①，犹若弗取。良工之与马也，相得则然后成，譬之若枹之与鼓。夫士亦有千里，高节死义，此士之千里也。能使士待千里者，其惟贤者也。

静郭君②善剂貌辨。剂貌辨之为人也多訾③，门人弗说。士尉以证④静郭君，静郭君弗听，士尉辞而去。孟尝君窃以谏静郭君，静郭君大怒曰："划而类，揆吾家⑤，苟可以傔剂貌辨者，吾无辞为也！"于是舍之上舍，令长子御，朝暮进食。数年，威王薨，宣王立。静郭君之交，大不善于宣王，辞而之薛，与剂貌辨俱。留无几何，剂貌辨辞而行，请见宣王。静郭君曰："王之不说婴也甚，公往，必得死焉。"剂貌辨曰："固非求生也。请必行！"静郭君不能止。

剂貌辨行，至于齐。宣王闻之，藏怒以待之。剂貌辨见，宣王曰："子，静郭君之所听爱也？"剂貌辨答曰："爱则有之，听则无有。王方为太子之时，辨谓静郭君曰：'太子之不仁，过颐涿视⑥，若是者倍反⑦。不若革太子，更立卫姬婴儿校师。'静郭君泫而曰：'不可，吾弗忍为也。'且静郭君听辨而为之也，必无今日之患也。此为一也。至于薛，昭阳⑧请以数倍之地易薛，辨又曰：'必听之。'静郭君曰：'受薛于先王，虽恶于后王，吾独谓先王何乎？且先王之庙在薛，吾岂可以先王之庙予楚乎？'又不肯听辨。此为二也。"宣王太息，动于颜色，曰："静郭君之于寡人，一至此乎！寡人少，殊不知此。客肯为寡人少来静郭君乎？"剂貌辨答曰："敬诺。"静郭君来，衣威王之服，冠其冠，带其剑。宣王自迎静郭君于郊，望之而泣。静郭君至，因请相之。静郭君辞，不得已而受。十日，谢病强辞，三日而听。

当是时也，静郭君可谓能自知人矣。能自知人，故非之弗为阻。此剂貌辨之所以外生乐、趋患难故也。

注　释

①良工：善于识马者。

②静郭君：多记为"靖郭君"，田婴，齐威王少子，齐宣王异母弟，孟尝君田文的父亲。

③訾：毁谤、非议。

④证：通"诤"，直谏。

⑤刿，铲除，杀死；揆，破败。

⑥过颡，耳后见腮，为不仁的相貌；涿视，眼睛从下面窥视人。

⑦倍反：悖逆人情，违反常理。

⑧昭阳：楚国大臣。

译　文

如今即使有日行千里的骏马在这里，若没有善于相马的人，便不会将其当作千里马来使用。善于相马的人和千里马，必须相互依赖，然后才能成就功名，就如鼓槌与鼓相互依存一样。士人之中也有卓尔不群的千里马，他们看重节操、为义赴死，这就是士人之中的千里马。能够使士人驰骋千里的，大概只有贤者吧。

静郭君看重其门人剂貌辨。剂貌辨蒙受的毁谤很多，门人大多不喜欢他。士尉为此诤谏静郭君，静郭君不听，士尉于是告辞而去。孟尝君私下也为此劝说静郭君，静郭君大怒，说："即便将你们都杀死，把我家拆得四分五裂，若能让剂貌辨先生满足，我也在所不辞！"于是，安排剂貌辨住在上等客舍，让自己的长子陪侍，早晚进献食物。几年以后，齐威王去世，齐宣王即位。静郭君和宣王的关系非常不好，只得辞去官职回到自己的封地薛，剂貌辨与其同行。没过多久，剂貌辨辞行，请求去见齐宣王。静郭君说："齐王对我田婴很不满意，您前往，一定会被杀。"剂貌辨说："我本就不是去求生的。请一定允许我前去！"静郭君不能制止他。

剂貌辨出发，到了齐都。齐宣王听说后，心怀恼怒地等待着他。剂貌辨拜见齐宣王，齐宣王说："你就是静郭君所听从、宠幸的那个人吧！"剂貌辨回答："宠幸则有，听从则无。大王刚被立为太子之事，我曾对静郭君说：'太子相貌不仁，耳后见腮，眼睛向下窥视，这样的人会悖理行事。不如废掉太子，更立卫姬的幼子校师。'静郭君流泪说道：'不可，我不忍心这样做。'若静郭君听从我的话，必然没有今日之患了。这是其一。到了薛地，楚国昭阳请求以数倍的土地交换薛地，我又劝说静郭君：'一定要答应。'静郭君说：'在先王那里接受薛地，虽然被后王所厌恶，我若置换土地，如何向先王交代呢？且先王的宗庙在薛地，我岂能将先王的宗庙交给楚国？'又不肯听我的话。这是其二。"齐宣王听后，不禁叹息变色，说："静郭君对我竟如此之厚！寡人年少，对这些都不了解。您愿意替我将静郭君请来吗？"剂貌辨回答："遵命。"静郭君到来后，穿着齐威王所赐的衣服，戴着齐威王所赐的帽子，佩着齐威王所赐的宝剑。齐宣王亲自前往城外迎接他，远远望到不禁流下泪来，于是请他做相国。静郭君辞谢，不得已而接受相位。十日以后，托病辞官，极力推辞，三天以后齐宣王才应允。

在当时，静郭君可称得上是善于亲自了解他人了。正因为他能够亲自了解他人，所以别人的非议不能妨碍他。这正是剂貌辨之所以将生命、安乐置之度外，而愿意为其趋难赴死的原因。

解　读

本节文字通过静郭君赏识、厚待剂貌辨而获得拼死报效之事，说明君主赏识贤士的重要性。"千里马常有，而伯乐不常有。"若没有贤人明君的赏识，士人即便有经天纬地之才，也难以尽情发挥自己的才能。所以士人对于那些能够发现自己才能，并愿意重用自己的人必然是十分感激的。所以董安于愿意以死报效赵氏，豫让愿意以死为智伯报仇，乐毅愿意为燕昭王效犬马之力，诸葛亮愿意为刘备鞠躬尽瘁……人人都期望付出较少的代价，获得最大的回报。而在任用贤士一事上，君主所需付出的只是赏识、肯定而已，便能获得士人的效死回报，天下没有比这更为划算的了。贤明的君主知道这个道理，便努力去发现贤人，任用贤人，所以有无数人愿意为他们赴难解忧，他们的事业自然越来越昌盛；而愚蠢短视的君主，却以自己的傲慢自大，关闭了所有贤士报效他的门路，所以他们的事业也越来越颓废，最终走向衰落、灭亡。所以说，身居领导者的地位，一定要善于识人，敢于信人、用人，汇聚贤才的力量，来光大自己的事业。

审己

　　凡物之然也，必有故。而不知其故，虽当①，与不知同，其卒必困。先王、名士、达师之所以过俗者，以其知也。水出于山而走于海，水非恶山而欲海也，高下使之然也。稼生于野而藏于仓，稼非有欲也，人皆以之也。故子路掩雉而复释之②。

　　子列子常射中矣，请之于关尹子。关尹子曰："知子之所以中乎？"答曰："弗知也。"关尹子曰："未可。"退而习之三年，又请。关尹子曰："子知子之所以中乎？"子列子曰："知之矣。"关尹子曰："可矣，守而勿失。"非独射也，国之存也，国之亡也，身之贤也，身之不肖也，亦皆有以。圣人不察存亡、贤不肖、而察其所以也。

　　齐攻鲁，求岑鼎。鲁君载他鼎以往。齐侯弗信而反之，为非，使人告鲁侯曰："柳下季以为是，请因受之。"鲁君请于柳下季，柳下季答曰："君之赂以欲岑鼎也，以免国也。臣亦有国于此。破臣之国以免君之国，此臣之所难也。"于是鲁君乃以真岑鼎往也。且柳下季可谓此能说矣。非独存己之国也，又能存鲁君之国。

　　齐湣王亡居于卫，昼日步足③，谓公玉丹曰："我已亡矣，而不知其故。吾所以亡者，果何故哉？我当已。"公玉丹答曰："臣以王为已知之矣，王故尚未之知邪？王之所以亡也者，以贤也。天下之王皆不肖，而恶王之贤也，因相与合兵而攻王。此王之所以亡也。"湣王慨焉太息曰："贤固若是其苦邪？"此亦不知其所以也。此公玉丹之所以过也。

　　越王授有子四人。越王之弟曰豫，欲尽杀之，而为之后。恶其三人而杀之矣。国人不说，大非上。又恶其一人而欲杀之，越王未之听。其子恐必死，因国人之欲逐豫，围王宫。越王太息曰："余不听豫之言，以罹此难也。"亦不知所以亡也。

注 释

①当：行事恰当，能够协同外物变化而调整自己的行为。

②子路掩雉而复释之：子路抓到了野雉，看到很小，便将其放掉了。这说明子路知道捕野雉的目的和应该遵循的原则——捕鸟并不是为了杀生，且要有好生之德。

③步足：散步。

译 文

但凡事物如此，一定有其必然的原因。不知道事物变化的根本原因，即便知道如何协同外物的变化，也和不知道一样，最终必然要陷入困穷之中。先王、名士、通达之师，之所以能胜过俗人，就是因为他们了解事物之所以这样的原因。水从山中奔流而出，最终注入大海，并非是水厌恶山而向往海，是地势高下使它如此的。庄稼生长在田野里，而贮藏于谷仓之中，并不是庄稼有这种欲望，而是人让它这样的。所以子路捉到了野雉而又放了它，是因为他懂得捉野雉之中的根本道理！

子列子曾射中了目标，于是向关尹子请教射箭的道理。关尹子说："你知道自己能够射中目标的原因吗？"子列子回答："不知道。"关尹子说："那现在还不可与你谈论大道。"子列子回去又练习了三年，再次向关尹子请教。关尹子问："你知道自己能射中目标的原因了吗？"子列子回答："知道了。"关尹子说："可以了，你只要奉守它而不要失去。"不仅仅是射箭，国家的存续、灭亡，自身的贤能、不肖，都有其必然的原因。圣人不考察存亡、贤不肖本身，而是考察为何如此的根本原因。

齐国攻打鲁国，索取鲁国的岑鼎。鲁君让人载着另外一只鼎献给齐侯，齐侯不相信，将其退了回来，并派人告诉鲁君说："如果柳下惠认为这是岑鼎，我就愿意接受它。"鲁君向柳下惠求助。柳下惠回答："君上想要用岑鼎贿赂齐侯，以免除国家的祸患。臣自己这里也有个'国家'。毁弃臣的'国家'来挽救君上的国家，这正是臣的为难之处。"于是鲁君便派人将真的岑鼎送给了齐侯。像柳下惠这样，可以称得上是善于劝谏国君了。不仅保全了自己的'国家'，也保全了鲁君的国家。

齐湣王国家破亡之后，居住在卫国。一天白日散步，他对公玉丹说："我已经失去了自己的国家，却还不知道其中的原因。亡国的原因到底是什么呢？我当纠正自己的过错。"公玉丹回答："臣以为大王已经知道了，难道大王尚且不知道吗？您之所以失去自己的国家，就是因为您太贤能了。天下的君主都不肖，因而厌恶大王您的贤能，所以相互联合起来进攻大王。这就是您所以亡国的原因啊。"齐湣王慨然叹息说："难道君主贤能就要遭受这种苦难吗？"这就是不知道灭亡的根本原因。也是公玉丹之所以谄媚、阿顺他的原因。

越王授有四个儿子。越王的弟弟名叫豫，他想将越王的儿子全部杀死，自己成为继承人。便毁谤其中的三人，导致他们被杀。国人不满，纷纷指责越王。豫又毁谤剩下的一个，想要将其杀死，越王没有听从他的话。越王之子害怕自己必将被杀死，便借着国人的愿望驱逐了豫，并包围了王宫。越王叹息道："我不听从豫的劝告，所以才会遭受这样的灾祸。"这也是不知道自己灭亡的原因啊！

解__读

凡事，知其然还要知其所以然。很多事情表面看上去道理如此，但其中真正的原因未必如此。就如鲁君贿赂齐侯一样，能够让国家免除灾祸从表面上看是一只鼎，实际上却是君子的诚信；能够以诚信治国，以诚信与诸侯交往，才能从根本上免遭攻伐、欺凌。就如齐湣王亡国一样，其他诸侯的攻伐只是国家破亡的表面因素罢了，根本原因还是齐王自己亲信奸佞、不爱惜百姓，没了百姓的支持，没了贤臣的辅佐，敌人才会趁机攻伐。

审己，就是审察根源，从自己身上找原因。人没有诚信，别人才会背叛他；自己昏聩、不辨是非，别人才会欺骗他；君主不施仁政，百姓才会抛弃他，敌国才会攻打他。若不知道反省自己，一味从身外找原因，那永远也改正不了自己的错误，也永远不能消除被欺骗、背叛、攻伐的灾祸。

精通

人或谓兔丝无根。兔丝非无根也，其根不属①也，伏苓是。慈石召铁，或引之也。树相近而靡②，或帱③之也。圣人南面而立，以爱利民为心，号令未出，而天下皆延颈举踵矣，则精通乎民也。夫贼害于人，人亦然。今夫攻者，砥厉④五兵，侈衣美食⑤，发且有日矣，所被攻者不乐，非或闻之也，神者先告也。身在乎秦，所亲爱在于齐，死而志气不安，精或往来也。

德也者，万民之宰也。月也者，群阴之本也。月望则蚌蛤实，群阴盈；月晦则蚌蛤虚，群阴亏。夫月形乎天，而群阴化乎渊；圣人行德乎己，而四荒咸饬乎仁。

养由基射兕，中石，矢乃饮羽⑥，诚乎兕也。伯乐学相马，所见无非马者，诚乎马也。宋之庖丁好解牛，所见无非死牛者，三年而不见生牛，用刀十九年，刃若新磨研，顺其理，诚乎牛也。钟子期夜闻击磬者而悲，使人召而问之曰："子何击磬之悲也？"答曰："臣之父不幸而杀人，不得生；臣之母得生，而为公家为酒；臣之身得生，而为公家击磬。臣不睹臣之母三年矣。昔为舍氏睹臣之母，量所以赎之则无有，而身固公家之财也，是故悲也。"钟子期叹嗟曰："悲夫！悲夫！心非臂也，臂非椎、非石也。悲存乎心而木石应之。"故君子诚乎此而谕乎彼，感乎己而发乎人，岂必强说乎哉？

周有申喜者，亡其母，闻乞人歌于门下而悲之，动于颜色，谓门者内乞人之歌者，自觉而问焉，曰："何故而乞？"与之语，盖其母也。故父母之于子也，子之于父母也，一体而两分，同气而异息。若草莽之有华实也，若树木之有根心也。虽异处而相通，隐志相及，痛疾相救，忧思相感，生则相欢，死则相哀，此之谓骨肉之亲。神⑦出于忠⑧而应乎心，两精相得，岂待言哉？

①不属：不与枝叶同体。
②靡：分散。

③轶：散开、推开。

④砥厉：修整、磨砺。

⑤侈衣美食：分发华美的衣物、美味的食物，指军队征战前犒赏士卒。

⑥饮羽：箭羽没入石中。

⑦神：性，天性。

⑧忠：至诚之心。

译 文

有人说菟丝没有根。其实菟丝并非没有根，只不过它的根不与枝叶相连，茯苓就是它的根。磁石吸引铁，有一种力量在其中相互牵引。树木生得近了就要分散，有一种力量将它们相互推开。圣人面南为君，胸怀爱民、利民之心，号令还未发出，天下人就都延颈举踵相期盼了，这就是圣人与人民精气相通的缘故。暴君贼害民众，民众同样也会有相应的感应。假如有国家要攻打他国，磨砺兵器，犒赏军队，很快就将出征，将被进攻的国家一定不会高兴，并不是因为听到了风声，是精神提前感知到了灾祸。假如有人身在秦国，而他所亲爱的人身处齐国，若齐国的人去世了，在秦国的人就会身心不安，这就是精气往来的缘故啊！

德，是万民的主宰；月亮，是各种属阴之物的根本。月满之时，蚌蛤的肉就充实，各种属阴之物也相应盈满；月亏之时，蚌蛤的肉就空虚，各种属阴之物也相应亏损。月亮在天空之上显示它的形变，各种属阴之物则在深渊之中随其变化；这就如圣人修养自身的德行，而四方荒远之地的人民都随着整饬自身，追求仁德。

养由基射兕，射中了石头，箭羽竟没入石中，这是他将精力完全集中在兕上的缘故。伯乐学习相马，眼中所见除了马没有他物，这是他将精力完全放在马上的缘故。宋国庖丁好分解牛的肢体，眼中所见除了死牛没有他物，整整三年眼前不见生牛，一把刀用了十九年，刀刃就如刚刚研磨好一样，这是他能顺着牛的肌理解牛，而将精力全部放在牛身上的缘故。钟子期夜间听到有人击磬，发出的声音十分悲伤，便派人招来击磬者，询问道："您击磬之声为何如此的悲伤呢？"击磬者回答："我的父亲不幸杀了人，无法活命；我的母亲虽然能够活命，却被没入官府，为公家造酒；我自己虽然得以活命，也只能每日为公家击磬。我已经三年没有见到母亲了。昨天晚上在舍氏看到了她，想要为她赎身却没有钱，而且连自身也是公家的财产，所以感到悲伤。"钟子期嗟叹道："悲哀啊！悲哀啊！心并非手臂，手臂并非椎、并非磬。然而悲伤存在心中，椎和磬便能与它应和。"所以君子心中有所感触，便会在外面表现出来，自己有所感悟，便能影响到他人，哪里一定要用言辞来表述呢？

周地有个叫申喜的人，与他的母亲失散了，一天听到有人在门前乞讨唱歌，心中不觉感到悲伤，神色都为之改变了，于是吩咐门人让唱歌的乞丐进来，亲自接见询问她："为什么会沦落到行乞的地步呢？"与她交谈，才知道原来那乞丐正是自己的母亲。所以，父母对于子女，子女对于父母，实际上都是一个身体分为两部分，精气相通而呼吸各异。就如草莽有花有果，树木有根有心一样。即便处于不同的地方也会精神相通，内心志向相连，有疾病相互分担，有忧思相互感知，对方活着心中就高兴，对方去世内心就悲伤，这就叫作骨肉之亲。这种天性出于至诚而在心中体现，彼此精气相通，难道还要靠言语吗？

解 读

《中庸》曰："至诚如神。"内心至为真诚，便能感动天地鬼神，便能产生意想不到的精神关联，便能创造出常理难以解释的奇迹。

射石没羽，这是难以想象的难事，然而人只要内心至诚，便可以创造这种奇迹；这样的难事都可以做出来，更何况其他的事情呢？所以，大禹一心治水，便最终将洪水导入了大海；句践一心复仇，便最终报复了吴国。人只要在事业之上，抱着精诚不怠之心，就一定会实现自己的梦想，创造出难以想象的奇迹。

相隔千里却心灵相通，心有所想便传及木石之上，人只要内心至诚，还有什么不能感动的呢？所以，明君反省于自身之上，天下百姓都归服于他；圣主修德于朝堂之上，四方蛮夷都主动降服；不弃至诚之心，无论多么不通情理的人都会有被感化的一天；无论多么顽固的人，都有被改变的时候。

孟冬纪

异宝

　　古之人非无宝也，其所宝者异也。

　　孙叔敖疾，将死，戒其子曰："王数封我矣，吾不受也。为我死，王则封汝，必无受利地。楚、越之间有寝之丘者，此其地不利，而名甚恶。荆人畏鬼，而越人信禨①。可长有者，其唯此也。"孙叔敖死，王果以美地封其子，而子辞，请寝之丘，故至今不失。孙叔敖之知，知不以利为利矣。知以人之所恶为己之所喜，此有道者之所以异乎俗也。

　　五员②亡，荆急求之，登太行而望郑曰："盖是国也，地险而民多知；其主，俗主也，不足与举。"去郑而之许，见许公而问所之。许公不应，东南向而唾。五员载拜受赐，曰："知所之矣。"因如吴。过于荆，至江上，欲涉，见一丈人，刺小船，方将渔，从而请焉。丈人度之，绝江。问其名族，则不肯告，解其剑以予丈人，曰："此千金之剑也，愿献之丈人。"丈人不肯受，曰："荆国之法，得五员者，爵执圭，禄万檐③，金千镒。昔者子胥过，吾犹不取，今我何以子之千金剑为乎？"五员过于吴，使人求之江上，则不能得也。每食必祭之，祝曰："江上之丈人！"天地至大矣，至众矣，将奚不有为也？而无以为。为矣，而无以为之。名不可得而闻，身不可得而见，其惟江上之丈人乎！

宋之野人耕而得玉，献之司城子罕，子罕不受。野人请曰："此野人之宝也，愿相国为之赐而受之也。"子罕曰："子以玉为宝，我以不受为宝。"故宋国之长者曰："子罕非无宝也，所宝者异也。"

今以百金与抟黍④以示儿子⑤，儿子必取抟黍矣；以和氏之璧与百金以示鄙人，鄙人必取百金矣；以和氏之璧、道德之至言以示贤者，贤者必取至言矣。其知弥精，其所取弥精；其知弥粗，其所取弥粗。

注 释

①信禨：迷信鬼神。

②五员：伍员，即伍子胥。

③檐：通"儋"，即石。

④抟黍：黄米饭团。

⑤儿子：小儿。

译 文

古代的贤人并非没有宝物，只不过他们所看作宝物的东西与世俗之人有所不同。

孙叔敖病重，将要死的时候，告诫他的儿子说："楚王屡屡要封赏我，我都没有接受。我死了，楚王一定会封赏你，你一定不要接受肥沃、富饶的封地。楚国、越国之间有个寝丘，这地方十分贫瘠，名字也很凶险。楚国人畏惧鬼，越国人讲迷信，你能长久保佑的，恐怕只有这块土地了。"孙叔敖去世，楚王果然以肥美的土地封赏他的儿子，孙叔敖之子辞谢，请求得到寝丘，所以这块土地至今没有被别人夺去。孙叔敖的智慧，就是知道不以世俗的利益当作利益，知道将别人所厌恶的东西当作自己所喜好的，这就是有道之人和世俗不同的地方。

伍员逃亡，楚国紧急搜捕他。他登上太行山，遥望郑国说："这个国家地势险要，人民多有智慧；然而其君主是个庸俗之辈，不足以共襄大事。"于是离开郑国，来到许国，拜见许公，并请教自己应该前往何处。许公没有回答，只是向东南方吐了一口唾沫。伍员再拜而接受赐教，说："我知道该去哪里了。"于是前往吴国。其间路过楚国，来到江边，想要渡河，看到一位老人，刚撑起小船，要出去打鱼，于是向老人请求送他过江。老人载他渡过江去。伍员询问老人的姓名，老人不肯相告，伍员于是解下自己的佩剑赠予老人，说："这是价值千金的宝剑，希望进献给您。"老人不肯接受，说："按照楚国的法令，捉到伍子胥的，授予执圭的爵位，享受万石俸禄，赐予黄金千镒。之前伍子胥从这里经过，我尚且不捉他去领赏，如今我要你的千金宝剑做什么?"伍员到了吴国，派人到江边去寻找老人，就再也找不到了。伍员每次吃饭一定要祭祀那位老人，祝告说："江上老人!"天地广大到了极点，覆育万物多到了极点，何所不为呢? 却毫无所求。做了利人之事，却不求任何回报，甚至使自己名声无法得知，身影无法得见，达到此种境界的人大概也只有江上老人了吧!

宋国的一个农夫，耕田时获得了一块美玉，将其献给司城子罕，子罕不接受。农夫请求道："这是我的宝物，希望相国赏脸将其收下。"子罕说："你把美玉当成宝物，我却将不接受别人的财物当作宝物。"所以宋国的长者说："子罕并非没有宝物，只是他所看作宝物的东西和世俗之人不同啊。"

如今，若将百镒黄金和黄米饭团摆在小孩子面前，小孩子一定会去抓黄米饭团；若将和氏璧和百镒黄金摆在鄙陋无知的人面前，鄙陋无知的人一定会选择黄金；若将和氏璧和有关道德的至理名言摆在贤人面前，贤人一定会听取至理名言。智慧越精深，所选择的东西就越珍贵；智慧越低下，所选择的东西就越粗陋。

解 读

世俗之人以珍珠美玉、土地金钱、虚名权势为宝，殊不知这些东西虽然美丽难得，能满足人的虚荣之心，但整日追求它们，却使人心智迷乱，最终招致灾祸。智者达人钟爱一件事物，并不看它在世俗社会中多么受人追捧，而是考察它能为自身带来什么。所以，他们能够以守下为宝、以不争为宝、以淡泊为宝、以无名为宝、以保持自己的节操为宝、以不懈地追求自身道德修养为宝。

所谓的宝物，应该是能够为自己生命、生活带来增益的东西，而不是需要损害生命去追求的东西。美德让我们的生命变得更加充实、生活变得更加安稳，这才是最可贵的宝物。世上的很多人，都不惜违背道德、原则而去追求世俗所看重的那些富贵、地位，则是舍大求小、弃贵求贱了，这又怎么能称为明智呢？

异用

原　文

万物不同①，而用之于人异也，此治乱、存亡、死生之原。故国广巨，兵强富，未必安也；尊贵高大，未必显也，在于用之。桀、纣用其材而以成其亡，汤、武用其材而以成其王。

汤见祝网②者，置四面，其祝曰："从天坠者，从地出者，从四方来者，皆离吾网。"汤曰："嘻！尽之矣。非桀，其孰为此也？"汤收其三面，置其一面，更教祝曰："昔蛛蝥作网罟，今之人学纡③。欲左者左，欲右者右，欲高者高，欲下者下，吾取其犯命者。"汉南之国闻之曰："汤之德及禽兽矣。"四十国归之。人置四面，未必得鸟；汤去其三面，置其一面，以网其四十国，非徒网鸟也。

周文王使人抇④池，得死人之骸。吏以闻于文王，文王曰："更葬之。"吏曰："此无主矣。"文王曰："有天下者，天下之主也；有一国者，一国之主也。今我非其主也？"遂令吏以衣棺更葬之。天下闻之曰："文王贤矣！泽及髊骨⑤，又况于人乎？"或得宝以危其国，文王得朽骨以喻其意，故圣人于物也无不材。

孔子之弟子从远方来者，孔子荷杖而问之曰："子之公不有恙乎？"搏杖而揖之，问曰："子之父母不有恙乎？"置杖而问曰："子之兄弟不有恙乎？"杙步而倍之⑥，问曰："子之妻子不有恙乎？"故孔子以六尺之杖，谕贵贱之等，辨疏亲之义，又况于以尊位厚禄乎？

古之人贵能射也，以长幼养老也。今之人贵能射也，以攻战侵夺也。其细者以劫弱暴寡也，以遏夺为务也。仁人之得饴，以养疾侍老也。跖与企足⑦得饴，以开闭取楗也。

注　释

①万物不同：察文意应为"万物莫不相同"。

②祝网：设置好网，并祈祷上天请求捕得鸟兽。

③纾：通"杼"，织机上的梭子，指编织。

④抇：挖。

⑤骴骨：尸骨。骴，通"胔"，肉未烂的尸骨。

⑥杖步而倍之：拖着手杖，调转步子，转过身去。

⑦跖与企足：盗跖与庄跻，都是古代有名的大盗。

译　文

万物莫不相同，但人们使用它们却各有不同，这就是治乱、存亡、生死有别的根源。所以说，国土广大，兵力强盛，未必能得到安定；地位尊贵，权势煊赫，未必能得到显达，关键在于如何使用它们。桀、纣运用他们的才智，导致了灭亡；汤、武却运用他们的才智成就了王业。

汤看到张网捕猎正在祈祷的人，在四个方向都设置了网，并祈祷说："从天上坠落的，从地上生出的，都进入我的网中。"汤说："哎！这样的话鸟兽岂不都被抓尽了。除了夏桀那样残暴的君主，谁还会如此？"汤于是收起三面网，只留下一面，教捕猎者重新祈祷，说："从前蜘蛛作网，如今人们也学着织网捕猎。鸟兽想去左面就去左面，想去右面就去右面，想向高飞就向高飞，想向下钻就向下钻，我只捕取那些触犯命令的。"汉南的诸侯国听到这件事后，说："商汤的德行连鸟兽都顾及到了。"有四十个国家因此归附了商汤。有人设置四面之网，未必能捕得鸟兽；商汤去除三面，只留一面，用其网罗到四十个国家，不仅仅是捕捉飞鸟啊！

周文王派人挖掘池塘，挖出一具死人骸骨。官吏将此事汇报给文王，文王说："重新安葬了他。"官吏说："这是无主的尸骨。"文王说："统治天下之人，是天下之主；统治一国之人，是一国之主。如今我难道不是他的主人吗？"于是令官吏用衣棺将其重新安葬了。天下之人听闻这件事，都说："文王真是贤能啊！泽惠普及到尸骨之上，更何况活着的人呢？"有人得到宝物，反而危害自己的国家，文王获得一具朽骨，却能昭显自己的仁德。所以，在圣人看来，天下没有无用之物。

孔子的弟子从远方前来的，孔子就扛着手杖问候："你的祖父没有灾病吧？"然后持着手杖，拱手问道："你的父母没有灾病吧？"然后挂着手杖问："你的兄弟没有灾病吧？"最后拖着手杖，转身问："你的妻子儿女没有灾病吧？"所以，孔子仅用六尺长的手杖，就让人知道了贵贱的等级，辨明了亲疏的关系，又何况用尊位厚禄呢？

古代的人重视善射的技艺，是因为射猎禽兽可以用来抚养幼儿、赡养老人；现在的人也重视善射的技艺，却是因为射箭杀人可以用来攻战侵略。而那些卑微的小人更是凭借善射的技艺劫掠弱者、欺负孤寡，将掠夺作为职业。仁爱的人得到饴糖用它来保养病人、奉养老者；而跖与企足得到了饴糖却用来拨开门闩，偷盗财物。

解　读

天下事物都是相同的，善人得到了它，就会用它为善；恶人得到了它，就会用它为恶。就如刀剑一般，有人用它们保家卫国、除暴安良，有人却用它们欺凌弱小、残杀无辜。刀剑有什么是非善恶呢，人心有是非善恶罢了。怀有仁善之心，即便细小的、被人厌恶的事物，也能发挥巨大的作用，昭显美德；怀有残暴之心，即便美好的、本该造福民众的事物，也会败坏德行、伤害人民。

造福民众的人就能得到民众的支持，就会享受上天赐予的福泽；残害民众的人就会被人民所遗弃，就会承受上天降下的灾祸。所以，同样是国君，有的人受到民众的敬爱，在后世被尊敬；有的人受到民众的厌恶，在后世受到唾弃。同样是官吏，有的人被称为"青天"，人人都崇敬他；有的人被称为"民贼"，人人都詈骂他。《诗》云："下民之孽，匪降自天，僔沓背憎，职竞由人。"人的灾祸、羞辱都是由自己招致而来的——上天赐给人财富、权力是让人去行善、利民的，而自己却凭恃这些骄奢淫逸、为所欲为，又怎能不蒙受灾祸呢！上天让人穷困、窘迫、遭受疾病、打击，都是为了锻炼人的心志，而自己却自暴自弃，借机作奸犯科，又怎么能不蒙受耻辱呢！

所以说，人要想正确地利用外物，必须先端正自己的心；要想积极发挥外物的作用，必须先修缮自己的仁德。无论是通达、还是穷困，都要坚持道义而行事，都要将周围的环境条件变成自己修德为善的资源，而非堕落行奸的借口。

仲冬纪

至忠

　　至忠逆于耳，倒于心，非贤主其孰能听之？故贤主之所说，不肖主之所诛也。人主无不恶暴劫者，而日致之，恶之何益？今有树于此，而欲其美也，人时灌之，则恶之，而日伐其根，则必无活树矣。夫恶闻忠言，乃自伐之精①者也。

　　荆庄哀王②猎于云梦，射随兕，中之。申公子培劫王而夺之。王曰："何其暴而不敬也？"命吏诛之。左右大夫皆进谏曰："子培，贤者也，又为王百倍之臣③，此必有故，愿察之也。"不出三月，子培疾而死。荆兴师，战于两棠，大胜晋，归而赏有功者。申公子培之弟进请赏于吏曰："人之有功也于军旅，臣兄之有功也于车下。"王曰："何谓也？"对曰："臣之兄犯暴不敬之名，触死亡之罪于王之侧，其愚心将以忠于君王之身，而持千岁之寿也。臣之兄尝读故记曰：'杀随兕者，不出三月。'是以臣之兄惊惧而争之，故伏其罪而死。"王令人发平府④而视之，于故记果有，乃厚赏之。申公子培，其忠也可谓穆行矣。穆行之意，人知之不为劝，人不知不为沮，行无高乎此矣。

齐王疾痏⑤，使人之宋迎文挚⑥，文挚至，视王之疾，谓太子曰："王之疾必可已也。虽然，王之疾已，则必杀挚也。"太子曰："何故？"文挚对曰："非怒王，则疾不可治，怒王则挚必死。"太子顿首强请曰："苟已王之疾，臣与臣之母以死争之于王。王必幸⑦臣与臣之母，愿先生之勿患也。"文挚曰："诺。请以死为王。"与太子期，而将往不当者三，齐王固已怒矣。文挚至，不解屦登床，履王衣，问王之疾，王怒而不与言。文挚因出辞以重怒王，王叱而起，疾乃遂已。王大怒不说，将生烹文挚。太子与王后急争之，而不能得，果以鼎生烹文挚。爨之三日三夜，颜色不变。文挚曰："诚欲杀我，则胡不覆之，以绝阴阳之气？"王使覆之，文挚乃死。夫忠于治世易，忠于浊世难。文挚非不知活王之疾而身获死也，为太子行难，以成其义也。

注　释

①精：甚，严重。

②荆庄哀王：应为荆庄王，即楚庄王。

③百倍之臣：指才能百倍于其他臣子。

④平府：楚国收藏典籍之处。

⑤痏：疮。

⑥文擎：战国名医。

⑦幸：怜惜。

译　文

至忠之言，逆于耳、逆于心，若不是贤明的君主，谁能听取它呢？所以，贤主所喜欢的，恰恰是不肖之主所诛罚的。君主无不痛恨侵暴掠夺的行为，然而自己的所作所为却每日招致它，虽然痛恨又有什么用处呢？假如这里长有树木，希望它们生长茂盛，可别人按时浇灌它们，就感到厌恶，并且每日砍伐树根，这样做肯定不会再有活树了。厌恶听到忠言，比砍伐自己的根还要严重啊！

楚庄王在云梦泽中狩猎，射中了一头随兕。申公子培抢在楚王之前将兕夺走了。楚庄王说："怎么如此犯上不敬呢？"命令官吏杀掉他。身边的大夫都劝谏说："子培是个贤者，在大王的臣子中才能百倍于人，他这样做一定有缘故，希望您仔细考察。"不到三个月，子培便生病死了。楚国兴兵，与晋国大战于两棠，大胜晋军，楚王还师犒赏有功的将士。申公子培的弟弟上前请赏说："别人在军旅之中有功，臣的兄长在大王的车下有功。"楚庄王问："这是什么意思？"回答说："臣的兄长冒着不敬的恶名，在大王的身边触犯死罪，但他的本心却是为了尽忠于大王，使大王得到千秋之寿。臣的兄长曾读古书，其中记载：'杀死随兕的人，寿命不出三月。'所以他看到您杀死随兕十分惊恐，因而抢在您之前将其夺走，所以后来遭受祸殃而死。"楚庄王下令让人打开平府查阅古书，果然有那样的记载，于是厚赏了申公的家人。申公子培，其忠心可以称得上是"穆行"了。穆行的意思就是，不因为别人的了解而感到劝勉，不因为别人不了解而感到沮丧，德行没有比这更为高尚的了。

齐王患了恶疮，派人到宋国迎请文挚，文挚到来后，察看了齐王的病况，对太子说："大王的病肯定可以痊愈，然而若治好他的病，他一定会杀死我。"太子问："这是什么缘故呢？"文挚回答："若不激怒大王，则疾病不能治好，激怒大王，我则必死。"太子叩头下拜，强请说："若您治好大王的疾病，我和我的母后以死为您向大王求情。大王一定哀怜我和我的母亲，愿先生不要有所顾虑。"文挚说："好吧。我愿拼死治好大王。"于是文挚与太子约定前去治病的日期，三次都没有如期前往，齐王已经动怒了。文挚来到以后，不脱鞋就登上齐王的床，踩着齐王的衣服，询问齐王病情，齐王恼怒而不与他说话。文挚于是出言继续激怒齐王，齐王大声呵斥着起身，病于是就好了。齐王大怒不悦，将要把文挚活活烹杀。太子与王后激烈地为文挚争辩，但不能改变齐王的主意，最终齐王用大鼎将文挚活活烹杀。文挚被烹了三天三夜，颜色不变，对齐王说："果真要烹杀我，为什么不盖上盖子，以隔断阴阳之气呢？"齐王使人盖上鼎盖，文挚才死去。忠于清平之世容易，忠于混浊之世苦难啊！文挚并非不知道治好齐王的疾病自己就将招致杀身之祸，踏实为了太子而行此难事，以成全太子的孝顺之义啊！

解　读

忠臣的可贵之处，就在于他们知道忠言逆耳还奋不顾身地劝谏君主，他们宁可自己蒙受误解、遭受祸患，也不放弃为臣的节操。比干难道不知道直言劝谏会有杀身之祸吗？伍子胥难道不知道国君昏庸难以使之醒悟吗？他们之所以知道自己难以成功，而且要遭遇灾祸，还坚持谏言，就是要竭尽忠心，竭尽作为臣子当谨守的职责。这种不顾个人安危，一心为君为国的臣子，才是国家的栋梁，才是国君最该看重的人。国君若不能明察他们的苦心，因为一时愤怒而处罚、诛杀他们，这就成了无道的纣王、夫差，成了恩将仇报的齐王。如此必将让士民失望，必将导致社稷倾危、国家覆亡。

所以，每个人都应该宽容那些直言冒犯自己的人，深察他们触犯自己的原因，不要让心怀好意的人得到恶报，不要让关心爱护自己的人感到寒心。

忠廉

原　文

士议①之不可辱者，大之也。大之则尊于富贵也，利不足以虞②其意矣。虽名为诸侯，实有万乘，不足以挺其心矣。诚辱则无为乐生。若此人也，有势则必不自私矣，处官则必不为污矣，将众则必不挠北矣。忠臣亦然，苟便于主利于国，无敢辞违，杀身出生以徇之。国有士若此，则可谓有人矣。若此人者固难得，其患虽得之有不智。

吴王欲杀王子庆忌③而莫之能杀，吴王患之。要离曰："臣能之。"吴王曰："汝恶能乎？吾尝以六马逐之江上矣，而不能及；射之矢，左右满把，而不能中。今汝拔剑则不能举臂，上车则不能登轼，汝恶能？"要离曰："士患不勇耳，奚患于不能？王诚能助，臣请必能。"吴王曰："诺。"明旦加要离罪焉，挚执④妻子，焚之而扬其灰。要离走，往见王子庆忌于卫。王子庆忌喜曰："吴王之无道也，子之所见也，诸侯之所知也。今子得免而去之，亦善矣。"要离与王子庆忌居有间，谓王子庆忌曰："吴之无道也愈甚，请与王子往夺之国。"王子庆忌曰："善。"乃与要离俱涉于江。中江，拔剑以刺王子庆忌。王子庆忌捽之，投之于江，浮则又取而投之，如此者三。

其卒曰："汝天下之国士也，幸汝以成而名。"要离得不死，归于吴。吴王大说，请与分国。要离曰："不可。臣请必死！"吴王止之，要离曰："夫杀妻子，焚之而扬其灰，以便事也，臣以为不仁。夫为故主杀新主，臣以为不义。夫掉而浮乎江，三入三出，特王子庆忌为之赐而不杀耳，臣已为辱矣。夫不仁不义，又且已辱，不可以生。"吴王不能止，果伏剑而死。要离可谓不为赏动矣，故临大利而不易其义；可谓廉矣，廉，故不以贵富而忘其辱。

卫懿公有臣曰弘演，有所于使。翟人攻卫，其民曰："君之所予位禄者，鹤也；所贵富者，宫人也。君使宫人与鹤战，余焉能战？"遂溃而去。翟人至，及懿公于荥泽，杀之，尽食其肉，独舍其肝。弘演至，报使于肝，毕，呼天而啼，尽哀而止，曰："臣请为襮⑤。"因自杀，先出其腹实，内懿公之肝。桓公闻之曰："卫之亡也，以为无道也。今有臣若此，不可不存。"于是复立卫于楚丘。弘演可谓忠矣，杀身出生以徇其君。非徒徇其君也，又命卫之宗庙复立，祭祀不绝，可谓有功矣。

注　释

①议：他人的评议，即名节。

②虞：同"娱"，愉悦。

③吴王欲杀王子庆忌：阖闾刺杀吴王僚篡位之后，僚的儿子庆忌逃亡在外，积蓄力量准备返国争位，所以吴王时刻想要除去他。

④挚执：拘捕。

⑤襮：外衣。

译　文

士人的名节之所以不可受到屈辱，是因为士人十分珍视它。珍视它，就会将其看得比富贵还要尊贵，如此私利就不足以愉悦士人之心了。即使名列诸侯，拥有万乘之国，也不足以动摇士人的心志。假若受到羞辱，就不愿再苟活下去。像这样的人，有权势一定不会自私自利，居官位一定不会贪赃枉法，率领军队一定不会屈服败逃。忠臣也是这样的，只要有利于君主、国家，就决不会推辞违背，一定会杀身舍生以赴之。国家有这样的士人，才能称得上是有人。像这样的人，本来就难以得到，国家的祸患就在于有了这样的人君主却又不了解他们。

吴王阖闾想要杀死王子庆忌，但没人能杀死他，吴王很担忧。要离说："我能够杀死他。"吴王说："你怎么能行呢？我曾经乘驾六匹马的快车追赶他，到了江边也没有赶上；用箭射他，他左右两手接满了箭，却不能射中。如今你拔剑在手就举不起手臂，上了车子也无法登上车轼，你怎么能杀死庆忌呢？"要离说："士所担忧的只是没有勇气罢了，哪里用得着担忧能与不能呢？大王假如真的能够相助，我一定会成功。"吴王说："好吧。"第二天，吴王加罪于要离，拘捕了他的妻子和孩子，将他们烧死扬灰。要离逃走，前往卫国投奔王子庆忌。王子庆忌高兴地说："吴王的暴虐无道，是你亲眼所见，被诸侯所深知的。如今，你得以幸免离开了他，也算是幸运了。"要离和王子庆忌相处一段时间，对王子庆忌说："吴王的无道更加严重了，请求与王子共同前往夺回国家。"王子庆忌说："好！"于是与要离一起渡江。行至江水中流，要离拔剑刺杀王子庆忌。王子庆忌揪着他的头发，将其按入江中，等他浮出水面，又将其按下去，如此重复了三次。庆忌最后说："你是天下国士，我放过你，成就你的美名。"要离得以不死，回到吴国。吴王大悦，愿意与他分享国家。要离说："不可以，臣决心求死！"吴王制止他，要离说："杀死自己的妻子，焚烧他们的尸体，扬散骨灰，以便于行事，这是我的不仁啊。为了旧主杀死新主，这是我的不义啊。王子庆忌揪住我的头发，将我按入江中，三入三出，只不过王子庆忌对我开恩不杀罢了，臣已经遭受羞辱了。不仁不义，而又遭到了羞辱，不可以再苟且偷生。"吴王不能制止他，最终要离伏剑而死。要离可以说是不为赏赐所动了，所以面对巨大的利益而不改变其气节；要离可以说是廉洁了，正因为廉洁，所以不因富贵而忘记自己的耻辱。

卫懿公有臣子名叫弘演，受命出使国外。翟人攻打卫国，卫国民众都说："被国君授予爵位俸禄的，是鹤；在国君那里得到富贵的，是后宫嫔妃。国君还是去让后宫嫔妃和鹤去与敌人作战吧，我们哪能迎敌呢？"于是溃散而去。翟人到了，在荣泽抓住了卫懿公，将其杀死，吃光了他的肉，只把他的肝脏丢在一边。弘演归来，向卫懿公的肝复命。复命之后，号呼着上天痛哭，竭尽悲哀而后停下来，说："就让臣作国君的外衣吧！"因而自杀，先将自己腹中内脏取出，又将卫懿公的肝放进去，然后死掉。齐桓公听闻之后，说："卫国的灭亡，是因为国君无道。如今有像弘演这样忠贞的臣子，不可不使它存续。"于是在楚丘复立卫国。弘演可以称为是忠了，杀身舍生而为君殉死。不仅为君殉死，还令卫国的宗庙得以复立，祭祀不绝，可以说是有功了。

解　读

"贪夫殉财，烈士殉名"，世俗之人看重的是钱财富贵，而志士君子看重的则是自己的名节。在士人的眼中，名节是自己立于天地之间的根本，远比任何钱财、地位更加珍贵，他们宁愿放弃自己的生命也不会抛弃名节。所以，要离可以继续存活下去，可以得到权力、富贵，却最终选择了死亡；弘演宁愿牺牲自己的生命，也要保全作为臣子的名节。

重视名节的人，也是最值得让人尊重的；不仅他们自己获得尊重，连他们的君主国家都会因此而受到敬仰。所以，卫国有弘演，齐桓公愿意助其复国；楚国有申包胥，秦哀公愿意出兵救楚；安陵有唐雎，而秦始皇不敢将其灭亡。这些忠贞廉洁的士人是国家最宝贵的财富，在位者若能识察他们、礼贤下士，让他们充分发挥自己的才智，来报效国家，国家还会有什么危患呢？

当务

原　文

辨而不当论①，信而不当理，勇而不当义，法而不当务，惑而乘骥也，狂而操吴干将②也，大乱天下者，必此四者也。所贵辨者，为其由所论也；所贵信者，为其遵所理也；所贵勇者，为其行义也；所贵法者，为其当务也。

跖之徒问于跖曰："盗有道乎?"跖曰："奚啻其有道也? 夫妄意关内③,中藏,圣也;入先,勇也;出后,义也;知时,智也;分均,仁也。不通此五者而能成大盗者,天下无有。"备说非六王、五伯,以为尧有不慈之名,舜有不孝之行,禹有淫湎之意,汤、武有放杀之事,五伯有暴乱之谋。世皆誉之,人皆讳之,惑也。故死而操金椎以葬,曰:"下见六王、五伯,将敲其头矣!"辨若此不如无辨。

楚有直躬者④,其父窃羊而谒之上⑤。上执而将诛之。直躬者请代之。将诛矣,告吏曰:"父窃羊而谒之,不亦信乎? 父诛而代之,不亦孝乎? 信且孝而诛之,国将有不诛者乎?"荆王闻之,乃不诛也。孔子闻之曰:"异哉! 直躬之为信也。一父而载⑥取名焉。"故直躬之信不若无信。

齐之好勇者,其一人居东郭,其一人居西郭。卒然相遇于涂,曰:"姑相饮乎?"觞数行,曰:"姑求肉乎?"一人曰:"子,肉也;我,肉也;尚胡革求肉而为? 于是具染⑦而已。"因抽刀而相啖,至死而止。勇若此不若无勇。

纣之同母三人,其长曰微子启,其次曰中衍,其次曰受德。受德乃纣也,甚少矣。纣母之生微子启与中衍也,尚为妾,已而为妻而生纣。纣之父、纣之母欲置微子启以为太子、太史据法而争之曰:"有妻之子,而不可置妾之子。"纣故为后。用法若此,不若无法。

注 释

①不当论:言辞不符合道理。

②吴干将:吴国的宝剑干将。

③关内:户内、室内。

④直躬者:直道立身的人。

⑤谒之上:像官府告发他。

⑥载:通"再",再次,两次。

⑦染:豉酱。

译 文

善辩而言论不合乎道理，守信而行为不合乎常理，勇敢而举止不符合正义，守法而行事不合于时务，这些就如精神错乱却乘驾快马一样，就如神智癫狂却手持利刃一般，大乱天下的，一定是这四种行为。之所以看重辩说，是因为其言论合乎道理；之所以看重诚信，是因为其行为合乎常理；之所以看重勇敢，是因为其举止符合正义；之所以看重守法，是因为其行事符合于时务。

盗跖的党徒问盗跖说："盗贼也有道义吗？"盗跖回答："何止是有道啊！猜测室内是否藏有钱财，能够猜中，这就是圣；抢劫时争先进去，这就是勇；抢劫完殿后出来，这就是义；懂得抢掠的最佳时机，这就是智；抢来的东西分赏均匀，这就是仁。不了解这五点而能够成为大盗的，天下没有。"既而他非难六王、五伯，认为尧有不慈的名声，舜有不孝的行为，禹有沉湎的意愿，商汤、武王有杀放君主的悖逆之事，五伯有侵暴作乱的图谋。然而，世世代代人们都赞誉他们，人人都避讳他们的过错，真是糊涂啊！所以，他在死的时候，还要带着金椎下葬，说："下到黄泉，见到六王、五伯，要击碎他们的脑袋！"像这样的辩说，还不如不辩说。

楚国有个以直道立身的人，他的父亲偷了羊，他便向官府告发此事。官府抓住了他的父亲，要将其诛杀。以直道立身的人求情自己代替父亲受刑。将要行刑的时候，他又告诉官吏说："父亲偷了羊，而自己告发他，难道不是诚实吗？父亲受到诛杀，而能以自身相代，难道不是孝吗？诚实而又孝顺的人且受到诛杀，国中还有不被诛杀的人吗？"楚王听闻以后，就赦免了他，不再诛杀。孔子听到这件事以后，说："这人所谓的诚实真是太奇怪了！只有一个父亲却利用他为自己获得两次名声。"所以，像这样的诚实守信还不如没有。

齐国有两个以勇敢自负的人，一人居住在城东，一人居住在城西。一天，两人在路上不期而遇，彼此说："姑且一起饮几杯吧！"酒过数巡，一个人说："还是去弄点肉吧？"另一个人说："你就是肉，我也是肉，何必再去别处弄肉呢？只需要准备点儿豉酱就可以了。"于是两人拔出刀，互相割肉，对吃起来，一直到死。像这样的勇敢还不如没有。

纣的同母兄弟共三人，长者叫微子启，次者叫中衍，最小的叫受德。受德就是纣，年龄最小。纣的母亲在生微子启和中衍的时候还是妾，后来被立为正妻又生下了纣。纣的父母想要立微子启为太子，殷商太史依据法典而争辩此事，说："有正妻的儿子在，不可以立妾的儿子。"所以纣被立为继承人。用法若像这样，还不如没有法。

解　读

事情没有绝对的对错，一定要根据具体环境来分析其好坏。勇敢、善辩、诚实、守法，通常来说都是美德，但如果用的地方不对，方式不对，也就是不"当务"，它们便不再会给人们带来好处，反而会导致消极的后果。有的人凭借自己的勇敢，去犯上作乱；有的人坚持自己的诚实，反而助长了罪恶；有的人恪守法度，反而伤害了忠良……凡事都要有个最根本的标准，那就是仁德，勇敢、诚实、善良等都要合乎仁德，符合礼的规定，这才是真正的美德，所以孔子用"恭而无礼则劳，慎而无礼则葸，勇而无礼则乱，直而无礼则绞"来告诫世人。

知道遵守美德，更要知道为何去遵守美德。圣人之所以推崇勇敢的美德，是因为勇敢可以用来保护民众，可以抵御贼寇。能够造福于民的勇敢才是值得推崇的，互相割肉的匹夫之勇，不会对社会有一丝丝的好处，这种现象圣人反对还来不及，又怎么会提倡呢？遵守礼制是为了安定国家，避免变乱，使人民不受危害；若以贤者为嗣能够实现这一目的，又何必要死守规矩而册立不贤者呢？孟子说："执中无权，犹执一也。"君子行事不会死守规律，他们一定考察行事的根本目的，在不违背原则的基础上，选择最恰当的行事方式。孔子说："可与共学，未可与适道；可与适道，未可与立；可与立，未可与权。"一个人在恪守道义的基础上，又懂得如何权变，这才是最高的学问，如此才算是懂得了最大的规矩。

季冬纪

士节

　　士之为人，当理不避其难，临患忘利，遗生行义，视死如归。有如此者，国君不得而友，天子不得而臣。大者定天下，其次定一国，必由如此人者也。故人主之欲大立功名者，不可不务求此人也。贤主劳于求人，而佚于治事。

　　齐有北郭骚者，结罘罔①，捆蒲苇，织菲屦②，以养其母犹不足，踵门见晏子曰："愿乞所以养母。"晏子之仆谓晏子曰："此齐国之贤者也，其义不臣乎天子，不友乎诸侯，于利不苟取，于害不苟免。今乞所以养母，是说夫子之义也，必与之。"晏子使人分仓粟、分府金而遗之，辞金而受粟。有间，晏子见疑于齐君，出奔，过北郭骚之门而辞。北郭骚沐浴而出见晏子曰："夫子将焉适？"晏子曰："见疑于齐君，将出奔。"北郭子曰："夫子勉之矣。"晏子上车，太息而叹曰："婴之亡岂不宜哉？亦不知士甚矣。"晏子行。北郭子召其友而告之曰："说晏子之义，而尝乞所以养母焉。吾闻之曰：'养及亲者，身伉③其难。'今晏子见疑，吾将以身死白④之。"着衣冠，令其友操剑奉笥而从，造于君庭，求复者曰："晏子，天下之贤者也，去则齐国必侵矣。必见国之侵也，不若先死。请以头托白晏子也。"因谓其友曰：

"盛吾头于笥中，奉以托。"退而自刎也。其友因奉以托。其友谓观者曰："北郭子为国故死，吾将为北郭子死也。"又退而自刎。齐君闻之，大骇，乘驲⑤而自追晏子，及之国郊，请而反之。晏子不得已而反，闻北郭骚之以死白己也，曰："婴之亡岂不宜哉？亦愈不知士甚矣。"

注　释

①罝罔：罝网，狩猎用的网。

②菲屦：麻鞋。

③伉：承担。

④白：洗脱冤屈。

⑤驲：驿车、驿马。

译　文

士，合乎义理之事就不避危难，面对祸患不顾私利，舍生取义，视死如归。这样的人，国君无法与其交友，天子无法让其臣服。大到安定天下，其次安定一国，一定都是依靠这样的人。所以君主要想树立大的功名，不可以不致力于求访这样的人。贤明的君主将精力用在求访贤士之上，而在管理具体事务上清闲安逸。

齐国有个叫北郭骚的人，靠着结兽网、编蒲苇、织麻鞋来赡养母亲，但仍不足以维持生计。于是上门拜见晏子说："希望能得到些粮食，以赡养母亲。"晏子的仆人对晏子说："这是齐国的贤者，其志气高洁不向天子称臣，不与诸侯为友，不苟且求利，不苟且避祸。如今向您求取粮食奉养母亲，是悦服您的道义啊，您一定要给他。"晏子让人拿出仓中的粮食，拿出府中的金钱馈赠给他，北郭骚谢绝了金钱而接受了粮食。不久，晏子受到齐君的猜疑，被迫出逃，路过北郭骚家时向他辞行。北郭骚沐浴之后出门拜见晏子，问："夫子这是将要去哪里？"晏子说："我受到齐君的猜忌，将要出逃。"北郭骚说："那您就好自为之吧！"晏子登上车，叹息道："我晏婴逃亡不是应该的吗？也太不了解士了！"晏子走后，北郭骚找来他的朋友，对他说："我悦服晏子的道义，而向他求取粮食赡养母亲。我听说：'奉养过自己父母的人，自己就要为他赴难.'如今晏子受到猜疑,我将以性命为他洗脱冤屈."于是穿戴好衣冠,让他的朋友拿着宝剑、捧着竹匣跟在后面,走到齐君的庭前,向通禀的官吏请求说:"晏子是天下的贤者,他离开齐国一定遭受损害.必将见到齐国受损害,不如先死.请求将我的头托付给您来为晏子洗脱冤屈."于是对他的朋友说:"将我的头盛在竹匣中,交给这位受托的长官."于是退几步便自刎而死了.他的朋友于是将装头的匣子托付给官吏.接着又对围观的人说:"北郭子为了国家而死,我也将为北郭子而死!"也退了几步自刎而死了.齐君听说这件事,大惊,连忙乘驾驿车亲自追赶晏子,在国都之外追上了晏子,请求他返回朝廷.晏子不得已而返回,听说北郭骚以死来为自己洗脱冤屈之事,叹道:"我晏婴的逃亡岂不是应该的?愈发地不了解士了!"

解 读

古人都以获得士的称号为荣,可如何做才可以算得上是一个士呢?本节文字所说的"士节",就是士人所应拥有的节操.士人当坚持义理,不避危难;面对祸患,不顾私利;当视死如归,能够随时舍身取义;当轻视权贵,尊崇道德;当知恩图报,以死尽忠……北郭骚就是一个士的典范.他志气高洁,不愿屈身于权贵求取俸禄,为了赡养母亲,不得已而向晏子求取粮食.因为这点粮食,他将晏子视为自己的恩人、知己,为了报答这种恩情,在晏子逃亡时,他愿意用生命来为其洗刷冤屈.很多人也许觉得士这样轻视自己的生命是傻,这样以死报答别人的恩情不值得.然而,正是因为有这么多视死如归、舍生取义的人,道义才得以彰显,正义才得以实现.

"人固有一死,或重于泰山,或轻于鸿毛."士人能够随时为道义而死,他们轻视死亡,但他们的死,无不比泰山更重;而那些贪生怕死之辈,最害怕死亡,为了苟活下去无所不为,他们重视死亡,但他们的死往往比鸿毛更轻.士人在舍生取义中使自己的生命得到升华,使自己的名声得到彰显;而那些贪生怕死之辈却往往在保全性命中,使自己的生命愈加卑贱,使自己的名声被世人所不耻.

介立

原文

以贵富有人易，以贫贱有人难。今晋文公出亡，周流天下，穷矣，贱矣，而介子推不去，有以有之也。反国有万乘，而介子推去之，无以有之也。能其难，不能其易，此文公之所以不王也。

晋文公反国，介子推不肯受赏，自为赋诗曰："有龙于飞，周遍天下。五蛇从之，为之丞辅。龙反其乡，得其处所。四蛇从之，得其露雨。一蛇羞之，桥死于中野[①]。"悬书公门，而伏[②]于山下。文公闻之曰："嘻！此必介子推也。"避舍变服，令士庶人曰："有能得介子推者，爵上卿，田百万。"或遇之山中，负釜盖簦[③]，问焉，曰："请问介子推安在？"应之曰："夫介子推苟不欲见而欲隐，吾独焉知之？"遂背而行，终身不见。人心之不同，岂不甚哉？今世之逐利者，早朝晏退，焦唇干嗌[④]，日夜思之，犹未之能得；今得之而务疾逃之，介子推之离俗远矣。

东方有士焉，曰爰旌目，将有适也，而饿于道。狐父之盗曰丘，见而下壶餐以餔之。爰旌目三餔之而后能视，曰："子何为者也？"曰："我狐父之人丘也。"爰旌目曰："嘻！汝非盗邪？胡为而食我？吾义不食子之食也。"两手据地而吐之，不出，喀喀然遂伏地而死。

郑人之下虢也，庄跻之暴郢也，秦人之围长平也，韩、荆、赵，此三国者之将帅贵人皆多骄[⑤]矣，其士卒众庶皆多壮矣，因相暴以相杀，脆弱者拜请以避死，其卒递而相食，不辨其义，冀幸以得活。如爰旌目已食而不死矣，恶其义而不肯不死。今此相为谋，岂不远哉？

注释

①桥死：枯死；中野：原野之中。

②伏：隐居。

③簦：带柄的竹笠。

④嗌：咽喉。

⑤骄：出身高贵。

译 文

凭借富贵而得人容易，凭借贫贱而得人很难。晋文公出亡，周流天下，困窘至极，贫贱至极，而介子推不曾离他而去，是由于他有让人追随的德行。晋文公返回之后，拥有万乘之国，介子推却离他而去，这是由于文公失去了让人追随的德行。困难的事情能够做到，容易的事情却做不到，这就是晋文公不能成就王业的原因啊！

晋文公返国之后，介子推不肯接受奖赏，为自己赋诗道："有龙腾飞，周游天下。五蛇追随，为之辅佐。龙返故乡，得其归所。四蛇相随，获其雨露。一蛇羞惭，枯死原野。"他将这首诗悬挂在晋文公门前，然后到山中隐居。晋文公知道这件事以后，说："啊！这人一定是介子推。"于是离开宫室居住，改变奢华的服饰，向官吏百姓下令说："有能找到介子推的，授爵上卿，赐田百万。"有人在山中遇到了介子推，见他背着釜，顶着斗笠，就问他："请问介子推在哪里呢？"介子推回答："介子推若不愿出仕而想隐居，我又怎么知道他身在何处？"于是转身离开，终身未再出现。人心的差异，难道不是十分悬殊吗？如今世上逐利之人，早早上朝，晚晚离开，口干舌焦，日夜思虑为官之事，还不能得到满足；而介子推能够得到权力功名，却务求赶快逃离它们，介子推与世俗之人的节操相异太远了！

东方有个士人，名叫爰旌目，将要到某地去，却饿倒在途中。狐父地方的强盗名叫丘，看到以后摘下饭壶，拿饭去喂他。爰旌目吃下三口以后，才能睁开眼睛，看到狐父之丘，问："您是干什么的啊？"回答说："我是狐父之丘。"爰旌目说："噫！你不是强盗吗？为何要给我吃的呢？我信守节义决不吃你的食物！"于是，两手抓地，向外吐咽下去的食物，没有吐出来，喀喀几声便伏在地上死去了。郑人攻陷鄼邑的时候，庄蹻劫掠郢都的时候，秦人围困长平的时候，韩、楚、赵，这三国的将帅贵人大多出身高贵，三国的士卒大多强壮有力，却在困境之中自相凌暴残杀，怯懦的人跪在地上乞求免死，最终人们交替残杀相食，不辨道义，以希望侥幸存活下去。若爰旌目吃下食物便不会死去了，但他厌恶狐父之丘的不义而宁死不食。若将三国的将士和爰旌目放在一起比较，节气岂不是相差得太远了吗？

解 读

君子以廉洁、正直的节操作为立身之本。他们将自己的节操看得比生命还要珍贵，更何况其他被世俗之人所追逐的东西呢？所以，为了保守自己的节操，他们宁愿抛弃地位、富贵，宁愿抛弃生存下去的机会。于是，有伯夷、叔齐，不食周粟而饿死首阳山；有介子推不受富贵而隐居山林；有爰旌目不食盗食而饿死；有子路慷慨赴难而死；有陶渊明不为五斗米折腰……

古人诗云："渴不饮盗泉水，热不息恶木阴。恶木岂无枝，志士多苦心。"一个人是坚持自己的原则，还是苟且求利；是恪守自己的节操，还是苟且偷生，就决定了这个人是否配称为君子、志士。有的人出身高贵，平时威武强横，但往往遇到了危难便丢弃节操，这样的人也自然不配称为君子；有的人平时温和谦逊，但面对危难却毫不畏惧，愿意为道义慷慨赴死，这样的人即便手无缚鸡之力也是值得敬佩的志士。

诚廉

原 文

石可破也，而不可夺坚；丹①可磨也，而不可夺赤。坚与赤，性之有也。性也者，所受于天也，非择取而为之也。豪士之自好者，其不可漫以污也，亦犹此也。

昔周之将兴也，有士二人，处于孤竹②，曰伯夷、叔齐。二人相谓曰："吾闻西方有偏伯焉，似将有道者，今吾奚为处乎此哉？"二子西行如周，至于岐阳，则文王已殁矣。武王即位，观周德，则王使叔旦就胶鬲于次四内③，而与之盟曰："加富三等，就官一列。"为三书，同辞，血之以牲，埋一于四内，皆以一归。又使保召公就微子开于共头④之下，而与之盟曰："世为长侯，守殷常祀，相奉桑林⑤，宜私孟诸。"为三书，同辞，血之以牲，埋一于共头之下，皆以一归。伯夷、叔齐闻之，相视而笑曰："嘻！异乎哉！此非吾所谓道也。昔者神农氏之有天下也，时祀尽敬而不祈福也；

其于人也，忠信尽治而无求焉；乐正与为正，乐治与为治；不以人之坏自成也，不以人之廧⑥自高也。今周见殷之僻乱也，而遽为之正与治，上谋而行货，阻丘而保威也。割牲而盟以为信，因四内与共头以明行，扬梦以说众，杀伐以要利，以此绍殷，是以乱易暴也。吾闻古之士，遭乎治世，不避其任；遭乎乱世，不为苟在。今天下暗，周德衰矣。与其并乎周以漫吾身也，不若避之以洁吾行。"二子北行，至首阳之下而饿焉。

　　人之情，莫不有重，莫不有轻。有所重则欲全之，有所轻则以养所重。伯夷、叔齐，此二士者，皆出身弃生以立其意，轻重先定也。

注　释

①丹：朱砂。

②孤竹：夏商时诸侯国，位于冀东一代。

③四内：地名。

④共头：山名。

⑤桑林：殷商祭祀商汤时使用的舞乐。

⑥廧：卑下。

译　文

　　石头可以被破开，但它坚硬的质地不能改变；朱砂可以被磨碎，但它朱红的原色不可剥夺。坚硬、朱红，是它们本性所具有的。本性，受之于上天，不是可以任意择取的。豪杰之士看重自己的名节，不可浸染玷污，也是同样的道理。

　　从前周朝将要兴起之时，有贤士二人，居住在孤竹国，名为伯夷、叔齐。二人相互商量："我听说西方有个西伯，似乎是有道之君，现在我们还待在这里干什么呢？"于是二人西行前往周地，到了岐山之阳，可文王已经去世了，武王继承君位。伯夷二人观察周人的德行，看到武王派遣叔旦到四内寻找胶鬲，与其盟誓说："让您俸禄增加三等，官居一等。"共作盟书三份，写着相同的文辞，涂上牲血为信，将一份埋在四内，两人各持一份归去。又派保召公到共头山下去寻找微子启，与其盟誓说："让您世世代代担任诸侯长，奉守殷商的正常祭祀，允许使用桑林之乐，将孟诸作为您的私人封地。"也作盟书三分，写着同样言辞，涂上牲血为信，将一份埋在共头山下，两人各持一份归去。伯夷、叔齐知道这些以后，相视而笑，说："噫！和我们所听说的不同啊！这不是我们所说的'道'。从前神农氏统治天下之时，按时祭祀、竭尽敬心，但从不为自己祈福；对于百姓，怀着忠心去尽力治理却无所奢求；百姓乐于公正就引导他们走向公正，百姓乐于太平就帮助他们实现太平；不利用别人的过错来成就自己，不利用别人的卑微而标榜自己高尚。如今周人看到殷商的邪僻淫乱，便急急忙忙地替它纠正、治理，崇尚智谋，借助贿赂，依仗武力、炫耀威势。宰杀牲口盟誓来作为信任，依靠四内、共头之盟来宣扬自己的德行，借助吉梦来说服众人，依靠杀伐来攫取利益，以此来取代殷商，是以乱易暴啊！我们听说古代的贤士，遇到治世，不逃避自己的责任，遭逢乱世，也不苟且行邪。如今天下昏乱，周人的德行已经衰落了。与其依附周人而玷污我们的名节，还不如避开他们来保持自身的高洁。"二人于是向北而行，到了首阳山下饿死在那里。

人之常情，莫不有所珍重，有所轻视。珍重的便要保全它，轻视的便用它来保养自己所珍重的。伯夷、叔齐这两位贤士，都舍弃生命来树立自己的志向，他们心中的轻重早就确定了。

解　读

人人都有所珍重的东西，有人珍视金钱，把钱财看得比生命还重要，这是葛朗台、严监生那样的守财奴；有人珍视权力地位，为了向上爬不顾一切，这是蔡京、严嵩那样的奸臣；有的人珍视虚名，喜欢沽名钓誉，为了追求好名声，没有什么不能做的，这是田仲子那样的假隐士……而真正的君子，不珍视那些世俗的钱财、地位、虚名，而是珍视自身的道德、节操、良心、名节，他们将这些作为立身于世的根本，将这些看得比自己的生命还要重要，宁可丧失生命也不违背道德，宁可丧失生命也不使自己的名节受到玷污。

卷二览

有始览

去尤

原　文

　　世之听者，多有所尤①。多有所尤，则听必悖矣。所以尤者多故，其要必因人所喜，与因人所恶。东面望者不见西墙，南乡视者不睹北方，意有所在也。

　　人有亡铁②者，意③其邻之子。视其行步，窃铁也；颜色，窃铁也；言语，窃铁也；动作态度，无为而不窃铁也。抇其谷而得其铁，他日，复见其邻之子，动作态度，无似窃铁者。其邻之子非变也，己则变矣。变也者无他，有所尤也。

　　邾之故法，为甲裳以帛。公息忌谓邾君曰："不若以组④。凡甲之所以为固者，以满窍也。今窍满矣，而任力者半耳。且组则不然，窍满则尽任力矣。"邾君以为然，曰："将何所以得组也？"公息忌对曰："上用之则民为之矣。"邾君曰："善。"下令，令官为甲必以组。公息忌知说之行也，因令其家皆为组。人有伤之者曰："公息忌之所以欲用组者，其家多为组也。"邾君不说，于是复下令，令官为甲无以组。此邾君之有所尤也。为甲以组而便，公息忌虽多为组，何伤也？以组不便，公息忌虽无为组，亦何益也？为组与不为组，不足以累公息忌之说，用组之心，不可不察也。

鲁有恶者⑤，其父出而见商咄，反而告其邻曰："商咄不若吾子矣。"且其子至恶也，商咄至美也。彼以至美不如至恶，尤乎爱也。故知美之恶，知恶之美，然后能知美恶矣。

《庄子》曰："以瓦玢⑥者翔，以钩玢者战，以黄金玢者殆。其祥一也，而有所殆者，必外有所重者也。外有所重者泄，盖内掘⑦。"鲁人可谓外有重矣。解在乎齐人之欲得金也，及秦墨者之相妒也⑧，皆有所乎尤也。老聃则得之矣，若植木而立乎独，必不合于俗，则何可扩⑨矣。

注 释

①尤：偏失。

②铗：铡刀。

③意：通"臆"，怀疑，臆测。

④组：丝绳。

⑤恶者：面貌丑陋者。

⑥玢：赌博下注。

⑦掘：心中不安，而动作笨拙。

⑧这两个典故详见《先识览·去宥》篇。

⑨扩：扰乱，使精力不集中。

译 文

世上听取别人言论的人，大多有所偏失。有所偏失，则听到的话和实际情况大多不符。偏失之所以很多，其关键就在于人们有所喜好，有所厌恶。面东而望的人，看不到西墙；面南而望的人，看不到北方，这是因为他们将心倾向了一面。

有丢了铡刀的人，怀疑是邻居的儿子干的，看他走路的样子，像是偷了铡刀；看他神色举止，像是偷了铡刀；看他动作态度，没有一样不像是偷了铡刀的。后来他在谷垛中找到了自己的铡刀，他日又见到邻居的儿子，举止神态没有一样像偷了铡刀的。邻居的儿子没有改变，他自己却改变了。所改变的不是别的，就是原来心中的偏失罢了。

　　邾国的旧法，制作甲衣时要用帛来连缀。公息忌对邾君说："用帛不如用丝绳。甲衣之所以坚固，是因为连缀的缝隙都塞满了。如今甲衣连缀的缝隙虽然塞满了，但只能承受应该承受一半的力。假若用丝绳相连缀，就不会这样，缝隙满了就可以承受全部应该承受的力。"邾君觉得有道理，便问："可怎样得到那么多丝绳呢？"公息忌说："只要您采用丝绳，人们就一定会制作的。"邾君说："好。"下令公家制作甲衣，一定要用丝绳连缀。公息忌知道自己的主张被采纳，便令家人都制造丝绳。有人诋毁他说："公息忌之所以要用丝绳作为甲衣连缀，是因为他家造了很多丝绳。"邾君听了不高兴，于是再次下令，让公家制造甲衣都不要使用丝绳。这就是邾君有所偏失。用丝绳来连缀甲衣的确存在好处，公息忌即便有很多丝绳，又有什么害处呢？如果用丝绳没有好处，公息忌即便没有丝绳，又有什么益处呢？公息忌家造不造丝绳，都不足以损害公息忌的主张。使用丝绳的本意，不可以不明察啊！

　　鲁国有个长相丑陋的人，他的父亲出门看到商咄，回来告诉其邻居说："商咄长得不如我的儿子。"他的儿子丑陋至极，商咄貌美至极。他之所以觉得至美的人不如至丑的人，是因为有所偏爱。所以说，知道美者的丑，知道丑者的美，然后才能真正知道什么是美和丑。

　　庄子说："用瓦作为赌注的内心洒脱，用衣带钩作为赌注的内心发慌，用黄金作为赌注的内心惶恐。其赌技是一样的，而之所以内心惶恐，必然是被外物所牵累。被外物所牵累，内心就会变得笨拙。"那个鲁国人可以说是对外物有所看重的人了。这道理也体现在齐国人想要得到金子，以及秦国的墨者相互嫉妒之上，这都是内心有所偏失的缘故啊。老聃就懂得了这个道理，所以他能像直立的木头一样独行其是，不追求与世俗相合，哪还有什么能牵累他的内心呢？

解　读

　　《大学》中说："身有所忿懥，则不得其正；有所恐惧，则不得其正；有所好乐，则不得其正；有所忧患，则不得其正。心不在焉，视而不见，听而不闻，食而不知其味。"心不正，思想就会偏颇，对外物的认识就会发生错误，行事也就会出现偏差。世人之所以会不辨忠奸，不辨善恶，不辨利害、祸福，都是因为心不正。所以，将好的当作坏的，将美的当成丑的，将忠臣当作奸臣；所以，喜欢听奸佞的话语，喜欢采取危害自身的行为，喜欢做乱国败家的事情……这就是荀子所说的"偏伤之患"。

为了避免这种失误，必须时刻端正自己的内心，确保它不被外物所迷惑、牵累——也就是时刻保持公正之心：喜欢一件东西，一定要能知道它不好的地方；厌恶一件东西，也必须知道它的优点所在。不因为自己心中的喜欢、厌恶而轻易对事情做出决定。对人也是一样，处理事情时，自己所亲爱的人，不要刻意去偏袒，自己所疏远的人不要刻意去猜忌，以大公之心待人接物，这样才能将事情处理得恰到好处，而自身不会招致怨恨、非议。

谕大

原文

昔舜欲旗古今①而不成，既足以成帝矣；禹欲帝而不成，既足以正殊俗②矣；汤欲继禹而不成，既足以服四荒矣；武王欲及汤而不成，既足以王道矣；五伯欲继三王而不成，既足以为诸侯长矣；孔丘、墨翟欲行大道于世而不成，既足以成显名矣。夫大义之不成，既有成矣已。《夏书》曰："天子之德广运，乃神，乃武乃文。"故务在事，事在大。地大则有常祥、不庭、歧毋、群抵、天翟、不周，山大则有虎、豹、熊、螇蛆③，水大则有蛟、龙、鼋、鼍、鳣、鲔。《商书》曰："五世之庙，可以观怪。万夫之长，可以生谋。"空④中之无泽陂也，井中之无大鱼也，新林之无长木也。凡谋物之成也，必由广大众多长久，信也。

季子曰："燕雀争善处于一室之下，子母相哺也，姁姁焉⑤相乐也，自以为安矣。灶突决，则火上焚栋，燕雀颜色不变，是何也？乃不知祸之将及己也。"为人臣免于燕雀之智者寡矣。夫为人臣者，进其爵禄富贵，父子兄弟相与比周于一国，姁姁焉相乐也，以危其社稷。其为灶突近也，而终不知也，其与燕雀之智不异矣。故曰："天下大乱，无有安国；一国尽乱，无有安家；一家皆乱，无有安身。"此之谓也。故小之定也必恃大，大之安也必恃小。小大贵贱，交相为恃，然后皆得其乐。定贱小在于贵大，解在乎薄疑说卫嗣君以王术⑥，杜赫说周昭文君以安天下⑦，及匡章之难惠子以王齐王也⑧。

注 释

①旗古今：囊括古今。旗，包揽、覆盖。

②正殊俗：匡正不同的习俗。

③蜼蛆：猿猴类的猛兽。

④空：小的空隙、孔洞。

⑤姁姁焉：欢乐的样子。

⑥典故见《士容论·务大》篇。

⑦典故见《士容论·务大》篇。

⑧典故见《开春论·爱类》篇。

译 文

从前舜想囊括古今，虽然未能成功，却足以成就帝业了；禹想要成就帝业，虽然未能成功，却足以匡正殊俗了；汤想要继承禹的事业，虽然未能成功，却足以使四方荒远之处归服了；武王想要赶上商汤的功业，虽然未能成功，却也足以称王于天下了；五霸要想继承三王的事业，虽然未能成功，却也足以成为诸侯盟主了；孔子、墨子要想在世上推行自己的大道，虽然未能成功，却足以成就显赫的功名了。先圣们所追求的目标极为远大，虽然未能成功，却也取得了相当的成就。《夏书》中说："天子的德行，广大深远，玄妙神奇，所以才能取得文治武功。"所以，人要努力成就一番大业，而成就事业的关键在于目标远大。地大了，然后才有常祥、不庭、歧毋、群抵、天翟、不周等高山；山大了，然后才有虎、豹、熊、蜼蛆这等猛兽；水大了，然后才有蛟、龙、鼋、鼍、鳣、鲔这等奇兽大鱼。《商书》中说："传续五代的祖庙，其中便能看到鬼怪；身为万人的首领，一定可以想出奇谋。"孔穴之中没有池沼，水井之中不生大鱼，新栽的林子里没有巨树。但凡谋划事情而取得成功，必定是能够着眼于广大、众多、长久，这是一定的。

季子说："燕雀在房屋之下争得好的处所，母鸟哺育幼鸟，欢乐自得，自以为十分安全。烟囱裂开了，火就会冒出来，向上烧着屋梁，可是燕雀却神色不变，这是为什么呢？它们不知道灾祸将要降临到自己的身上啊！"而作为臣子能够避免燕雀那样目光短浅之缺陷的太少了。作为臣子，只顾求取自己的爵禄富贵，父子兄弟在国中朋比专权，怡然自得，以危害他们的社稷。他们离"灶上的烟囱"很近，却毫无察觉，其见识和燕雀相比没什么差异。所以："天下大乱，没有可以苟且安定的国家；国家大乱，没有可以苟且安定的家族；家族大乱，没有可以苟且安定的个人。"说的就是这种情况。所以，小的获得安定，必定要依赖大的；大的得到安定，也必须要依靠小的。小大贵贱，互为凭恃，然后才能都得到安乐。安定卑者、小者，在于贵者、大者，这个道理可以用薄疑以王术劝说卫嗣君、杜赫以安天下之策劝说周昭文君、以及匡正责难惠子尊齐王称王这些事来证明。

解 读

"人无远虑，必有近忧"，一个人如果只看到眼前的一点儿蝇头小利，不做长远考虑，不将眼光放得宽广一些，是不会取得太大的成就的，反而往往因为目光短浅而招致祸乱、败亡。处于一家之内，就要考虑整个家族的长远利益；处于一国之内，就要考虑整个国家的长远利益。思虑深远，才能永葆兴盛；思虑广大，才能成就自身。吴国太宰伯嚭，只知道自己接受越国的贿赂，不顾国家利益，结果吴国灭亡之后，他也被句践杀死；秦相李斯，只考虑自己的权势，帮助胡亥篡夺地位，结果害的国家破亡，自身也被赵高所陷害，遭受腰斩酷刑……历史上那些谗佞误国的奸臣，几乎没有能够善终的，他们蒙蔽君主、祸害国家，到头来自己也随着国家的败亡而败亡，这些人并非愿意自掘坟墓，并非厌恶自己的国家、君主，之所以还这样做，就是因为目光短浅、智虑浅薄啊！看不到国家与自身的关系，思想不能涉及长远之事，只盯着眼前的利益，拼命为自己谋取好处，这样的人除了"愚蠢"二字，还能说什么呢？

孝行览

孝行

原　文

　　凡为天下，治国家，必务本而后末。所谓本者，非耕耘种殖①之谓，务其人也。务其人，非贫而富之，寡而众之，务其本也。务本莫贵于孝。人主孝，则名章荣，下服听，天下誉；人臣孝，则事君忠，处官廉，临难死；士民孝，则耕芸疾，守战固，不罢北。夫孝，三皇五帝之本务，而万事之纪也。

　　夫执一术而百善至、百邪去、天下从者，其惟孝也。故论人必先以所亲而后及所疏，必先以所重而后及所轻。今有人于此，行于亲重，而不简慢于轻疏，则是笃谨孝道，先王之所以治天下也。故爱其亲，不敢恶人；敬其亲，不敢慢人。爱敬尽于事亲，光耀加于百姓，究于四海，此天子之孝也。

　　曾子曰：“身者，父母之遗体也。行父母之遗体，敢不敬乎？居处不庄，非孝也。事君不忠，非孝也。莅官不敬，非孝也。朋友不笃，非孝也。战陈无勇，非孝也。五行不遂，灾及乎亲，敢不敬乎？”

　　商书曰：“刑三百，罪莫重于不孝。”

曾子曰:"先王之所以治天下者五:贵德,贵贵,贵老,敬长,慈幼。此五者,先王之所以定天下也。所谓贵德,为其近于圣也。所谓贵贵,为其近于君也。所谓贵老,为其近于亲也。所谓敬长,为其近于兄也。所谓慈幼,为其近于弟也。"曾子曰:"父母生之,子弗敢杀。父母置之②,子弗敢废。父母全之,子弗敢阙。故身而不游,道而不径,能全支体,以守宗庙,可谓孝矣。"

养有五道:修宫室,安床第,节饮食,养体之道也。树五色,施五采,列文章③,养目之道也。正六律,龢④五声,杂八音,养耳之道也。熟五谷,烹六畜,龢煎调,养口之道也。龢颜色,说言语,敬进退,养志之道也。此五者,代进而厚用之,可谓善养矣。

乐正子春下堂而伤足,瘳⑤而数月不出,犹有忧色。门人问之曰:"夫子下堂而伤足,瘳而数月不出,犹有忧色,敢问其故?"乐正子春曰:"善乎而问之。吾闻之曾子,曾子闻之仲尼:父母全而生之,子全而归之,不亏其身,不损其形,可谓孝矣。君子无行咫步而忘之。余忘孝道,是以忧。"故曰:身者非其私有也,严亲之遗躬也。

民之本教曰孝,其行孝曰养。养可能也,敬为难。敬可能也,安为难。安可能也,卒⑥为难。父母既没,敬行其身,无遗父母恶名,可谓能终矣。仁者仁此者也,礼者履此者也,义者宜此者也,信者信此者也,彊者彊此者也。乐自顺此生也,刑自逆此作也。

注 释

①殖:通"植"。

②置之:指父母养育自己。

③文章:纹饰。

④龢:通"和"。

⑤瘳:痊愈。

⑥卒:善始善终、始终如一。

译　文

凡治理天下、国家，必须先致力于根本然而顾及末端。所谓根本，不是指耕耘种植，而是致力于人事。致力于人事，不是人民贫穷而让其富贵，人民稀少而让其众多，而是致力于根本。致力于根本，没有比孝道更为重要的了。君主守孝道，则名声彰明荣耀，臣下悦服顺从，天下都赞誉他；臣子守孝道，则事君忠诚，居官廉洁，临难不贪生怕死；士人守孝道，就会努力耕耘，作战勇敢，不胆怯败逃。孝，是三皇五帝治理天下的根本，是世间万物正常运行的纪纲。

执守一种原则，所有善行都会到来、所有奸邪都会远去、天下人都会追随，大概只有孝道吧！所以，评论人一定先根据他对亲人的态度，然后再推及到他对一般人的态度，一定先根据他所看重的事情，然后再推及到他所轻视的事情之上。如今有这样的人，对待亲人重视伦理道义，对待关系疏远的人也不怠慢，这就可以称为能笃诚谨慎地对待孝道了，这就是先王治理天下的依托啊！所以，敬爱自己的亲人，就不敢去伤害别人；尊敬自己的亲人，就不敢去怠慢别人。将尊敬热爱都用在侍奉亲人之上，将光耀施加在百姓身上，德惠、教化普及于天下，这就是天子的孝道。

曾子说："自己的身体，是父母所赐予的。使用父母所赐予的身体，怎敢不谨慎呢？居处不庄重，就称不上是孝。事君不忠信，就称不上是孝。居官不尽职，就称不上是孝。于朋友相交不诚实，就称不上是孝。这五种行为不能做好，灾祸就会连累到亲人，怎敢不小心谨慎呢？"

《商书》说："刑罚三百种，罪过最大的就是不孝。"

曾子说："先王治理天下凭借的手段有五种：重视有德者，尊崇显贵者，尊敬长辈，尊敬年长者，爱护幼小者。这五条，就是先王用来安定天下的方法。之所以重视有德者，是因为他们接近于圣人；之所以尊崇显贵者，是因为他们接近于君主；之所以尊敬长辈，是因为他们接近于父母；之所以尊重年长者，是因为他们接近于兄长；之所以爱护幼小者，是因为他们接近于弟弟。"

曾子说："父母生下了自身，儿子不敢毁坏；父母养育了自身，儿子不敢废损；父母保全了自身，儿子不敢使之缺失。所以渡水时乘船而不游泳，行路时走大路而不走小路，保全自己的肢体，以守护家族的宗庙，这就可以称为孝了。"

养身之道有五条：使房屋修整，使床笫安适，使饮食有节制，这是保养身体之道；树立五色，调整色彩，排列花纹，这是保养眼睛之道。审定六律，调和五音，使八音协调，这是保养耳朵之道。煮熟五谷，烹饪六畜，使各种味道调和，这是保养口腹之道。颜色和悦，言辞动听，进退恭敬有礼，这是涵养志气之道。这五条，依次更替施行，就可以称为是善于养身了。

乐正子春下堂时伤了脚，脚好了几个月都不出门，脸上依然带有忧色。学生问他说："先生下堂伤了脚，脚好了几个月不出门，脸上依然带有忧色，敢问这是为何呢？"乐正子春回答："这个问题问得好啊。我曾听曾子说过，曾子又从孔子那里听来的，说：'父母完全地将儿子生下了，儿子就要完好地将身体交还给父母，不亏损自己的身子，不毁伤自己的形体，这才可以称为孝。君子一举一动都不可忘记孝道。我忘记了孝道，所以才忧愁啊！'"所以说，身体不是自己所私有的，而是父母遗留下来的。

人民最根本的教养就是孝，践行孝道即为奉养。奉养可以做到，但对父母恭敬很难。对父母恭敬可以做到，但使父母安心很难。使父母安心可以做到，但始终如一很难。父母去世以后，还能恭敬地操持自身，不要败坏父母的名声，这就叫作能始终如一了。仁者，要在尽孝的基础上施仁；礼者，要在尽孝的基础上行礼；义者，要在尽孝的基础上求义；信者，要在尽孝的基础上守信；强者，要在尽孝的基础上自强。快乐都由遵守孝道而生出，刑戮都由违背孝道而招致。

解 读

"万事德为本，百德孝为先"，人最根本的教养就是竭尽孝道。每个人的生命都是父母赐予的，所以敬爱父母是人的本性，赡养父母是人的职责，听从父母的教诲、继承父母的事业，通过自己奋斗而使父母安适、荣显是每个子女都要努力去做的。一个人若连孝道都不重视，连父母都不敬爱，那就没有什么可取之处了，与这样的人交往一定会损害自己的德行，任用这样的人一定会毁掉自己的事业，给自己带来灾祸。所以，不尽孝道者，是不会取得别人的信任的，是无法在社会中立足的。

孝顺父母，就要珍视父母所给予的一切。而自己的身体是父母给予我们最宝贵的东西，且健康的身体也是我们赡养父母、发扬父母的美德、继承父母的事业的基础。所以，爱护自己的身体就是尽孝的重要方面。古人云："身体发肤，受之父母，不敢毁伤。"发肤都不敢毁伤，何况其他更重要的器官、机体呢？有些人为了外表的漂亮，为了满足虚荣心，去轻易改变父母赐予的身体，甚至在整容中使身体受到伤害，这就有违于孝道了。还有的人，从来不注意自己的身体，轻身犯险，放逸恣肆，或因为从事危险的活动导致伤残，或因为沉溺于酒色毁掉了身体，这些都是未能尽到孝道的表现。

总之，为人一定要重视孝道，尽孝一定要爱惜自己的身体；在奉行孝道，保全身体的基础上，去追求事业的成功，这才是圆满的人生。

首时

原　文

圣人之于事，似缓而急，似迟而速，以待时。王季历困而死①，文王苦之，有不忘羑里之丑②，时未可也。武王事之，夙夜不懈，亦不忘王门之辱。立十二年，而成甲子之事③。时固不易得。

太公望，东夷之士也，欲定一世而无其主。闻文王贤，故钓于渭以观之。

伍子胥欲见吴王而不得，客有言之于王子光④者，见之而恶其貌，不听其说而辞之。客请之王子光，王子光曰："其貌适吾所甚恶也。"客以闻伍子胥，伍子胥曰："此易故也。愿令王子居于堂上，重帷而见其衣若手，请因说之。"王子许。伍子胥说之半，王子光举帷，搏其手而与之坐；说毕，王子光大说。伍子胥以为有吴国者，必王子光也，退而耕于野。七年，王子光代吴王僚为王。任子胥，子胥乃修法制，下贤良，选练士，习战斗。六年，然后大胜楚于柏举。九战九胜，追北千里。昭王出奔随，遂有郢。亲射王宫，鞭荆平之坟三百。乡之耕，非忘其父之雠也，待时也。

墨者有田鸠，欲见秦惠王，留秦三年而弗得见。客有言之于楚王者，往见楚王。楚王说之，与将军之节以如秦。至，因见惠王。告人曰："之秦之道，乃之楚乎？"固有近之而远、远之而近者。时亦然。有汤武之贤，而无桀纣之时，不成；有桀纣之时，而无汤武之贤，亦不成。圣人之见时，若步之与影不可离。

故有道之士未遇时，隐匿分窜⑤，勤以待时。时至，有从布衣而为天子者，有从千乘而得天下者，有从卑贱而佐三王者，有从匹夫而报万乘者。故圣人之所贵，唯时也。水冻方固，后稷不种，后稷之种必待春。故人虽智而不遇时，无功。方叶之茂美，终日采之而不知；秋霜既下，众林皆赢。事之难易，不在小大，务在知时。

郑子阳之难，猘狗溃之⑥；齐高、国之难，失牛溃之⑦。众因之以杀子阳、高、国。当其时，狗牛犹可以为人唱⑧，而况乎以人为唱乎？饥马盈厩，嗼然⑨，未见刍也；饥狗盈窦，嗼然。未见骨也。见骨与刍，动不可禁。乱世之民，嗼然，未见贤者也；见贤人，则往不可止。往者非其形心之谓乎？齐以东帝困于天下，而鲁取徐州；邯郸以寿陵困于万民⑩，而卫取茧氏。以鲁卫之细，而皆得志于大国，遇其时也。故贤主秀士之欲忧黔首者，乱世当之矣。天不再与，时不久留，能不两工，事在当之。

注　释

①王季历困而死：季历是文王的父亲，当政时周国势力强盛，引起殷王文丁的猜忌，于是文丁将季历软禁而死。

②羑里之丑：纣王将周文王囚禁在羑里。

③甲子之事：指甲子日，周军在牧野打破商军。

④王子光：即后来的吴王阖闾。

⑤隐匿分窜：潜伏隐匿。

⑥郑子阳之难，猘狗溃之：子阳为郑国执政，为政刚猛好罚，苛刻寡恩。门客有折断弓的，害怕获罪被诛杀，便趁疯狗引起混乱之时，谋杀了子阳。

⑦齐高、国之难，失牛溃之：齐景公临终托付高昭子、国惠子辅佐小儿

子荼为国君。但大臣田乞想立景公另一个儿子，于是借农民追赶奔牛之时引起的混乱，造谣说高昭子、国惠子要诛杀众大夫，众大夫于是联合起来攻打高氏、国氏，国惠子逃亡莒国，高昭子被杀。

⑧唱：倡导、先导。

⑨嘿然：安静沉默的样子。

⑩邯郸以寿陵困于万民：赵肃侯修筑寿陵，国人不堪重负，百姓离心。

译　文

圣人行事，看起来缓慢，实则迅速，看起来迟延，实则快捷，这是因为他们不会仓促行事，而是等待恰当的时机将事情做好。从前，周王季历被商王囚禁而死，文王十分痛苦，又不忘自己被拘于羑里的羞辱，不是不想报复商朝，只不过时机尚不成熟。后来，武王继承文王的事业，日夜不敢懈怠，也不敢忘记家恨国耻。这样继位十二年以后，才终于在甲子日大败殷纣。时机本来就难以得到啊！

太公望，东夷地区的贤士，一生立志平定天下，却得不到贤能的君主。后来，听闻文王贤能，他不急着投奔文王，却先到渭水边上钓鱼以观察文王的德行。

伍子胥想要拜见吴王僚，却没有机会。有门客将其推荐给王子光，王子光接见了他，却厌恶他的容貌，不听他讲话就将其辞绝了。门客向王子光询问原因，王子光说："他的相貌正是我特别厌恶的那种。"门客转告了伍子胥，伍子胥说："这很容易。希望让王子居于堂上，我坐在双层的帷幕之中只露出衣服和手。请让我如此与其交谈。"王子光答应了。伍子胥的话刚说一半，王子光就掀起帷幕，握住他的手，与他一同坐下交谈；谈话完毕，王子光大悦。伍子胥认为将来能拥有吴国的一定是王子光，于是退下后便隐居在乡间耕作。七年以后，王子光取代吴王僚成为吴王。任用伍子胥，伍子胥于是修治法度，求访贤才，简选将士，训练军队。六年以后，吴军在柏举大胜楚军。接着九战九胜，追敌千里。楚昭王出奔到随，吴军于是占领了郢都。伍子胥亲自箭射楚王宫殿，鞭打楚平王之墓三百下。当初他隐居于乡间耕作，并非是忘记了父亲的大仇，而是在等待时机。

　　墨家有个叫田鸠的学者，想见秦惠王，可留在秦国三年都不能见到。有个客人将他推荐给了楚王，田鸠便前往拜见楚王。楚王很欣赏他，赐给他将军的符节让他出使秦国。到达秦国以后，见到了秦惠王。事后，田鸠对人说："见到秦王的途径，竟是先去楚国啊！"事情本来就有接近反而离得更加疏远，远离反而离得更加接近的。时机也是这样。有汤、武的贤能，而没有桀纣当政的时机，就不能成就王业；有桀纣当政的时机，而没有汤武的贤能，也不能成就王业。圣人的事业和时机，就如步行时身体与影子一样不可分离。

　　所以，有道之士在未能遇到恰当时机时，就隐匿藏伏起来，勤修以待时。时机到来，有从平民百姓而一跃而成为天子的，有从千乘之国的国君进而得到整个天下的，有从卑微贫贱之人进而辅佐三王的，有从匹夫之辈而报复万乘大国君主的。所以圣人所看重的，只是时机罢了。水冻得正坚固时，后稷不会播种，后稷播种一定要等到春天。所以即便是有智慧的人若不遇到好的时机，也不能拥有功业。正当树叶繁茂的夏天，整天摘采它们，也不能摘净；等到秋天寒霜降下，所有的林木都会黄叶凋零。所以，事情的难易，往往不在于事情本身大小，而在于做它的人知不知道掌握时机。

　　郑国子阳的遇难，恰逢人们都在追逐疯狗；齐国高氏、国氏的灾祸，恰逢人们都在追赶逃失的牛。众人借着这样的混乱杀死子阳、高氏、国氏。遇上合适的时机，连牛、狗都可以作为事件发起的先导，更何况以人为先导呢？饥饿的马聚在马厩中，默然无声，是因为它们还没有看到干草；饥饿的狗聚在狗窦中，默然无声，是因为它们还没有看到骨头。若见到了草和骨头，它们就会动扰纷争而不可禁止。处于乱世之中的民众，默然无声，是因为他们还未见到贤者，见到贤者他们就会前往归附，不能制止。他们前往归附贤者，难道不是身心都归附了吗？齐湣王僭号东帝而被天下诸侯所困，鲁国趁机夺取了徐州；赵肃侯修筑寿陵而百姓离心，卫国趁机占领了茧氏。以弱小的鲁国、卫国，而能够在大国那里占到便宜，就是因为遇到恰当时机的缘故。所以心怀百姓的明君贤士，遇到乱世，正是得到了恰当的时机。上天不会给人两次机会，好的时机不会长久停留，人不能将所有的事情都做好，事业的成功就在于恰逢其时。

解读

　　古人云："虽有智慧，不如乘势；虽有镃錤，不如待时。"做事情一定要讲求策略、懂得等待时机，懂得顺应形势。得到时机，顺势而行，便能事半功倍，从容地取得成功；未得时机，逆势强行，便会事倍功半，难免遭受挫折失败。周武王讨伐殷纣，会盟诸侯，前来会盟的诸侯不多，武王便撤兵而去，他知道殷商还没有失尽人心。过了一段时间，再次会盟，诸侯前来的有几百个，武王知道时机到了，于是乘势进军，结果一战便奠定了胜局，纣王自杀，殷商灭亡。武王并不是不想赶快灭掉殷纣，之所以撤兵回去，就是因为他知道时机的重要性。越王句践日日夜夜想着会稽之耻，却能够忍辱负重二十余年，且第一次战胜之后，还能退兵回去；句践并不是不想早些复仇，他之所以隐忍、退兵，都是为了等待更好的时机。

俗话说："磨刀不误砍柴工。"等待好的时机，创造好的形势，就如磨刀一样，刀磨好了，再去砍柴才会更省力；好的时机到了，再去做事才会更容易。不知道等待时机、形势的人，盲目去做事，就如拿着钝刀砍柴，费了很大力气，未必能够将事情做好。

慎人

原　文

功名大立，天也。为是故，因不慎其人，不可。夫舜遇尧，天也。舜耕于历山，陶于河滨，钓于雷泽，天下说之，秀士从之，人也。夫禹遇舜，天也。禹周于天下，以求贤者，事利黔首，水潦川泽之湛滞壅塞可通者，禹尽为之，人也。夫汤遇桀，武遇纣，天也。汤、武修身积善为义，以忧苦于民，人也。

舜之耕渔，其贤不肖与为天子同。其未遇时也，以其徒属堀地财①，取水利，编蒲苇，结罘网，手足胼胝不居②，然后免于冻馁之患。其遇时也，登为天子，贤士归之，万民誉之，丈夫女子，振振殷殷，无不戴说。舜自为诗曰："普天之下，莫非王土；率土之滨，莫非王臣。"所以见尽有之也。尽有之，贤非加也；尽无之，贤非损也。时使然也。

百里奚之未遇时也，亡虢而虏晋③，饭牛于秦，传鬻以五羊之皮。公孙枝得而说之，献诸缪公，三日，请属事焉。缪公曰："买之五羊之皮而属事焉，无乃天下笑乎？"公孙枝对曰："信贤而任之，君之明也；让贤而下之，臣之忠也。君为明君，臣为忠臣。彼信贤，境内将服，敌国且畏，夫谁暇笑哉？"缪公遂用之。谋无不当，举必有功，非加贤也。使百里奚虽贤，无得缪公，必无此名矣。今焉知世之无百里奚哉？故人主之欲求士者，不可不务博也。

孔子穷于陈、蔡之间，七日不尝食，藜羹不糁④。宰予备⑤矣，孔子弦歌于室，颜回择菜于外。子路与子贡相与而言曰："夫子逐于鲁，削迹于卫，伐树于宋⑥，穷于陈、蔡。杀夫子者无罪，藉⑦夫子者不禁，夫子弦歌鼓舞，未尝绝音。盖君子之无所丑也若此乎？"颜回无以对，入以告孔子。孔子愀然推琴，喟然而叹曰："由与赐小人也。召，吾语之。"子路与子贡入，子贡曰："如此者，可谓穷矣！"孔子曰："是何言也？君子达于道之谓达，穷于道之谓穷。今丘也拘仁义之道，以遭乱世之患，其所也，何穷之谓？故内省而不疚于道，临难而不失其德，大寒既至，霜雪既降，吾是以知松柏之茂也。昔桓公得之莒⑧，文公得之曹⑨，越王得之会稽。陈、蔡之厄，于丘其幸乎！"孔子烈然返瑟而弦，子路抗然执干而舞。子贡曰："吾不知天之高也，不知地之下也。"古之得道者，穷亦乐，达亦乐，所乐非穷达也。道得于此，则穷达一也，为寒暑风雨之序矣。故许由虞乎颍阳，而共伯得乎共首⑩。

注 释

①堀地财：从掘地中获取财利，即耕种。

②手足胼胝不居：手脚长了茧子都不停息。

③亡虢而虏晋：百里奚原为虞国大夫，虞国被晋国灭亡以后，百里奚被俘虏。

④藜羹不糁：熬煮的野菜汤中没有一丝米粒。糁，米粒。

⑤备：通"惫"，饿倒。

⑥伐树于宋：孔子到宋国，受到宋国司马桓魋的迫害，桓魋使人砍伐孔子歇息的大树，来驱赶孔子等人。

⑦藉：羞辱。

⑧桓公得之莒：齐桓公即位前在莒国避难，回国争位时又曾受到管仲的劫杀。

⑨文公得之曹：晋文公流亡之时，路过曹国，曹共公对其无礼。

⑩许由虞乎颍阳，而共伯得乎共首：尧欲将天下让予许由，许由不接受，隐居在颍水之北。共伯之事史上无详细记载，应同为许由一样的隐士，大概是共国国君，抛弃国君之位而隐居于共首山。

译　文

是否能够建立显赫的功名，往往要看天意。但若因为这个缘故，便不谨慎地对待人事，是不可以的。舜能够遇到尧，这是天意；而舜在历山耕作，在黄河边制造陶器，在雷泽捕鱼，天下人都喜欢他，贤士都愿意追随他，这些都是人事。禹遇到舜，这是天意；而禹周行天下，遍访贤者，从事有利于百姓的事业，竭尽全力疏通淤积堵塞的水潦川泽，这些都是人事。商汤遇到夏桀，武王遇到殷纣，这些都是天意。而商汤、武王修养自身，积累善德，普施恩义，为民众而忧愁劳苦，这些都是人事。

舜在耕种捕鱼的时候，他的贤与不肖和成为天子以后是一样的。但在未遇到有利时机之前，与他的同伴们种粮食、捕鱼鳖、织蒲苇、编渔网，手足生出茧子都无暇歇息，然后才能免除冻馁之患。当其遇到有利时机以后，即位为天子，贤士都归顺他，百姓都称誉他，男男女女争相拥护，无不爱戴喜欢他。舜自己作诗："普天之下，莫非王土；率土之滨，莫非王臣。"来表明自己尽有天下一切。尽有天下一切，并非因为他的贤德增加了；没有一切时，也并非他的贤德减损了。这都是时机使他如此的。

百里奚还未遇到有利时机时，逃亡到虢地，被晋国俘虏，后来又到秦国喂牛，以五张羊皮的价格被转卖。公孙枝得到他后，非常赏识，将其献给秦穆公，三天以后，求情委任他官职。秦穆公说："用五张羊皮将他买来，而授以官职，岂不要被天下所嘲笑？"公孙枝回答："信任贤者而任用他，这是君主的英明；辞让于贤者而甘居其下，这是臣的忠诚。君主为英明的君主，臣下为忠诚的臣子。且信任贤人，国境之内都将服从，敌国畏惧还来不及呢，哪有闲暇笑我们？"秦穆公于是任用了百里奚。百里奚谋划无不恰当，做事必定有功，但这并不是他的贤能比从前增加了。即便百里奚贤能，若不遇到秦穆公，必然没有后来那样美好的名声。当今之世，又怎么知道没有百里奚那样的贤士呢？所以，君主要想求得贤士，不可不广泛地去接纳贤人。

孔子受困于陈国、蔡国之间，七日没有饭吃，煮的野菜汤里没有一粒米。宰予都饿倒了，孔子在屋里弹琴唱歌，颜回在门外择野菜，子路、子贡相互谈论道："夫子在鲁国被驱逐，在卫国隐居，在宋国被驱赶、威胁，受困于陈国、蔡国之间。杀死夫子的人没有罪过，凌辱夫子的人不受禁止，而夫子弹琴唱歌，却从未停止过。难道君子不知道羞耻竟到了这种地步吗？"颜回不知道该怎么回答他们，便进屋告诉了孔子。孔子失望地推开琴，喟然叹息说："子路、子贡真是无知小人啊！把他们叫进来，我来告诉他们道理。"子路和子贡进屋，子贡说："像我们这样，可以说穷困至极了！"孔子说："这是什么话？君子在道义上通达叫做通达，在道义上穷困叫做穷困。如今我固守仁义之道，所以才遭受乱世的祸患，这是应该的，怎么能说是穷困呢？所以，君子反省自己而无愧于道义，面临危难而不抛弃仁德。严寒已经到来，霜雪已经落下，我因此知道了松柏的顽强、茂盛。从前齐桓公的壮志产生于在莒国逃难遇险之时，晋文公的壮志产生于在曹国受到羞辱之时，越王句践的壮志产生于在会稽山兵败受困之时。如今，陈国、蔡国之间的困厄，对我来说大概也是幸运吧！"说完，孔子凛然返回琴边继续弹奏起来，子路志气高昂地拿起盾牌跳舞。子贡说："我真是不知道天高地厚啊！"古代得道的人，穷困时也保持快乐，显达时也保持快乐，所快乐的并非是穷困和显达。只要自身得到了道，穷达都是一样的，就像寒暑风雨相互交替一般。所以许由在颍水之北自得其乐，共伯在共首山逍遥自在。

<u>解 读</u>

本段文字所阐述的道理就是：君子既要顺天命，又要尽人事。所谓"顺天命"，就是从容地接受上天的安排，不为遭受困窘而自怨自艾，不因蒙受不

幸而怨天尤人。君子顺天命，所以能够固穷、守下，能够"人不知而不愠"，"不见是而不闷"。所谓"尽人事"，就是不随波逐流，在困境之中保持积极向上的精神。《易》中说："天行健，君了以自强不息。"君子自强不息，然后才能改变外界的各种不利因素，积极地创造更好的未来。

顺天命是对外，尽人事是对内。对外则看淡、看清，对内则珍重、努力。颜渊生活十分贫穷，吃着粗糙的食物，住在简陋的巷子里，却从来不感到忧愁。孔子称赞他说："一箪食，一瓢饮，在陋巷，人不堪其忧，回也不改其乐。"这就是顺天命的体现。然而在个人修养上，他却刻苦努力，听到好的道理便践行不止，以自己的修养赶不上舜而为耻辱，他说："舜是什么人，我是什么人，有作为的人也会像他那样！"这就是尽人事的体现。

顺天命让人淡泊名利，让人远离吃穿享乐、富贵名利这种世俗的追求；尽人事让人自强不息，让人看重学问道德，孜孜不倦地去追求更高的人生境界。这两者是相辅相成的，都是仁人君子所不可缺少的美德和立身原则。

必己

原　文

外物不可必①。故龙逢诛，比干戮，箕子狂，恶来死，桀纣亡。人主莫不欲其臣之忠，而忠未必信。故伍员流乎江，苌弘死②，藏其血三年而为碧。亲莫不欲其子之孝，而孝未必爱。故孝己疑③，曾子悲。

庄子行于山中，见木甚美长大，枝叶盛茂，伐木者止其旁而弗取。问其故，曰："无所可用。"庄子曰："此以不材得终其天年矣。"出于山，及邑，舍故人之家。故人喜，具酒肉，令竖子为杀雁飨之。竖子请曰："其一雁能鸣，一雁不能鸣，请奚杀？"主人之公曰："杀其不能鸣者。"明日，弟子问于庄子曰："昔者山中之木以不材得终天年，主人之雁以不材死，先生将何以处？"庄子笑曰："周将处于材不材之间。材不材之间，似之而非也，故未免乎累。若夫道德则不然。无訾无誉④，一龙一蛇，与时俱化，而无肯专为；一上一下，以禾为量，而浮游乎万物之祖，物物而不物于物，则胡

115

可得而累？此神农、黄帝之所法。若夫万物之情、人伦之传则不然。成则毁，大则衰，廉则锉，尊则亏，直则骫⑤，合则离，爱则隳，多智则谋，不肖则欺，胡可得而必？"

牛缺居上地，大儒也。下之邯郸，遇盗于耦沙之中。盗求其橐中之载，则与之；求其车马，则与之；求其衣被，则与之。牛缺出而去，盗相谓曰："此天下之显人也，今辱之如此，此必诉我于万乘之主。万乘之主必以国诛我，我必不生，不若相与追而杀之，以灭其迹。"于是相与趋之，行三十里，及而杀之。此以知故也。

孟贲过于河，先其五⑥。船人怒，而以楫虓⑦其头，顾不知其孟贲也。中河，孟贲嗔目而视船人，发植，目裂，鬓指，舟中之人尽扬播入于河。使船人知其孟贲，弗敢直视，涉无先者，又况于辱之乎？此以不知故也。

知与不知，皆不足恃，其惟和调⑧近之。犹未可必。盖有不辨和调者，则和调有不免也。宋桓司马有宝珠，抵罪出亡。王使人问珠之所在，曰："投之池中。"于是竭池而求之，无得，鱼死焉。此言祸福之相及也。纣为不善于商，而祸充天地，和调何益？

张毅好恭，门闾帷薄聚居众无不趋，舆隶姻媾小童无不敬，以定其身。不终其寿，内热而死。单豹好术，离俗弃尘，不食谷实，不衣芮温⑨，身处山林岩堀，以全其生。不尽其年，而虎食之。孔子行道而息，马逸，食人之稼，野人取其马。子贡请往说之，毕辞，野人不听。有鄙人始事孔子者，曰："请往说之。"因谓野人曰："子不耕于东海，吾不耕于西海也。吾马何得不食子之禾？"其野人大说，相谓曰："说亦皆如此其辩也！独如向之人？"解马而与之。说如此其无方也而犹行，外物岂可必哉？

君子之自行也，敬人而不必见敬，爱人而不必见爱。敬爱人者，己也；见敬爱者，人也。君子必在己者，不必在人者也。必在己，无不遇矣。

注　释

①必：确定，视为绝对的。

②苌弘死：苌弘为周贤臣，是周敬王大臣刘文公的下属，因刘氏在晋卿

内讧中帮助范氏，范氏失败后，赵简子声讨刘氏，周人不得已杀死苌弘来安抚赵简子。

③孝己疑：孝己是殷王武丁的长子，以孝顺闻名，但受到了继母的诬谮而遭到父亲猜疑，被放逐。

④无讶无訾：讶，惊叹、赞誉；訾，诽谤、诋毁。

⑤觖：弯曲。

⑥五：通"伍"，行列。

⑦虓：敲击。

⑧和调：调和，使和谐。

⑨芮温：暖和的衣服。

译 文

外物不是绝对的。所以，关龙逢忠心而遭诛杀，比干直谏而受刑戮，箕子明智却不得不佯狂，恶来忠于君主而被杀死，桀纣身为天子而身死国亡。君主莫不希望自己的臣子忠诚，然而忠诚未必能获得信任。所以，伍子胥忠诚而受戮，尸体被投入江中，苌弘忠诚而被逼杀，他的血藏了三年化为碧玉。父母莫不希求自己的儿子孝顺，然而孝顺未必能获得喜爱。所以，孝己孝顺却遭到父亲怀疑，曾子孝顺也难免要遭受父亲责打而悲伤。

庄子在山间行走，看到一颗树木华美高大，枝叶茂盛，伐树的人却停在旁边不砍伐它。询问原因，伐木者说："没有什么可用之处。"庄子说："这就是因为不成材而得以终其天年啊！"从山中出来，到了村邑中，寄宿在故人家里。故人欢喜，准备酒肉，让仆童杀鹅款待他们。仆童请示："一只鹅可以鸣叫，一只鹅不能鸣叫，杀哪一只呢？"主人的父亲说："杀死那只不能鸣叫的。"第二天，弟子询问庄子："前时，在山中树木因为不成材而得以终其天年，主人的鹅却以不成材而死，先生在成材与不成材之间将如何做出选择呢？"庄子笑着说："我将处于成材和不成材之间。在成材和不成材之间安身，似乎是合适的位置，其实还不够，所以尚不能免除祸害。至于道德就不这样了。若能在道德之上，既没有惊叹，也没有毁谤，时而为龙，时而为蛇，随着形势而变化，不肯专为一物。时而在上，时而在下，以顺应自然为准则，仿佛在外物初始的虚无境界中遨游，主宰万物而不被万物所役使，那还怎么会遭受灾祸呢？这就是神农、黄帝所取法的处世原则。可惜万物之情、世俗之人处世都不是这样的。成功了就会毁坏，强大了就会衰微，锋利了就会损毁，尊贵了就会亏损，刚直了就会弯曲，聚合了就会离散，受到宠爱就会被抛弃，拥有智谋就会遭到算计，才能不足就会遭到欺辱，这些怎么能够当成是绝对的呢？

牛缺居住在上地，是个大儒。他前往邯郸，在耦沙遇到了盗贼。盗贼要他口袋中的财物，牛缺给了他们；盗贼又要他的马车，牛缺给了他们；盗贼又要他的衣服、被子，牛缺又给了他们。牛缺离开以后，盗贼们互相说道："这是个天下杰出的人物，我们如今这样羞辱他，他一定会向万乘之国的君主诉说。万乘之国的君主定会倾全国之力诛讨我们，那样我们就一定活不下去了，不如一起追上他，将其杀死，以灭掉踪迹。"于是一起追赶，追了三十里，赶上了牛缺，将其杀死。牛缺之所以被杀，就是因为贤能被别人了解了的缘故。

孟贲渡河，抢在队伍的前面上了船。船工很生气，用船桨敲打他的头，不知道他是孟贲。到了河中间，孟贲瞋目怒视船工，头发上指，睚眦迸裂，鬓须都立了起来。船上的人骚动躲避，纷纷落入河中。假若船工知道他是孟贲，恐怕连正眼看他都不敢，也没有人敢抢在他的前面渡河，更何况侮辱他呢？孟贲之所以受辱，就是因为勇力不被别人所了解的缘故。

被人了解还是不被人了解，都不足以倚恃，大概只有和调才接近正确的处世方式。然而这样也不是必定的。因为还有不懂和调的人，所以和调有时也不免灾祸。宋国司马桓魋有宝珠，后来他犯罪逃亡。宋君派人询问宝珠的所在。桓魋说："丢到池塘之中了。"于是，宋人弄干了池塘来寻找宝珠，宝珠没有找到，池塘里的鱼却都死去了。这表明祸福是相互依存的。殷纣在商朝做坏事，天下都被受灾祸，普通人自身和调有什么益处呢？

张毅喜欢恭敬待人，路经宫门家门、帷幕垂帘、众人聚集等处无不快步走过，对待奴隶、姻亲以及小孩子等也无不恭敬，以便自身平安。然而，他却不能终寿，患内热病而死去了。单豹喜欢道术，离俗弃尘，不吃五谷，不穿丝絮，住在山林岩穴之中，以便保全生命。可惜却不能终其天年，被老虎吃掉了。孔子在途中休息，马跑了，吃了人家的庄稼，农夫将马扣留。子贡请求前往说服农夫归还马匹，把话都说尽了，可农夫就是不听。有个刚侍奉孔子的鄙夫，说："请让我前往说服他。"于是对农夫说："你的庄稼不种在东海上，我的庄稼也不种在西海上，我的马怎么能不吃你的庄稼呢？"农夫听了大悦，对人说："这人说话竟是如此善辩！哪项刚才的那个人呢？"于是解开马还给了他。说服别人如此不讲方式，却偏偏能够行得通，外物又怎么能看为绝对的呢？

君子的行己之道：恭敬地对待别人，却不一定能获得别人的尊重；诚心去敬爱别人，却不一定能获得别人的敬爱。敬人、爱人在于自己；能否被别人所敬爱在于他人。君子能够确定在于自己的事，而不能确定在于他人的事。只要确定了在于自己的东西，也就没有什么不能应付的了。

解　读

树木无用，而免遭砍伐；鹅没有用，却被杀死。牛缺被人了解，遭受杀害；孟贲不被人了解，也遭受羞辱。张毅恭敬，而患病死去；单豹离俗，却被老虎吃掉。子贡善辩，言辞不被采纳；鄙夫言辞无理，却受到认可……文章列举这种种事例，就是为了证明，事情的结果从来就是不一定的。好人好事，不一定能得到好的结果；恶人恶事也不一定就会受到惩罚；有才的人不一定被重用，无才的人反而会得到高位。既然是这样，那人们努力做好人，努力追求学问、才能，就没有用了吗？当然不是，越是结果不可预料，君子越应该坚定自己的节操、志向。

君子行事，不应该只着眼于好的结果，追求道德、学问，坚守节操、道义本身就是君子行事的最大目的。荀子说："君子能为可贵，不能使人必贵己；能为可信，不能使人必信己；能为可信，不能使人必信己。"德行是否值得被人尊重，节操是否值得让人看重，才华是否值得让人任用，这些都在于自己，君子应加强修养、恪守节操，努力做到可贵、可信、可用。至于他人是否会相信自己、看重自己、任用自己，那就是别人的事了，即便不被任用、看重，只要内心没有愧疚就可以了。这就是君子的行己之道。

慎大览

慎大

原　文

贤主愈大愈惧，愈强愈恐。凡大者，小邻国①也；强者，胜其敌也。胜其敌则多怨，小邻国则多患。多患多怨，国虽强大，恶得不惧？恶得不恐？故贤主于安思危，于达思穷，于得思丧。《周书》曰："若临深渊，若履薄冰。"以言慎事也。

桀为无道，暴戾顽贪，天下颤恐而患之，言者不同，纷纷分分②，其情难得。干辛③任威，凌轹诸侯，以及兆民。贤良郁怨，杀彼龙逢，以服群凶。众庶泯泯，皆有远志，莫敢直言，其生若惊。大臣同患，弗周而畔。桀愈自贤，矜过善非，主道重塞，国人大崩。汤乃惕惧，忧天下之不宁，欲令伊尹往视旷夏，恐其不信，汤由亲自射伊尹。伊尹奔夏三年，反报于亳④，曰："桀迷惑于末嬉，好彼琬琰⑤，不恤其众。众志不堪，上下相疾，民心积怨，皆曰：'上天弗恤，夏命其卒。'"汤谓伊尹曰："若告我旷夏尽如诗。"汤与伊尹盟，以示必灭夏。伊尹又复往视旷夏，听于末嬉。末嬉言曰："今昔天子梦西方有日，东方有日，两日相与斗，西方日胜，东方日不胜。"伊尹以告汤。商涸旱，汤犹发师，以信伊尹之盟。故令师从东方出于国西以进。未接刃而桀走，逐之至大沙。身体离散，为天下戮。不可正谏，虽后悔之，将可奈何？汤立为天子，夏民大说，如得慈亲，朝不易位，农不去畴，商不变肆，亲郼⑥如夏。此之谓至公，此之谓至安，此之谓至信。尽行伊尹之盟，不避旱殃，祖伊尹世世享商。

武王胜殷，入殷，未下舆⑦，命封黄帝之后于铸，封帝尧之后于黎，封帝舜之后于陈。下舆，命封夏后之后于杞，立成汤之后于宋，以奉桑林。武王乃恐惧，太息流涕，命周公旦进殷之遗老，而问殷之亡故，又问众之所说，民之所欲。殷之遗老对曰："欲复盘庚之政。"武王于是复盘庚之政，发巨桥之粟，赋鹿台之钱，以示民无私。出拘救罪，分财弃责，以振穷困。封比干之墓，靖箕子之宫，表商容之闾，士过者趋，车过者下。三日之内，与谋之士，封为诸侯，诸大夫赏以书社，庶士施政去赋。然后济于河，西归报于庙。乃税马于华山，税牛于桃林，马弗复乘，牛弗复服。衅⑧鼓旗甲兵，藏之府库，终身不复用。此武王之德也。故周明堂外户不闭，示天下不藏也。唯不藏也，可以守至藏。

武王胜殷，得二虏而问焉，曰："若国有妖乎？"一虏对曰："吾国有妖，昼见星而天雨血，此吾国之妖也。"一虏对曰："此则妖也，虽然，非其大者也。吾国之妖甚大者，子不听父，弟不听兄，君令不行，此妖之大者也。"武王避席再拜之。此非贵虏也，贵其言也。故《易》曰："诉诉履虎尾，终吉。"

赵襄子攻翟，胜老人、中人，使使者来谒之，襄子方食抟饭，有忧色。左右曰："一朝而两城下，此人之所以喜也，今君有忧色，何？"襄子曰："江河之大也，不过三日。飘风暴雨，日中不须臾。今赵氏之德行，无所于积，一朝而两城下，亡其及我乎！"孔子闻之曰："赵氏其昌乎？"夫忧所以为昌也，而喜所以为亡也。

胜非其难者也，持之其难者也。贤主以此持胜，故其福及后世。齐荆吴越，皆尝胜矣，而卒取亡，不达乎持胜也。唯有道之主能持胜。孔子之劲，举国门之关，而不肯以力闻。墨子为守攻，公输般服，而不肯以兵知。善持胜者，以术强弱。

注 释

①小邻国：使邻国小，即侵占邻国土地。

②纷纷：议论纷纷，人心不齐；分分：通"忿忿"，心怀不满。

③干辛：夏桀宠幸的佞臣。

④亳：商汤的都城。

⑤琬琰：美玉，指财宝；一说为夏桀宠幸姬妾的名字。

⑥郼：殷国旧名。

⑦轝：同"舆"，车子。

⑧衅：血祭。

译 文

贤明的君主，土地越广大就越知道戒惧，势力越强盛就越知道忧恐。但凡土地广大的，都是侵略邻国而得到的；但凡势力强盛的，都是战胜敌国而形成的。战胜敌国，就会招致很多怨恨，侵略邻国，就会埋下很多隐患。怨恨、隐患都很多，国家虽然强大，怎能不知戒惧呢？怎能不知忧恐呢？所以贤明的君主一定要在安定中想到危患，在显达中想到困穷，在得到时想到失去。《周书》中说："如临深渊，如履薄冰。"就是在告诫人民要谨慎处事。

夏桀无道，暴戾贪顽，天下人无不惊恐、担忧。人们议论纷纷，心怀不满，夏桀却不了解世人的真情。佞臣干辛凭借夏桀的宠幸而任用威势，欺侮诸侯、凌辱百姓。贤良的大臣心中抑郁怨愤，夏桀于是杀死了直谏的关龙逢，想以此来压服众人的愤怒。于是，众心纷乱，都有背离之志，没人敢直言进谏，所有人都生活在惊恐之中。大臣怀着共同的忧患，不亲附夏桀而想背叛他。可夏桀却自以为贤明，炫耀缺点、夸饰错误，为君之道不行，国人分崩离析。商汤于是戒惧不宁，忧心天下不能得到安定，想让伊尹前往夏国去打探形势，害怕伊尹不能取信于夏人，汤于是亲自用箭射伊尹。伊尹逃奔到夏国，三年之后返回商都亳，汇报说："夏桀迷惑于末嬉，又喜欢财货，不体恤国人。众人不堪忍受，上下相仇视，心中充满怨恨，都说：'上天不佑护夏国，夏国的命运就要完了。'"汤对伊尹说：

"你告诉我的情况，和诗中所唱到的一样。"商汤于是和伊尹盟誓，表明一定要灭掉夏国。伊尹又去察探夏国的形势，获得了末嬉的信任。末嬉说："昨晚天子梦到西方有个太阳，东方也有个太阳，两个太阳相互斗争，西方的太阳获胜，东方的太阳失败。"伊尹将这些话转告给商汤。此时，商国正遭遇大旱，但汤依然集结军队，发兵攻夏，以践行和伊尹订下的盟誓。所以他命令军队从东方绕到夏都的西面，然后发起进攻。双方还未交战，夏桀就逃跑了，商汤追赶他追到大沙。夏桀身首分离，被天下所耻笑。当初不听劝谏，即使后来悔疚，又能如何呢？商汤成为天子，夏国民众大悦，如同得到慈父一般，官员不离开自己的职位，农夫不离开自己的田亩，商人不变更上司，人们亲近殷商，就和亲近夏国一样。像商汤这样就是至为公正，至为安定，至为守信。商汤勉力恪守与伊尹的盟约，不躲避旱灾，让伊尹世世代代在商朝享受祭祀。

武王战胜殷纣以后，进入商都，还未下车，就下令将黄帝的后代分封到铸，将尧帝的后代分封到黎，将舜帝的后代分封到陈。下车之后，又分封夏代的后代于杞，迁立汤的后代于宋，以便继承殷商的祭祀。看到殷商的灭亡，武王十分恐惧，不禁叹息流涕，令周公旦领来殷商的遗老，询问他们殷商灭亡的原因，又询问民众所喜欢的、期望的。殷商的遗老回答说："民众期望恢复盘庚之时的善政。"武王于是恢复了盘庚的善政，散发巨桥的米粟，施舍鹿台的钱财，以向民众展示没有私心。接着释放被拘禁的人，挽救犯了罪的人，分发钱财，免除债务，以赈济贫穷之人。又加高比干的坟墓，修整箕子的住宅，在商容的闾里竖起标志，让行人快步趋过，乘车者下车致敬。于是，将战马放到华山，将运粮草的牛放到桃林，战马不再乘骑，牛车不再使用。又收起军旗、战鼓、铠甲、兵器，将它们存放在府库之中，终身不再使用。这就是武王的仁德。所以，周朝明堂之外的大门不关闭，以昭示天下没有私藏之意。只有没有私藏，才能保持最珍贵的"宝藏"。

武王战胜殷商以后，抓到了两个俘虏，问他们："你们的国家内有妖异之事吗？"一个俘虏回答："我们国家有妖异的事情，白天看到星星，天上降下血雨，这就是我们国家的妖异。"另一个俘虏说："这虽然也是妖异，但不是大的妖异。我国最大的妖异就是，儿子不听从父亲，弟弟不听从兄长，国君的政令不能施行，这才是大妖异。"武王离开席子，对其行再拜之礼。这并不是尊崇俘虏，而是对他的话表示赞扬。所以《易》中说："就如踩到老虎尾巴一样谨慎小心，最终能获得吉利。"

赵襄子攻打翟国，攻下了老人、中人两座城池。将领派遣使者前来汇报战况，赵襄子正在吃饭团。左右侍臣都说："一朝而攻下两城，是值得欢喜之事，如今您却面有忧色，却是为什么呢？"赵襄子说："大江、大河涨水，不超过三日就会退去。飘风大雨，日中过后就会停止。如今赵氏对于德行，没有什么积累，而一朝攻下两座城池，灭亡恐怕要降临在我身上了吧。"孔子听到这件事，说："赵氏大概是要兴盛了吧！"忧心是为了获得昌盛，而欢喜则往往导致败亡。

取胜不是困难的事，保持住胜利才是不易。贤主能够以小心谨慎、居安思危的态度保持胜利，所以他的福分能传于后代。齐、楚、吴、越，都曾经胜利过，而最终无不灭亡，就是因为不懂得保持胜利之道。只有得道的君主才能保持胜利。孔子的力气，能够徒手举起城门的门闩，但他却不肯以力量闻名。墨子制作攻守器械，连公输般都服气，而不肯以用兵知名。善于保持胜利的人，能够让弱小的变得强大。

解 读

君子应有持满戒盈之念，越是安乐、治平之时，就越要小心谨慎，想到可能存在的灾祸，防患于未然。武王战胜殷商，取得胜利以后不忘询问灭亡的道理，所以能够戒除骄傲、怠慢之心，继续修行德行，光大周朝事业；赵襄子攻取两座城池，却面露忧色，想到潜在的灾患，所以能避免灾祸，使赵氏兴盛起来。他们就是居安思危的典型。相反，那些取得功绩、高位以后，便骄奢淫逸，忘记灾祸的人则大多难以得到好的结果，比如吴王夫差，倚仗国力强大，不听伍子胥的忠言，轻视越国的威胁，最终身死国破；唐庄宗李存勖，功成名就以后，便亲信伶人，疏远、猜忌大臣，最终被叛军所杀……

《周易·系辞》中说："安而不忘危，存而不忘亡，治而不忘乱。"安危并存、盛衰无常，眼前的强大、兴盛并不足以倚仗，一时懈怠就会转安为危、变强为弱。唐庄宗强大之时"举天下之豪杰，莫能与之争"，当其衰弱之时，

"数十伶人困之，而身死国灭"，其间并没有经历几年；西楚霸王项羽，当初入关时是何等意气风发，当其困于垓下之时，又是何等失魂落魄，相距也不过短短几年时间而已。地位越高，就越危险；势力越兴盛，隐患相应也就越多。若不时时保持"战战兢兢，如临深渊，如履薄冰"的态度，又怎么能够将兴盛长久保持下去，而避免灾祸呢！

顺说

原 文

善说者若巧士①，因人之力以自为力，因其来而与来，因其往而与往，不设形象②，与生与长，而言之与响，与盛与衰，以之所归。力虽多，材虽劲，以制其命。顺风而呼，声不加疾也；际高而望，目不加明也。所因便也。

惠盎见宋康王，康王蹀足謦咳③，疾言曰："寡人之所说者，勇有力也，不说为仁义者。客将何以教寡人？"惠盎对曰："臣有道于此；使人虽勇，刺之不入；虽有力，击之弗中。大王独无意邪？"王曰："善！此寡人所欲闻也。"惠盎曰："夫刺之不入，击之不中，此犹辱也。臣有道于此：使人虽有勇，弗敢刺，虽有力，不敢击。大王独无意邪？"王曰："善！此寡人之所欲知也。"惠盎曰："夫不敢刺，不敢击，非无其志也。臣有道于此：使人本无其志也。大王独无意邪？"王曰："善！此寡人之所愿也。"惠盎曰："夫无其志也，未有爱利之心也。臣有道于此：使天下丈夫女子莫不欢然皆欲爱利之。此其贤于勇有力也，居四累④之上。大王独无意邪？"王曰："此寡人之所欲得。"惠盎对曰："孔、墨是也。孔丘、墨翟，无地为君，无官为长。天下丈夫女子莫不延颈举踵，而愿安利之。今大王，万乘之主也，诚有其志，则四境之内皆得其利矣，其贤于孔、墨也远矣。"宋王无以应。惠盎趋而出，宋王谓左右曰："辨矣！客之以说服寡人也。"宋王，俗主也，而心犹可服，因矣。因则贫贱可以胜富贵矣，小弱可以制强大矣。

125

田赞衣补衣而见荆王，荆王曰："先生之衣，何其恶也！"田赞对曰："衣又有恶于此者也。"荆王曰："可得而闻乎？"对曰："甲恶于此。"王曰："何谓也？"对曰："冬日则寒，夏日则暑，衣无恶乎甲者。赞也贫，故衣恶也。今大王，万乘之主也，富贵无敌，而好衣民以甲，臣弗得也。意者为其义邪？甲之事，兵之事也，刳人之颈，剖人之腹，隳人之城郭，刑人之父子也。其名又甚不荣。意者为其实邪？苟虑害人，人亦必虑害之；苟虑危人，人亦必虑危之。其实人则甚不安。之二者，臣为大王无取焉。"荆王无以应。说虽未大行，田赞可谓能立其方矣。若夫偃息之义⑤，则未之识也。

管子得于鲁，鲁束缚而槛之，使役人载而送之齐，皆讴歌而引。管子恐鲁之止而杀己也，欲速至齐，因谓役人曰："我为汝唱，汝为我和。"其所唱适宜走，役人不倦，而取道甚速。管子可谓能因矣，役人得其所欲，己亦得其所欲。以此术也，是用万乘之国，其霸犹少，桓公则难与往⑥也。

注　释

①巧士：有技艺的能人。

②不设形象：不着痕迹。

③蹀足謦咳：一边跺脚、一边咳嗽。形容故作声势，烦躁无礼。

④四累：指前面所提的四种尚存不足的道术。

⑤偃息之义：偃兵息民的深意。

⑥难与往：难以辅佐。

译　文

善于游说的人，就如有技巧的人一样，借助别人的力量为自己效力，顺着他的来势加以引导，顺着他的去势加以推进，不着一丝形迹，却能伴随着他的出现与发展，就如言语和回声一样，伴随着他的兴盛与衰弱，从中因势利导。他的力气虽然很大，才能虽然很强，善于游说的人依然能够控制他的命运。顺着风呼喊，声音并没有加大；登上高处眺望，目力并未加强，然而这样却能够让声音、目光传得更远，这是因为所凭借的东西有利啊！

惠盎拜见宋康王，宋康王一边跺脚，一边咳嗽，不耐烦地说："我所喜欢的，是有关勇力之事，不喜欢谈论仁义道德之类的东西。客人有什么赐教呢？"惠盎回答："我有这样一种道术：使人虽然勇敢，也刺不进您的身体；虽然有力，也不能击中您。大王难道对这种道术不感兴趣吗？"宋康王说："好！这正是我想听到的。"惠盎说："虽然刺不进您的身体，无法击中您，但您还是受辱了。我有这样一种道术：使人虽然勇敢，也不敢刺您；虽然有力，也不敢击您。大王对这种道术难道不感兴趣吗？"宋康王说："好！这正是我所想听到的。"惠盎说："不敢刺，不敢击，还不能说明他们本来就没有刺您、击您的意图。我有这样一种道术，使人根本没有刺您、击您的想法。大王对这种道术难道不感兴趣吗？"宋康王说："好！这正是我所愿意听到的。"惠盎说："没有刺您、击您的意图，还不能证明他们怀有爱您、利您之心。我有这样的道术，使天下的男男女女无不欣然希望爱您、利您。这就胜过了有勇有力，居于上面那四种道术之上。大王对这种道术难道不感兴趣吗？"宋康王说："这是我所希望得到的。"惠盎回答说："这就是孔子、墨子的学说啊。孔丘、墨翟，没有土地却像君主那样受人尊敬，没有官位，却像官长一样受人爱戴。天下男男女女无不延颈举踵而盼望他们，期望他们平安顺利。如今大王是万乘大国的君主，果然能有这样的志向，则四方边境之内都会承受您的恩惠，您所能取得的功绩也要远远胜过孔子、墨子。"宋康王无言以对。惠盎说完快步离开了，宋王对左右侍臣说："能言善辩啊！这客人将我说服了。"宋康王是个庸陋的君主，可其心尚可说服，这是惠盎善于因势利导的缘故啊。能够因势利导，那么贫贱者就可以胜过富贵的了，弱小者就可以制服强大的了。

田赞穿着破旧衣服拜见楚王，楚王说："先生的衣服，怎么坏成这个样子！"田赞回答说："还有比这更坏的衣服呢。"楚王问："什么衣服呢？"田赞回答："冬天穿上寒冷，夏天穿上酷热，没有比铠甲更坏的衣服了。我贫穷，所以穿坏旧的衣服。如今大王身为万乘大国的君主，富贵无比，却喜欢让民众身穿铠甲，臣不明白其中缘由。大概觉得这样合乎道义吧？铠甲之事，即战争军事，是要割人的脖子，剖人的胸腹，毁掉人家的城郭，刑戮人家的父子。这名声又不怎么荣耀。难道是为了得到实际利益吗？自己若想着损害别人，别人也一定会想着损害你；自己若是想着让别人遭受危险，别人也一定想着让你遭受危险。战争的结果实际上是使自己也不得安乐。这两种情况，臣觉得大王还是不要选择的好。"楚王无言以应。主张虽然未广泛施行，田赞也可以说是能够树立自己观点的人了。只可惜偃兵息民的深意，楚王没有领悟到罢了。

管子在鲁国被拘捕，鲁国人将他捆起来，装入囚笼里，派差役用车载着他送往齐国，差役们都唱着歌拉车。管仲担忧鲁国人留下并杀死自己，想要快点到达齐国，因此对押送自己的差役们说："我为你们唱歌，你们应和我。"他所唱的节拍适合快走，差役们和着歌声也不知疲倦，所以走得很快。管仲可以说是善于借助外物了。差役满足了自己的期望，管仲也达成了自己的目的。用这个方法治理万乘兵车的大过，成就霸业尚且不止，只不过齐桓公这个人难以辅佐他再成就更高的事业罢了。

解 读

任何人做事，都应该懂得因势利导。石匠雕刻石头，一定会就着其原来的形状，而进行设计；木匠修整木材，一定会顺着木头的纹理来切割裁剪；君子劝人行事、与人共事，也一定会顺着对方的性子来交流、做事，而不是拂逆对方。懂得因势利导，做事就会省时省力，容易成功；不懂得因势利导，做事就事倍功半，且容易遭到挫折、危险。

"顺说"就是顺着别人的喜好而进行劝说，对别人进行诱导、讽谏，而不是相互冲突、违逆。孔子就曾说："忠臣之谏君，有五义焉：一曰谲谏，二曰戆谏，三曰降谏，四曰直谏，五曰风谏。唯度主而行之，吾从其风谏乎。"同样是劝谏君主，有人像伍子胥那样直谏，有人像田赞那样讽谏，他们的目的是一样的，却往往遭受不同的结果。直谏的君主明智、宽容还好，若君主昏聩而残忍，那往往要给自己引来祸患。而讽谏的，道理讲得深刻，而言辞又不激烈，只要君主不是特别愚昧，就能够知道自己的苦心，且为君主保全了面子，使其更易于接受自己的劝谏。既能实现目的，又能保全自身，何乐而不为呢？

所以说，达成一个目的，往往都存在着很多不同的方法，君子一定要善于因势利导，选择最有利、最安全的做法，而不是过于戆直地盯着那个目标，莽撞行事而给自己带来灾祸。

察今

原文

上胡不法先王之法？非不贤也，为其不可得而法。先王之法，经乎上世而来者也，人或益之，人或损之，胡可得而法？虽人弗损益，犹若不可得而法。东夏①之命，古今之法，言异而典殊。故古之命多不通乎今之言者，今之法多不合乎古之法者。殊俗之民，有似于此。其所为欲同，其所为异。口惛②之命不愉，若舟车衣冠滋味声色之不同。人以自是，反以相诽。天下之学者多辩，言利辞倒③，不求其实，务以相毁，以胜为故。先王之法，胡可得而法？虽可得，犹若不可法。

凡先王之法，有要于时也。时不与法俱至，法虽今而至，犹若不可法。故择先王之成法，而法其所以为法。先王之所以为法者，何也？先王之所以为法者，人也，而己亦人也。故察己则可以知人，察今则可以知古。古今一也，人与我同耳。有道之士，贵以近知远，以今知古，以益所见知所不见。故审堂下之阴，而知日月之行，阴阳之变；见瓶水之冰，而知天下之寒，鱼鳖之藏也；尝一脔④肉，而知一镬之味，一鼎之调。

荆人欲袭宋，使人先表⑤澭水。澭水暴益，荆人弗知，循表而夜涉，溺死者千有余人，军惊而坏都舍。向其先表之时可导也，今水已变而益多矣，荆人尚犹循表而导之，此其所以败也。今世之主法先王之法也，有似于此。其时已与先王之法亏矣，而曰此先王之法也，而法之，以此为治，岂不悲哉？

故治国无法则乱，守法而弗变则悖，悖乱不可以持国。世易时移，变法宜矣。譬之若良医，病万变，药亦万变。病变而药不变，向之寿民，今为殇子矣。故凡举事必循法以动，变法者因时而化，若此论则无过务矣。夫不敢议法者，众庶也；以死守者，有司也；因时变法者，贤主也。是故有天下七十一圣，其法皆不同。非务相反也，时势异也。故曰良剑期乎断，不期乎镆铘；良马期乎千里，不期乎骥骜。夫成功名者，此先王之千里也。

楚人有涉江者，其剑自舟中坠于水，遽契⑥其舟，曰："是吾剑之所从坠。"舟止，从其所契者入水求之。舟已行矣，而剑不行，求剑若此，不亦惑乎？以此故法为其国，与此同。时已徙矣，而法不徙，以此为治，岂不难哉？

有过于江上者，见人方引婴儿而欲投之江中，婴儿啼。人问其故，曰："此其父善游。"其父虽善游，其子岂遽善游哉？此任物，亦必悖矣。荆国之为政，有似于此。

注　释

①东夏：东夷和华夏。

②口慴：口音、口吻。

③言利辞倒：言辞犀利，能够颠倒是非。

④脟（liè）：通"脔"，割成块的肉。

⑤表：测量、做标记。

⑥契：做标记。

译　文

当今的君主为何不效法先王的法度？并非是觉得先王的法度不好，而是它们不可能被效法。先王的法度，是经过前代流传下来的，有人增补过，有人删削过，怎么可能还被效法呢？即便没有人增加、删削，也是无法效法的。东夷和华夏对事物的称谓、古代和今日的法度，言辞迥异而典制不一。所以，古代的命令大多难以用今日的言语表达，今日的法令也多不合于古代的法度。不同习俗的民众，和这一现象类似。他们的愿望相同，但行事却各异。各地的方言不变，就如车船、衣帽、滋味、声色的不同一样。可人们却都自以为是，反相责难。天下的学者大多善辩，言辞犀利，善于颠倒是非，不追求实际情况，致力于相互诋毁，以争胜为本事。先王的法度，又怎么能被效法呢？即便可以勉强施行，也和不能被效仿一个结果。

大凡先王的法度，都是和当时形势相符合的。时势不能与法度一起流传下来，法令虽然能够保存到现在，还是不可以效法的。所以要放弃先王现成的法度，而学习他们之所以那样设立法度的根本。先王之所以设置那样的法度，是为什么呢？先王之所以设立那样的法度，依据就是人，而自己也是人。所以，考察自己就可以了解别人，考察今日就可以了解古今。古今的道理是一样的，别人和自己是相同的。有道之人，贵在能以近知远，以今知古，以可见的察知不可见的。所以，智者观察堂下的阴影，就知道日月运行的情况，阴阳变化的情况；观察瓶水结成冰，就能知道天下将要变冷，鱼鳖将要潜藏了；尝了一块肉，就能知道一锅肉的味道，就能知道一鼎肉调和的情况。

楚人要袭击宋国，派人先在澭水上做下标记。澭水暴涨，楚人不知道，夜里依旧循着标记渡河，溺死者上千人，军队惊乱如同睡觉时忽然倒塌了房子。之前他们做标记的时候，是可以顺着标记渡河的，但河水已经发生变化上涨了，楚人却还是依循标记渡河，这就是他们所以失败的原因。今日的君主效法先王的法度，与这种情况相类似。如今所处的时代已经和先王的法度不相配了，却还说，这是先王的法度，而效法它，并以它来治理国家，岂不可悲吗？

所以说，治理国家没有法度就会出现混乱，死守法度不知改变就会发生谬误。时势变迁，法度也随之变化是恰当的。就如高明的医生，病情变化多端，用药也应随之变化。病情改变而用药不知改变，原来可以长寿的人，如今就会成为短命之人了。所以凡是做事情，一定要依循法度，变法的人要根据时代而更改法令，如果懂得这个道理，就不会发生错误了。不敢议论法度的人，是普通百姓；以死捍卫法度的人，是各种官吏；根据时势而改变法度的人，是贤明君主。因此，古代统治天下的七十一位贤明君主，他们的法度各不相同。并不是他们刻意追求彼此不同，而是各自所处的时代不同使然。所以说，宝剑期求它能砍断东西，而不期求它有镆琊那样的美名；好马期求它能奔行千里，而不期求它有骥骜那样的美名。能够以自身的才能成就功名，这就是先王的千里马啊！

楚国有个人渡江，剑从舟中坠入水里，他急忙在船边刻下记号，说："我的剑就是从这里落下去的。"等船停下了，他就从刻下记号的地方下水去寻找。殊不知，船已经移动了，而剑没有跟着移动，以这种方式寻找剑，不是糊涂吗？不知随着时代改变就用旧法来治理国家，与这个人的行为类似。时代已经改变了，而法度不变，如此要想治理好国家，岂不很难？

有路过江边的人，看到一个人正拉着小孩想将他扔到江中，小孩啼哭起来。人们询问那人为何要这样做，那人回答："这个小孩的父亲善于游泳。"他的父亲虽然善于游泳，儿子难道就善于游泳吗？以这种观念处理事物，也一定是荒谬的了。楚国处理政事的情况，于此相似。

解　读

"知其然"很重要，"知其所以然"更为重要。学习前代的法律，不是照搬其具体条文，而是要知道，先贤为何要这样制定律法？颁布这样的措施是出于什么意图？了解先贤的意图，知道他们那样做的目的，也就知道今日该如何制定律法、颁布政令了。先贤采取一切行为的目的，无非是安定天下、造福民众，把握了这个根本，又何必再去死守教条不放呢？

个人做学问也是同样的道理。我们读经典著作，读先贤的话语，一定要明白先贤为何要那样说，一定要考虑到古今的环境差异……今日再去照搬几千年前的行为方式，一定不能行得通；同样，用我们今天的环境去苛求、批判古人，也是不对的。

总之，无论做任何事情，都应该灵活应变，抓住根本，具体环境、具体分析，而不要犯教条主义的错误。

先识览

观世

　　天下虽有有道之士，国犹少。千里而有一士，比肩也；累世而有一圣人，继踵也。士与圣人之所自来，若此其难也，而治必待之，治奚由至？虽幸而有，未必知也，不知则与无贤同。此治世之所以短，而乱世之所以长也。故王者不四，霸者不六，亡国相望，囚主相及。得士则无此之患。此周之所封四百余，服国八百余，今无存者矣。虽存，皆尝亡矣。贤主知其若此也，故日慎一日，以终其世。譬之若登山，登山者，处已高矣，左右视，尚巍巍焉山在其上。贤者之所与处，有似于此。身已贤矣，行已高矣，左右视，尚尽贤于己。故周公旦曰："不如吾者，吾不与处，累我者也；与我齐者，吾不与处，无益我者也。"惟贤者必与贤于己者处。

　　贤者之可得与处也，礼之也。主贤世治，则贤者在上；主不肖世乱，则贤者在下。今周室既灭，天子既废，乱莫大于无天子。无天子则强者胜弱，众者暴寡，以兵相刬[①]，不得休息。而佞进。今之世当之矣。故欲求有道之士，则于江海之上，山谷之中，僻远幽闲之所，若此则幸于得之矣。太公钓于滋泉，遭纣之世也，故文王得之。文王，千乘也；纣，天子也。天子失之，而千乘得之，知之与不知也。诸众齐民，不待知而使，不待礼而令。若夫有道之士，必礼必知，然后其智能可尽也。

晏子之晋，见反裘负刍息于涂者。以为君子也，使人问焉，曰："曷为而至此?"对曰："齐人累之②，名为越石父。"晏子曰："嘻!"遽解左骖以赎之，载而与归。至舍，弗辞而入。越石父怒，请绝。晏子使人应之曰："婴未尝得交也，今免子于患，吾于子犹未邪?"越石父曰："吾闻君子屈乎不己知者，而伸乎己知者。吾是以请绝也。"晏子乃出见之，曰："向也见客之容而已，今也见客之志。婴闻察实者不留声，观行者不讥辞，婴可以辞而无弃乎?"越石父曰："夫子礼之，敢不敬从。"晏子遂以为客。俗人有功则德，德则骄。今晏子功免人于厄矣，而反屈下之，其去俗亦远矣。此令功之道也。

子列子穷，容貌有饥色。客有言之于郑子阳者，曰："列御寇，盖有道之士也，居君之国而穷，君无乃为不好士乎?"郑子阳令官遗之粟数十秉③。子列子出见使者，再拜而辞。使者去，子列子入，其妻望而拊心曰："闻为有道者妻子，皆得逸乐。今妻子有饥色矣，君过而遗先生食，先生又弗受也。岂非命也哉?"子列子笑而谓之曰："君非自知我也，以人之言而遗我粟也，至己而罪我也，有罪且以人言。此吾所以不受也。"其卒民果作难，杀子阳。受人之养而不死其难，则不义；死其难，则死无道也。死无道，逆④也。子列子除不义、去逆也，岂不远哉?且方有饥寒之患矣，而犹不苟取，先见其化也。先见其化而已动，远乎性命之情⑤也。

注 释

①刬：征伐。

②累之：困顿于此。

③秉：古代量制，十六斛为一秉。

④逆：悖乱违理。

⑤远乎性命之情：对性命之情有深远的了解，通达性命之情。

译 文

天下虽然存在有道之士，国家能够得到的还是很少的。方圆千里之地有一个有道之士，就如同普通人肩并肩那么多了；数代之间出现一个圣人，就如同普通人脚跟脚那么多了。有道之士和圣人的出现，就是如此困难，而天下的治理却一定得需要他们，那天下治平的局面又从何而致呢？况且，即便侥幸存在贤人，也未必能被人知晓，有圣贤而不被知晓和没有圣贤是一样的。这就是治世存在的时间很短，而乱世存在的时间很长的原因。所以，成就王业的人没有出现第四位，成就霸业的人没有出现第六个，而被灭亡的国家一个连一个，被囚禁的君主一个接一个。若能得到贤士，就不会有这样的灾祸了。这就是周朝当初分封四百多个诸侯、主动归服的诸侯还有八百多个，而如今却都没有保全下来的原因。即便还有存在的，也都曾经历过灭亡。贤明的君主知道这种情况，所以日慎一日，终身不敢懈怠。就如攀登高山一样，登山的人所处的位置已经很高了，左右顾视，更高峻的山还在上面呢。贤者和人相处之道，与此类似。自身已经很贤能了，品行已经很高尚了，左右顾视，尚有无数超过自己的人。所以周公旦说："赶不上我的人，我不与之相处，这样的人会拖累我；与我平齐的人，我不会与其相处，这样的人对我无益。"贤者一定要与比自己贤能的人相处交往。

要想能与贤者相处，就要对其以礼相待。君主贤明，世道安定，贤者就会居于上位；君主昏聩，世道不安，贤者就会屈于下位。如今周王室已经灭亡，天子已经废黜，世道混乱没有比无天子更严重的了。无天子则强大的欺压弱小的，人多势众的凌辱势单力薄的，诸侯们凭借兵力相互征伐，民众得不到休息，而奸佞小人居上位。这就是当今之世的形势啊！所以，如今要寻求有道之士，就要到江海之滨、山谷之中，僻远幽静的地方，如此或许有幸能得到圣贤。姜太公在滋泉垂钓，是因为遭到了殷纣的乱世，所以周文王得到了他。文王是千乘之国的君主；桀纣是天子。天子失去了圣贤，却被千乘之国的君主得到，这就是了解与不了解圣贤的区别啊。平民百姓，不用了解就可以役使他们，不待礼遇之后就可以命令他们。至于有道之士，必须先礼遇、了解他们，然后才能让他们将才智全部发挥出来。

晏子出使晋国，看到有人反穿皮衣、背着草正在路边休息。晏子认为这人是个君子，便派人前往询问，说："您为何落到这种地步？"那人回答："我是齐人，沦落至此给人为奴，名字叫越石父。"晏子说："噢！"立刻解下左边的骖马，将他赎了出来，载着他一起回到齐国。到了馆舍，晏子没有向他推辞就进去了。越石父大怒，请求与晏子绝交。晏子让人回答说："我们本就未曾结交啊。将您从患难中解救出来，我对您还不够吗？"越石父说："我听说君子在不了解自己的人面前，可以接受屈辱，而在了解自己的人面前，志向就要得到伸张。因此我请求与您绝交。"晏子于是出门见他说："之前只见到您的容貌而已，如今又见到了你的志向。我听说，考察实际的人不留意别人的名声，观察人的行为就不考虑人的言辞，我可以向您谢罪而不被您拒绝吗？"越石父说："您以礼对待我，我怎敢不恭敬从命呢？"晏子于是把他待为上宾。世俗之人取得功劳就自恃对人有恩德，自恃对人有恩德就会傲慢地对待别人。如今晏子有救人摆脱困厄的功劳，却能屈身以礼待人，他超出世俗已经很远了。这就是保全功劳之道啊！

列子十分贫穷，饥饿之色露在脸上。有个宾客将这种情况告诉了郑相子阳，说："列御寇是得道之士，居住在您的国家中却遭受贫穷，您难道不喜欢贤士吗？"子阳令官吏送给列子数十秉粮食。列子出门会见使者，再拜而辞谢了馈赠。使者离开了，子列子进入屋中，他的妻子怨怒地捶着胸口说："听说有道者的妻子，都能得到安乐。如今您的妻儿面露饥色，相国派人探望您并给您送来吃的，您却又不接受。难道我们命中就注定要忍受贫穷吗？"列子笑着对她说："相国自己并不了解我，因为别人的话而送给我粮食，等到他怪罪我的时候，也会因为别人的话给治我的罪。这就是我不接受的原因。"结果人们果然发难，杀死了子阳。接受了别人的供养，而不为他赴难而死，就是不义；为其赴难而死，就是为无道之人殉死。为无道之人殉死，就是悖逆。列子免除不义，远离悖逆，其智虑不是很深远吗？正当有饥寒之患时，尚且不随便接受他人的赏赐，这是事先预见到了事物的发展变化啊。事先预测到事物的发展变化，就能通达性命之情了。

解 读

贤士是天下的栋梁，是国家的珍宝。君主得到贤士为臣，国家才能得到治理；卿大夫得到贤士为臣，家族才会兴盛；士君子得到贤士为友，德行、学问才能与日俱进。然而，贤士又有超越常人的节操、志气，他们清高正直，不愿与世俗同流合污；他们廉洁坚贞，不会为了富贵利禄而委身于人。所以，君主、大夫若不礼贤下士就不能以他们为臣，士人若不遵从道义就不能和他们为友。历史上那些得到贤士的人，大多都是道德淳厚，宽容大度，又能放下身段礼贤下士的人。

赵简子礼贤下士，所以有尹铎、周舍、董安于等贤士为他奔走，使其家族兴盛；燕昭王礼贤下士，所以有乐毅、邹衍、郭隗等贤士为他出谋划策，报了齐国的大仇；魏文侯礼贤下士，所以有卜子夏、田子方、段干木、吴起、翟璜等贤士为他效劳，使其国家强大……反之，那些，轻视贤士、傲慢自大的人则都失去贤士、失去人心，进而导致国家破败、自身受祸。比如，楚平王亲信奸佞，杀害贤士，导致伍子胥逃奔吴国，最终吴军攻入郢都；魏惠王轻视贤士，致使商鞅西入秦国，反过来夺取了魏国西河之地；魏齐轻视贤士，肆意侮辱范雎，最后自己走投无路，只好自杀……所以说，观世，只需观察当政者是否看重贤士，若其看重贤士，重用贤士，朝政一定清明，国家一定富强，其统治一定安定；反之若其轻视贤士，亲近奸佞，则朝政一定混乱，国家一定衰败，动乱灾祸必然很快到来。

知接

原　文

　　人之目，以照见之也，以瞑则与不见，同。其所以为照、所以为瞑异。瞑士未尝照，故未尝见。瞑者目无由接①也，无由接而言见，谎。智亦然。其所以接智、所以接不智同，其所能接、所不能接异。智者，其所能接远也；愚者，其所能接近也。所能接近而告之以远，奚由相得？无由相得，说者虽工，不能喻矣。

　　戎人见暴布者而问之曰："何以为之莽莽②也？"指麻而示之。怒曰："孰之壤壤③也，可以为之莽莽也！"故亡国非无智士也，非无贤者也，其主无由接故也。无由接之患，自以为智，智必不接。今不接而自以为智，悖。若此则国无以存矣，主无以安矣。智无以接，而自知弗智，则不闻亡国，不闻危君。

　　管仲有疾，桓公往问之，曰："仲父之疾病矣，将何以教寡人？"管仲曰："齐鄙人有谚曰：'居者无载，行者无埋。'今臣将有远行，胡可以问？"桓公曰："愿仲父之无让也。"管仲对曰："愿君之远易牙、竖刀、常之巫、卫公子启方。"公曰："易牙烹其子犹尚可疑邪？"管仲对曰："人之情，非不爱其子也，其子之忍，又将何有于君？"公又曰："竖刀自宫以近寡人，犹尚可疑邪？"管仲对曰："人之情，非不爱其身，其身之忍，又将何有于君？"公又曰："常之巫审于死生，能去苛病④，犹尚可疑邪？"管仲对曰："死生，命也。苛病，失⑤也。君不任其命、守其本。而敢归巫，彼将以此无不为也。"公又曰："卫公子启方事寡人十五年矣，其父死而不哭，犹尚可疑邪？"管仲对曰："人之情，非不爱其父也，其父之忍，又将何有于君？"公曰："诺。"管仲死，尽逐之。食不甘，宫不治，苛病起，朝不肃。居三年公曰："仲父不亦过乎！孰谓仲父尽之乎！"于是皆复召而反。明年，公有病，常之巫从中出曰："公将以某日薨。"易牙、竖刀、常之巫相与作乱，塞宫门，筑高墙，不通人，矫以公令。有一妇人逾垣入，至公所。公曰："我欲食。"妇人曰："吾无所得。"公又曰："我欲饮。"妇人曰："吾无所得。"公曰："何故？"对曰："常之巫从中出曰：'公将以某日薨。'易牙、竖刀、常之巫相与作乱，塞宫门，筑高墙，不通人，故无所得。卫公子启方以书社四十下卫。"公慨焉叹，涕出曰："嗟乎！圣人之所见，岂不远哉！若死者有知，我将何面目以见仲父衣乎？"蒙袂⑥而绝乎寿宫。虫流出于户，上盖以杨门之扇，三月不葬。此不卒听管仲之言桓公非轻难而恶管子也，无由接见也。无由接，固却其忠言，而爱其所尊贵⑦也。

注　释

　　①接：接触、触及。

　　②莽莽：长大的样子。

　　③壤壤：散乱的样子。

　　④苛病：邪病。

　　⑤失：精神失去主宰。

⑥蒙袂：以袖蒙面。

⑦所尊贵：所宠幸之人。

译　文

　　人的眼睛，凭借明亮才可以看到外物，若失明就不能看见外物了，这点对于任何人都是相同的。但不同的人，有的人眼睛明亮，有的人眼睛失明，情况迥然不同。失明的人眼睛未曾明亮过，所以也未曾接触过外物。失明的人眼睛无法和外物接触，无法和外物接触却说看见了，这是欺妄。智慧也是如此。人们有没有智力的标准是相同的，但不同的人是拥有智慧、还是没有智慧，是迥然不同的。智者，其智力所能接触的范围很远；愚者，其智力所能接触的范围很近。所能接触范围很近的，却告诉他长远的事情，他如何能够理解呢？他的智力理解不了，游说的人即便能言善辩，也不能让他明白啊！

　　有个戎人，看到晒布的人，就问：“用什么东西织得这样长大呢？”晒布的人指着麻让他看。戎人生气地说：“用那样乱蓬蓬的东西，哪里能够织出这样长大之物呢！”所以，灭亡的国家，并非没有聪慧之士，并非没有贤能之人，只不过其君主智力浅陋，不能触及深远罢了。不能触及深远的祸患是自以为明智，自以为明智就无法触及真正的智慧。如今无法触及深远却自认为聪明，这是糊涂。像这样，国家就无法生存了，君主就无法安定了。如果君主智力不足，而自知不智，那样就不会有灭亡的国家，不会有陷入险境的君主了。

　　管仲生病，齐桓公前往探望，问：“仲父病得很重了，有什么可以教诲我的呢？”管仲说：“齐国鄙野之人有俗语说：‘家居的人不用准备外出时车上装载的东西，远行的人不需要准备家居时埋起来贮藏的东西。’如今臣将要远行了，哪里还值得询问呢？”齐桓公坚持说：“希望仲父不要推辞。”管仲回答：“希望您疏远易牙、竖刀、常之巫、卫公子启方。”桓公说：“易牙烹了自己的儿子来侍奉我，难道还需要怀疑吗？”管仲回答：“人之常情，没有不爱自己儿子的。他连自己的儿子都忍心烹了，对您又能如何忠心呢？”桓公又说：“竖刀阉割了自己以继续服侍我，这样还需要怀疑吗？”管仲回答：“人之常情，没有不爱惜自己身体的。他连自己的身体都忍心损害，又怎么能爱惜您呢?"桓公又问:"常之巫能明察生死,驱除邪病,这样也需要怀疑吗?"管仲回答:"死生在于命运,邪病在于自己精神无守。君主不顺从天命,守住根本,却依仗常之巫,他将倚仗这点无所不为。"桓公又问:"卫公子启方事奉我十五年了,他的父亲死了,他都没回去奔丧,这样还需要怀疑吗?"管仲回答:"人之常情,没有不爱自己父亲的。他连自己的父亲都忍心抛弃,又怎么会热爱您呢?"桓公说:"好吧。"管仲去世以后,齐桓公将这些人都驱逐了。因此他吃饭不觉得香甜,后宫不安定,邪病四起,朝政涣乱。过了三年,齐桓公说:"仲父也太过分了吧!谁说仲父的话都必须听从呢!"于是,将易牙等人都重新召了回来。第二年,桓公生病,常之巫从宫内出来说:"君主将要在某日去世。"易牙、竖刁、常之巫一起作乱,他们封闭宫门,修筑高墙,不让人出入,假称是桓公的命令。有一个妇人,逾墙而入,到了齐桓公那里。桓公说:"我想吃东西。"妇人说:"我没法弄到吃的。"桓公说:"我想喝水。"妇人说:"我没法弄到喝的。"桓公问:"这是为什么?"妇人回答:"常之巫从宫中出去说'君主将在某日去世。'易牙、竖刁、常之巫一起作乱,修筑高墙堵塞宫门,不让人进出,所以无法弄到饭和水。卫公子启方带着四十社的土地投降了卫国。"桓公慨然叹息,流涕说道:"哎!圣人所能预见的,真是深远啊!如果死者有知,我还有何脸面去见仲父呢?"于是用衣袖蒙住了脸,死在寿宫。尸虫爬出门外,尸体上盖着杨门的门扇,三月不能安葬。齐桓公落得如此下场,就是不能始终听从管仲之言的结果啊!桓公不是轻视灾难、厌恶管仲,只是智力无法达到罢了。智力无法达到,所以不采纳管仲的忠言,而亲信所宠幸的那些小人。

解 读

天边有乌云飘来,看见的人自然懂得将要下雨了,应该收衣服、备柴火;而眼睛近视的人,却看不到乌云,只能看到身边的阳光,也就难以理解别人的行为了。智力的远近也是这样,智虑深远的人,在事情刚刚出现端倪的时候就能预测到,所以能提前准备,或是躲避,或是将灾祸消灭在萌芽之中;而智虑短浅的人,考虑不到那些事情,灾祸不爆发出来就感觉不到,然而当他们意识到的时候,就已经晚了,想要躲避、弥补都来不及了。所以说:"人无远虑，必有近忧。"

眼睛看不远，却到处跑的人一定会跌伤，人们都会认为他愚蠢；而智虑不够远的人，却往往居于高位之上，手中握着重权，这样的人要承受的灾祸岂不更大，岂不比闭着眼睛到处跑还愚蠢！总是被人欺骗的楚怀王，坚持任用赵括的赵孝成王，被赵高蒙蔽的秦二世……这些君主都是没什么远虑，却自认为很明智，不听从别人的好意见，结果遭受惨重失败，甚至身死国破。眼睛不好，懂得拄拐杖、配眼镜；而智虑不远，却不知道依靠贤士、忠臣，从而蒙受损失、罹受祸患，岂不是愚昧至极！所以说，人一定要善于依靠比自己聪明、有远见的贤士，听从 他们的劝谏来弥补自己的过错。

悔过

原 文

穴深寻①则人之臂必不能极矣，是何也？不至故也。智亦有所不至。所不至，说者虽辩，为道虽精，不能见矣。故箕子穷于商，范蠡流乎江。

昔秦缪公兴师以袭郑，蹇叔谏曰："不可。臣闻之，袭国邑，以车不过百里，以人不过三十里，皆以其气之趫②与力之盛，至，是以犯敌能灭，去之能速。今行数千里、又绝诸侯之地以袭国，臣不知其可也。君其重图之。"缪公不听也。蹇叔送师于门外而哭曰："师乎！见其出而不见其入也。"蹇叔有子曰申与视，与师偕行。蹇叔谓其子曰："晋若遏③师必于殽。女死不于南方之岸，必于北方之岸，为吾尸女之易。"缪公闻之，使人让蹇叔曰："寡人兴师，未知何如？今哭而送之，是哭吾师也。"蹇叔对曰："臣不敢哭师也。臣老矣，有子二人，皆与师行，比其反也，非彼死则臣必死矣，是故哭。"

师行过周，王孙满要门而窥之，曰："呜呼！是师必有疵④。若无疵，吾不复言道矣。夫秦非他，周室之建国也。过天子之城，宜橐甲束兵⑤，左右皆下，以为天子礼。今衤兜服回建⑥，左不轼⑦，而右之超乘者五百乘，力则多矣，然而寡礼，安得无疵？"

师过周而东。郑贾人弦高、奚施将西市于周，道遇秦师，曰："嘻！师所从来者远矣，此必袭郑。"遽使奚施归告，乃矫郑伯之命以劳之，曰："寡君固闻大国之将至久矣。大国不至，寡君与士卒窃为大国忧，日无所与⑧焉，惟恐士卒罢弊与糗粮匮乏。何其久也，使人臣犒劳以璧，膳以十二牛。"秦三帅对曰："寡君之无使也，使其三臣丙也、秋也、视也于东边候（日晋）之道，过是，以迷惑陷入大国之地。"不敢固辞，再拜稽首受之。三帅乃惧而谋曰："我行数千里、数绝诸侯之地以袭人，未至而人已先知之矣，此其备必已盛矣。"还师去之。

当是时也，晋文公适薨，未葬。先轸⑨言于襄公，曰："秦师不可不击也，臣请击之。"襄公曰："先君薨，尸在堂，见秦师利而因击之，无乃非为人子之道欤？"先轸曰："不吊吾丧，不忧吾哀，是死吾君而弱其孤也。若是而击，可大疆。臣请击之。"襄公不得已而许之。先轸遇秦师于殽而击之，大败之，获其三帅以归。缪公闻之，素服庙临，以说于众曰："天不为秦国，使寡人不用蹇叔之谏，以至于此患。"此缪公非欲败于殽也，智不至也。智不至则不信。言之不信，师之不反也从此生，故不至之为害大矣。

注 释

①寻：长度单位，古代八尺为一寻。

②趣：壮、盛。

③遏：阻击。

④疵：过失，指失败。

⑤橐甲束兵：脱下铠甲，收起兵器。

⑥袨服回建：袨服，衣着统一的军装；回建，违背制度，指军纪涣乱。

⑦轼：在车上行轼礼。

⑧与：豫，愉悦。

⑨先轸：晋军元帅。

译 文

洞穴有一寻深，人的胳膊必然不能伸到底，这是为什么呢？因为胳膊没有那么长。智力也有达不到的地方。智力达不到，游说的人即使再能言善辩，阐发的道理即使再精妙，也不能让他明白。所以，箕子在商朝无法伸张自己的志向，范蠡成功之后只能隐退江湖。

从前，秦缪公发兵袭击郑国，蹇叔劝谏说："不可以。臣听闻，袭击他国城邑，用兵车不能超过百里，用步兵不能超过三十里，都是凭借士兵在士气旺盛、力气充足之时到达，因此能够进攻并消灭敌人，撤退战场也能迅速离去。如今行军数千里，又跨越其他诸侯的领土去袭击他国，臣不知道这样怎么可以呢。请您还是慎重地考虑考虑吧！"秦缪公不听。蹇叔送军队到城门之外，哭道："将士们啊！我看到你们出征却不能再看到你们回来了。"蹇叔的两个儿子分别叫申和视，同军队一起出征。蹇叔对他的儿子们说："晋国如果阻击我军，一定会在崤地，你们不死在南山边、就一定要死在北山边，以便我给你们收尸时容易识别。"秦缪公听闻这话以后，派人责备蹇叔说："寡人派兵出征，尚且不知道结果如何，如今您哭着为军队送行，是给我的军队哭丧啊！"蹇叔回答说："臣不敢给军队哭丧。臣年纪老了，只有两个儿子，都与军队一起出征，等军队返回的时候，不是他们战死就是我已经死了，所以我才哭。"

秦师路过周王城，王孙满从门后观看军队，说："哎！这支军队必然会被打败。若他们不被打败，我就不再谈论学问了。秦国不是别的，是周王分封捍卫王室的诸侯。他们经过天子的国都，应当脱去铠甲，收起兵器，车左右坐着的士兵都应该下车步行，以表示对天子致礼。如今他们穿着统一的军服却纪律涣散，战车左边的不向王都行礼，右边超乘的兵车有五百多乘，兵力虽然强大，却缺失礼仪，怎能不遭受失败呢？"

秦军过了周王城向东进发。郑国商人弦高、奚施将到西边的周地做生意，路上遇到了秦军，说："呀！秦军从远道而来，一定是要偷袭郑国。"于是立刻让奚施回国报告，弦高于是假传郑国国君的命令来犒赏秦军，说："我们国君听说秦军将要到来很久了。贵军还未到时，我们国君与将士都为你们感到担心，每天都为此心情不快，唯恐将士疲惫、粮食短缺。怎么这么久才到来啊，我们国君派我用玉璧犒赏贵军，并进献十二头牛作为膳食。"秦国三位主帅说："敝国君主没有才能高的人可以派遣，让我们三人丙、秫、视到东方查看晋国的道路，没想到走过了头，误入郑国境内。"他们不敢坚决推辞，于是拜了又拜，叩首接受了弦高的馈赠。三个主帅于是感到害怕，相互商量说："我们远行数千里、多次穿越其他诸侯的领地以袭击他国，还没有到达而别人已经先知道了，他们的准备一定很充分。"于是，撤军归去。

这个时候，晋文公刚刚去世，还没有下葬。先轸对晋襄公说："秦军不可不袭击，臣请求去截击他们。"晋襄公说："先君刚刚去世，尸体还在庙堂上，见到攻打秦军有利可图就去兴兵攻打，这岂不有失为子之道？"先轸说："秦国不来我国吊丧，不体恤我们的悲哀，是看到我们先君去世了就轻视于您。如果趁机截击他们，可以大大增强我们的力量。臣请求去截击秦军。"襄公不得已而答应了他。先轸于是在崤地阻击秦军，将其打得大败，俘虏了秦军的三个主帅回来。秦缪公听说以后，穿着孝服到太庙，对众人宣告说："上天不佑护秦国，让我没有采用蹇叔的劝谏，以至于遭受如此祸患。"秦缪公并非想要在崤地被打败，只是他的智虑达不到那么深远罢了。智虑达不到，就不听信忠谏。不听信忠谏，军队也就不能回来了，所以智虑有所不及的危害是十分大的。

解 读

历史上那么多亡国之君，大多都是因为既没有远见，又不能采纳忠言。虞公不采纳宫之奇的劝谏，而丢掉了国家；夫差不听取伍子胥的忠谏，而被句践所灭；何进不听取曹操的劝谏而招引董卓入京，自己也被宦官所杀；袁绍不听从田丰的劝谏而在官渡大败……所以说，思虑不深远，就要善于听取智者的言论，采纳忠臣的劝谏，这样才可以避免失败。

智虑有远有近，并不能随时改变，但是否虚心听取他人的劝谏却是自己可以控制的。在这件事中秦穆公的过错不是智虑不深远，而是不能虚心听取谏言。秦穆公虽然遭到了殽之战的惨败，但他能认识到自己的不足，勇于悔过，这也算是对过错的一种弥补，这有要比那些因为见识短浅而犯下错误，知道错误以后还死不承认，进行掩饰的人又要高明许多了。

察微

原　文

使治乱存亡若高山之与深溪，若白垩之与黑漆，则无所用智，虽愚犹可矣。且治乱存亡则不然。如可知，如可不知；如可见，如可不见。故智士贤者相与积心愁虑以求之，犹尚有管叔、蔡叔之事①与东夷八国不听之谋②。故治乱存亡，其始若秋毫。察其秋毫，则大物不过矣。

鲁国之法，鲁人为人臣妾③于诸侯，有能赎之者，取其金于府。子贡赎鲁人于诸侯，来而让，不取其金。孔子曰："赐失之矣。自今以往，鲁人不赎人矣。"取其金，则无损于行；不取其金，则不复赎人矣。子路拯溺者，其人拜之以牛，子路受之。孔子曰："鲁人必拯溺者矣。"孔子见之以细，观化远也。

楚之边邑曰卑梁，其处女与吴之边邑处女桑于境上，戏而伤卑梁之处女。卑梁人操其伤子以让吴人，吴人应之不恭，怒，杀而去之。吴人往报之，尽屠其家。卑梁公怒，曰："吴人焉敢攻吾邑？"举兵反攻之，老弱尽杀之矣。吴王夷昧闻之，怒，使人举兵侵楚之边邑，克夷④而后去之。吴、楚以此大隆。吴公子光又率师与楚人战于鸡父，大败楚人，获其帅潘子臣、小帷子、陈夏啮。又反伐郢，得荆平王之夫人以归，实为鸡父之战。凡持国，太上知始，其次知终，其次知中。三者不能，国必危，身必穷。《孝经》曰："高而不危，所以长守贵也；满而不溢，所以长守富也。富贵不离其身，然后能保其社稷，而和其民人。"楚不能之也。

郑公子归生率师伐宋。宋华元率师应之大棘，羊斟御。明日将战，华元杀羊飨士，羊斟不与焉。明日战，怒谓华元曰："昨日之事，子为制；今日之事，我为制。"遂驱入于郑师。宋师败绩，华元虏。夫弩机差以米则不发。战，大机也。飨士而忘其御也，将以此败而为虏，岂不宜哉！故凡战必悉熟偏备，知彼知己，然后可也。

　　鲁季氏与郈氏斗鸡，郈氏介⑤其鸡，季氏为之金距。季氏之鸡不胜，季平子怒，因归⑥郈氏之宫，而益其宅。郈昭伯怒，伤⑦之于昭公，曰："禘于襄公之庙也，舞者二人而已，其余尽舞于季氏。季氏之舞道，无上久矣。弗诛，必危社稷。"公怒，不审，乃使郈昭伯将师徒以攻季氏，遂入其宫。仲孙氏、叔孙氏相与谋曰："无季氏，则吾族也死亡无日矣。"遂起甲以往，陷西北隅以入之，三家为一，郈昭伯不胜而死。昭公惧，遂出奔齐，卒于干侯。鲁昭听伤而不辨其义，惧以鲁国不胜季氏，而不知仲、叔氏之恐，而与季氏同患也。是不达乎人心也。不达乎人心，位虽尊。何益于安也？以鲁国恐不胜一季氏，况于三季？同恶固相助。权物若此其过也，非独仲、叔氏也，鲁国皆恐。鲁国皆恐，则是与一国为敌也，其得至干侯而卒犹远。

注　释

　　①管叔、蔡叔之事：管叔、蔡叔为周公兄弟，周公监国将他们分封在东方，使他们监视殷商后裔武庚，管叔、蔡叔却嫉妒周公摄政，于是挟持武庚发动叛乱。

　　②东夷八国不听之谋：在管叔、蔡叔作乱的时候，东夷八个国家附从管叔、蔡叔，不听周公的号令。

　　③为人臣妾：指沦落为他人的奴仆。

　　④克夷：攻克之后夷为平地。

　　⑤介：铠甲，指为鸡披上铠甲。

　　⑥归：侵占。

　　⑦伤：毁谤。

译　文

　　假若治与乱、存与亡的区别就像高山和深溪、白土和黑漆一样分明，那就没有必要运用智慧，即便愚鲁的人也可以治理国家了。然而，治与乱、存与亡之间的区别并不是这样的。好像可知，又好像不可知；好像能够看到，又好像不能看到。因此，智者贤人们都在千思百虑地探求它，如此尚且会发生管叔、蔡叔叛乱之事和东夷八国不听王命的阴谋。所以，治乱存亡的征兆，刚刚开始的时候，就如秋毫般难以察觉。若能在此时明察秋毫，那在大事上就不会出现过失了。

鲁国的法令规定，鲁国人若在其他诸侯沦为奴仆，有能赎出他们的，可以从国库中支取金钱。子贡在诸侯国赎出了鲁国人，回来时却辞让，不到国库中支取金钱。孔子说："子贡做得不对啊！从今以后，鲁国人不会再赎出他人了。"支取金钱，对个人品行并无损害；不支取金钱，就不会有人再赎人了。子路救了一个溺水的人，那人用牛来酬谢，子路接受了牛。孔子说："鲁国人一定会拯救溺水的人了。"孔子能够明察细小之处，所以他对事情看得深远啊！

楚国有个边邑叫做卑梁，那里的姑娘和吴国边邑的姑娘一起在边境上采桑叶，嬉戏之时，吴国的姑娘将卑梁的姑娘弄伤了。卑梁人带着受伤的姑娘去责备吴国人，吴国人应答得很不恭敬，卑梁人大怒，杀死吴国人离去。吴国人前往报复，将那个楚国人全家都杀死了。卑梁大夫十分愤怒，说："吴国人竟然敢攻打我的城邑！"于是，举兵反攻吴国边邑，将老弱全部杀死了。吴王夷昧听到这件事以后大怒，派人举兵侵入楚国边邑，将其夷为平地之后才离去。吴国、楚国因此展开大战。吴公子光又率军和楚人在鸡父展开大战，大败楚人，俘虏了其将领潘子臣、小帷子、陈夏啮。又继续攻打郢都，得到了楚平王的妇人才回去，这实际上也是鸡父之战的继续。但凡守护国家，最上等的是洞察事物的处世，其次预见事物的结局，再次是能了解事物的发展过程。这三者都做不到，国家必然会陷入危险，自身一定遭受穷困。《孝经》中说："高而不倾危，所以能长久保持尊显；满而不溢出，所以能长久保持富贵。富贵不离身，然而能保有其社稷，能够使其民众和谐。"楚国未能做到这些。

郑国公子归生率军讨伐宋国。宋国华元率军在大棘迎战，羊斟为他驾车。将要作战的前一天，华元杀羊犒劳将士，羊斟却不在宴享之列。第二天作战的时候，羊斟愤怒地对华元说："昨日宴飨之事，由你做主；今日驾车的事，却由我做主了！"于是把车直驱入郑国的军队中。宋军大败，华元做了俘虏。弩机差错达到一个米粒就不能发射了，战争就像一个大的弩机，华元飨士而忘记了自己的驭手，因此导致战败被俘虏，难道不是应该的吗！但凡战争一定要熟悉所有情况，做好一切准备，知己知彼，然后才可以作战。

　　鲁国季氏与郈氏斗鸡，郈氏给他的鸡披上铠甲，季氏给他的鸡爪上安装金属套。季氏的鸡没有取胜，季平子十分愤怒，于是侵夺郈氏的房屋，来扩大自己的住宅。郈昭伯非常恼怒，在鲁昭公勉强毁谤季平子，说："在襄公庙举行禘祭的时候，舞蹈的只有两行人而已，其余的舞者都到季氏家中去跳舞了。季氏家中舞蹈超出规定，其无视君王已经很久了。若不诛杀，将来必定危害社稷。"鲁昭公愤怒，未深入审察，就派郈昭伯率军攻打季氏，攻入了季氏庭院。仲孙氏、叔孙氏相互商量说："没有了季氏，我们的家族离灭亡也就不远了。"于是，发兵前往帮助季氏，毁掉院墙西北角进入庭院，三家合兵一处，郈昭伯不能取胜而被杀死。鲁昭公畏惧，于是出奔齐国，最后死在了干侯。鲁昭公听取毁谤之言，而不分辨是否合乎道理。他只担忧鲁国不能胜过季氏，却不知道仲孙氏、叔孙氏也在恐慌，他们与季氏有相同的忧患。这就是不了解人心啊。不了解人心，地位虽然尊贵，又怎能得到安全呢？凭借鲁国恐怕还不能胜过季氏，更何况三个季氏呢？他们共同厌恶鲁昭公，固然会相互救助。鲁昭公权衡事物错误到这样的地步，不只是仲孙氏、叔孙氏，整个鲁国都会感到恐惧。整个鲁国都感到恐惧，则是昭公与整个国家为敌，他能够死在干侯，还算是侥幸呢！

解　读

　　"一只南美洲亚马逊河流域热带雨林中的蝴蝶，偶尔扇动几下翅膀，可以在两周以后引起美国得克萨斯州的一场龙卷风。"上个世纪美国气象学家爱德华·罗伦兹提出的"蝴蝶效应"在世界上引起了极大的反响。殊不知，两千多年前中国古代先贤就有了相同的见解。任何一件小事，都有可能引起极其重大的后果，而大多数人却不能认识到原因和结果之间的关系。于是，他们做着可能引起巨大恶果的事情而自以为正确，做着能为自己招来祸患的事情而不觉察。如子贡，只追求自己施惠而不求回报的美德，却不知道自己这样做会导致别人不再去做善事；如华元，对宴飨之事毫不在意，却没想到这点小事会激怒别人导致兵败被俘；如楚国、吴国的女子，为了采桑而争吵，却想不到这将引起两国的大战，给无数人带来杀身之祸……

其实，生活之中我们也一定常有这样的感受：自己随手做了一件小事，根本没有放在心上，却导致了意想不到的结果。比如一个很小的失误，让人误解自己不认真，而失去得到好工作的机会；一个不经意的善举，让人赏识自己，从而改变命运……所以说，我们平时生活之中所做的每一件"小事"，都如种下一颗种子一样，它可能长成参天大树、芳香花朵，让自己受益无穷，也可能长成荆棘、恶草，给自己带来不尽的麻烦。聪明的人无论在做什么事情都不可疏忽懈怠，要深思每一件"小事"，将会产生的一系列连锁反应，深思其可能带来的种种后果。有这种远虑，才能避免近忧，将可能的灾祸消除在最初的阶段。

审应览

审应

　　人主出声应容①，不可不审。凡主有识，言不欲先。人唱我和，人先我随，以其出为之入，以其言为之名，取其实以责其名，则说者不敢妄言，而人主之所执其要矣。

　　孔思请行，鲁君曰："天下主亦犹寡人也，将焉之？"孔思对曰："盖闻君子犹鸟也，骇则举。"鲁君曰："主不肖而皆以然也，达不肖，过不肖，而自以为能论②天下之主乎？凡鸟之举也，去骇从不骇。去骇从不骇，未可知也。去骇从骇，则鸟曷为举矣？"孔思之对鲁君也，亦过矣。

　　魏惠王使人谓韩昭侯曰："夫郑乃韩氏亡之也，愿君之封其后也。此所谓存亡继绝之义。君若封之，则大名。"昭侯患之，公子食我曰："臣请往对之。"公子食我至于魏，见魏王，曰："大国命弊邑封郑之后，弊邑不敢当也。弊邑为大国所患。昔出公之后声氏为晋公，拘于铜鞮，大国弗怜也，而使弊邑存亡继绝，弊邑不敢当也。"魏王惭曰："固非寡人之志也，客请勿复言。"是举不义以行不义也。魏王虽无以应，韩之为不义，愈益厚也。公子食我之辩，适足以饰非遂过。

魏昭王问于田诎曰:"寡人之在东宫之时,闻先生之议曰:'为圣易。'有诸乎?"田诎对曰:"臣之所举也。"昭王曰:"然则先生圣与?"田诎对曰:"未有功而知其圣也,是尧之知舜也;待其功而后知其舜也,是市人之知圣也。今诎未有功,而王问诎曰'若圣乎',敢问王亦其尧邪?"昭王无以应。田诎之对,昭王固非曰"我知圣也"耳,问曰"先生其圣乎"已因以知圣对昭王。昭王有非其有,田诎不察。

赵惠王谓公孙龙曰:"寡人事偃兵③十余年矣,而不成,兵不可偃乎?"公孙龙对曰:"偃兵之意,兼爱天下之心也。兼爱天下,不可以虚名为也,必有其实。今蔺、离石入秦,而王缟素布总④;东攻齐得城,而王加膳置酒。秦得地而王布总,齐亡地而王加膳,所非兼爱之心也。此偃兵之所以不成也。"今有人于此,无礼慢易而求敬,阿党不公而求令,烦号数变而求静,暴戾贪得而求定,虽黄帝犹若困。

卫嗣君欲重税以聚粟,民弗安,以告薄疑曰:"民甚愚矣。夫聚粟也,将以为民也。其自藏之与在于上,奚择?"薄疑曰:"不然。其在于民而君弗知,其不如在上也;其在于上而民弗知,其不如在民也。"凡听必反诸己,审则令无不听矣。国久则固,固则难亡。今虞、夏、殷、周无存者,皆不知反诸己也。

公子沓相周,申向说之而战⑤。公子沓訾之曰:"申子说我而战,为吾相也夫?"申向曰:"向则不肖,虽然公子年二十而相,见老者而使之战,请问孰病哉?"公子沓无以应。战者,不习也;使人战者,严驵⑥也。意者恭节而人犹战,任不在贵者矣。故人虽时有自失者,犹无以易恭节。自失不足以难,以严驵则可。

注 释

①出声应容:出声,言辞;应容,接待人时的态度、神色。

②论:了解。

③偃兵:消除战争。

④缟素布总:穿上丧服、系上丧带。

⑤战：战栗。

⑥严驵：威严傲慢。

译 文

作为君主，对自己的言辞、待人时的神色，不可不慎重。但凡是有见识的君主，言辞不会抢先开口。别人提出主张，我来应和；别人先说看法，我再提出自己的见解。根据对方说出的话，来回应他；根据对方的言辞，来考察他的名声；根据对方的实际，来责诘他的名声。如此，游说的人就不敢胡言乱语，而君主就能掌握住事情的根本了。

孔思请求离开鲁国，鲁君说："天下的君主都和寡人一个样子，先生将要到哪里去呢？"孔思回答："我听说君子就如飞鸟一样，受到惊吓就要飞走。"鲁君说："君主不贤明，天下都是这样的，离开不贤明的君主，还到不贤明的君主那里去，先生自以为能够了解天下所有的君主吗？大凡鸟飞走，都是离开惊吓它的地方到不惊吓它的地方去。是否为离开惊吓之处到不惊吓之处，还不能知道。若是离开惊吓之处，到另外一个惊吓之处，那鸟为什么还要飞走呢？"孔思那样回答鲁君是不对的。

魏惠王派人对韩昭侯说："郑国是韩国所灭掉的，希望您能分封它的后代。这就是所谓的'存亡继绝'之义。且您果然能够分封郑国之后，则可获得显赫的名声。"韩昭侯对此感到忧虑，公子食我说："臣请求前往魏国应对。"公子食我到了魏国，拜见魏王，说："贵国命令敝国分封郑国的后代，敝国不敢承命。敝国一向被贵国视为祸患。从前晋出公的后代声氏为晋公，被拘禁在铜鞮，贵国不怜悯他们，而让敝国存亡继绝，敝国不敢承命。"魏惠王惭愧地说："这本来就不是我的意愿，您不要再说了。"这是举出别人的不义来掩饰自己的不义。魏王虽然无话可答，但韩国的不义之举却更加厉害了。公子食我的善辩，正足以文过饰非。

魏昭王问田诎，说："我在东宫为太子的时候，听闻先生说过'做圣人很容易'。有这样的话吗？"田诎回答："这是臣所说的。"昭王问："那么先生是圣人了？"田诎回答："没有功绩就知道他是圣人，这是尧了解舜；等他有了功绩才知道他是圣人，这是普通人了解舜。如今我还没有功绩，而大王问我

'你是圣人吗',敢问大王也是尧吗?"昭王无话可答。田诎回答昭王的时候,昭王并没有说"我了解圣人",只是问了"先生是圣人吗",田诎自己提出如何了解圣人的话然后又用它来回答昭王。这就使昭王有了本没有的观点,田诎没有省察到这点。

赵惠王对公孙龙说:"我致力于消除战争已经十余年了,却不能成功,难道战争不能消除吗?"公孙龙回答:"消除战争,是为了彰显兼爱天下之心。兼爱天下,不可以靠虚名来实现,一定要落在实处。如今蔺、离石两地被秦国占领,您就穿丧服、束麻带;向东攻取了齐国的城池,您就安排酒筵犒赏庆祝。秦国得到土地大王就穿丧服,齐国失去土地大王就设酒宴,这不是兼爱天下之心啊。这就是您想消除战争而不能成功的原因。"现在有这样的人,傲慢无礼却想得到他人的尊敬,阿党营私却想获得好名声,号令繁冗、屡次变更却想获得平静,贪婪暴戾却想得到安稳,即便是黄帝也会感到困难。

卫嗣君想要通过加重税赋来聚积粮食,民众对此感到不安,他将这种情况告诉薄疑,说:"民众真是愚蠢啊!聚积粮食也是为了人民。藏在自己家中和藏在国家府库又有什么区别呢?"薄疑说:"不是这样的。粮食藏在民众家中,君主就不知道,这就不如藏在国家府库之中;藏在国家府库之中,民众就不知道,这就不如藏在民众家里。"但凡听到某种论点,一定要反求与己,自身审察无差,那命令就没有不被听从的了。立国长久就稳固,稳固就难以灭亡。可如今虞、夏、殷、周没有还存在的,他们灭亡的原因就是不知道反求于己啊!

公子沓担任周相,申向游说他时忍不住战栗。公子沓讥讽他说:"您来游说我,却战栗不止,是因为我身为相国吗?"申向说:"我申向的确不材,但公子您年方二十就担任相国,会见老者却使他战栗不止,请问这是谁的过错呢?"公子无言相应。战栗不止,是因为不习惯会见尊者;使人战栗不止,是因为严厉骄横。倘若尊者恭敬有礼而会见的人依然战栗不止,那过错就不在尊者一方了。所以,别人虽然常犯错误,自己也不能丢弃恭敬的态度;犯错误不足以责难,骄横严厉则应该加以责难。

解 读

《大学》中说:"言悖而出者亦悖而入。"一个人怎样和别人说话,别人就会怎样回答他。在苛求别人言行合理之前，首先要做到自己的言行切合道理，否则别人就会"以彼之道，还之彼身"，最终受辱的还是自己。所以，在提出一个论点之时，先想想自己是否做到了；在指责别人的过错之时，先想想自己身上是否也有类似的恶习；在发出抱怨、牢骚之前，先想想这令自己不满的后果，是否是因为自己身上的不足造成的……能够反思己身而后言，失言也就少了；能够反思己身而后行，错误的举止也就少了。

作为君主更应该注意，要时刻想到自己的一言一行都影响着国家社稷，正所谓"一言偾事"，一句话说得不好，就可能导致事业的失败，国家的灭亡。智、韩、魏，三家围困晋阳的时候，智伯看着胜利在即，忘乎所以地说了一句："没想到水也可以灭亡国家！"从而使韩氏、魏氏感到威胁，于是他们与赵襄子里应外合，反而消灭了智氏。宋闵公与南宫万争夺猎物，随口说出："原来我尊敬你，如今你做过俘虏，所以我便不再敬重你了！"从而使南宫万感到羞辱，最终作乱弑杀了宋闵公。位置越尊贵就越容易傲慢自大，傲慢自大就不注意细节，殊不知大的灾祸正在由一言一行的细节中产生的。一句辱人的话、一个傲慢的神色、一个轻蔑的嘲笑，都足以引起他人的怨愤，而给自己造成杀身之祸。对于这些，又怎么能不谨慎对待呢？

淫辞

原　文

　　非辞无以相期[①]，从辞则乱。乱辞之中又有辞焉，心之谓也。言不欺心，则近之矣。凡言者以谕心也。言心相离，而上无以参之，则下多所言非所行也，所行非所言也。言行相诡，不祥莫大焉。

　　空雄之遇，秦、赵相与约，约曰："自今以来，秦之所欲为，赵助之；赵之所欲为，秦助之。"居无几何，秦兴兵攻魏，赵欲救之。秦王不说，使人让赵王曰："约曰：'秦之所欲为，赵助之；赵之所欲为，秦助之。'今秦欲攻魏，而赵因欲救之，此非约也。"赵王以告平原君，平原君以告公孙龙，公孙龙曰："亦可以发使而让秦王曰：'赵欲救之，今秦王独不助赵，此非约也。'"

孔穿、公孙龙相与论于平原君所，深而辩，至于藏三牙②，公孙龙言藏之三牙深辩。孔穿不应，少选，辞而出。明日，孔穿朝，平原君谓孔穿曰："昔者公孙龙之言甚辩。"孔穿曰："然。几能令藏三牙矣。虽然难。愿得有问于君：谓藏三牙甚难而实非也，谓藏两牙甚易而实是也。不知君将从易而是者乎，将从难而非者乎？"平原君不应。明日，谓公孙龙曰："公无与孔穿辩。"

荆柱国庄伯令其父视日，曰"在天"；视其奚如，曰"正圆"；视其时，曰"当今"。令谒者驾，曰"无马"。令涓人取冠，"进上"。问马齿，圉人曰"齿十二与牙三十"。人有任臣不亡者，臣亡，庄伯决之，任者无罪。

宋有澄子者，亡缁衣③。求之涂，见妇人衣缁衣，援而弗舍，欲取其衣，曰："今者我亡缁衣。"妇人曰："公虽亡缁衣，此实吾所自为也。"澄子曰："子不如速与我衣。昔吾所亡者，纺缁也；今子之衣，禅缁④也。以禅缁当纺缁，子岂不得哉？"

宋王谓其相唐鞅曰："寡人所杀戮者众矣，而群臣愈不畏，其故何也？"唐鞅对曰："王之所罪，尽不善者也。罪不善，善者故为不畏。王欲群臣之畏也，不若无辨其善与不善而时罪之，若此则群臣畏矣。"居无几何，宋君杀唐鞅。唐鞅之对也，不若无对。

惠子为魏惠王为法。为法已成，以示诸民人，民人皆善之。献之惠王，惠王善之，以示翟翦，翟翦曰："善也。"惠王曰："可行邪？"翟翦曰："不可。"惠王曰："善而不可行，何故？"翟翦对曰："今举大木者，前乎舆謣⑤，后亦应之，此其于举大木者善矣。岂无郑、卫之音哉？然不若此其宜也。夫国亦木之大者也。"

注 释

①期：交流。

②藏，羊；三牙，有三个耳朵。

③缁衣：黑色衣服。

④禅缁：单面薄黑衣。

⑤舆謣：喊号子。

译 文

没有言辞就无法相互交流，但一味轻信言辞又会导致混乱。言辞之中又有言辞，所指的就是内心。言辞不违背内心，那就差不多了。但凡言辞，都是为了表达心意的。言辞和内心想背离，而在上位的人却无法考察，那么在下位的人就会有很多言行不一的事。言行互相背离，没有什么比这更大的不祥了。

空雄之会，秦国、赵国互相订立盟约，盟约说："自今以后，秦国想要做的事情，赵国要尽力协助；赵国想要做的事情，秦国要尽力协助。"没过多久，秦国起兵攻打魏国，赵国想要救援魏国。秦王不悦，派人责让赵王说："盟约说：'秦国想要做的事情，赵国要尽力协助；赵国想要做的事情，秦国要尽力协助。'如今秦国要攻打卫国，而赵国却想救援它，这不符合盟约规定。"赵王将这些话告诉了平原君，平原君又告诉了公孙龙，公孙龙说："我们也可以派遣使者责备秦王，说'赵国想要救援卫国，而秦王却不帮助赵国一起救援，这是违背盟约的。'"

孔穿、公孙龙在平原君处相互辩论，言辞精深而雄辩，竟谈到了羊有三耳的命题，公孙龙在谈论羊有三耳问题时说得头头是道。孔穿不应，一会儿就告辞出去了。第二天，孔穿上朝，平原君对他说："昨日公孙龙的言辞甚为雄辩。"孔穿说："是啊。几乎能让羊有三只耳朵了。虽然很难得，但我愿问问您：说得羊有三耳，甚为难得，而实际上却非如此；说羊有两耳，十分容易，实际上也确实是这样的。不知道您赞同容易而正确的说法呢，还是赞同难得却不实际的说法呢？"平原君没有回答。第二天，平原君对公孙龙说："先生不要再与孔穿争辩了。"

楚国柱国庄伯让他的仆人看太阳到哪儿了，仆人却回答说"在天上呢"；让看看太阳怎么样了，却回答"正圆着呢"；让看看是什么时辰，却回答"正是现在"；让谒者去传令驾车，却回答说"没有马"；让涓人去拿帽子，却回答说"呈上去了"；询问马齿，圉人却回答"齿十二个，加上牙共三十个"。有个担保奴仆不逃跑的人，奴仆逃跑了，庄伯却判决担保的人没有罪。

宋国有个叫澄子的，丢失了一件黑色衣服。他到路上寻找，看到一个妇人穿着黑色衣服，便抓住她不放手，要夺取她的衣服，说："如今我丢了黑色衣服。"妇人回答："您虽然丢掉了黑色的衣服，不过这件衣服确实是我自己做的。"澄子说："你不如赶快将衣服给我。我丢失的黑衣是纺丝做的，你穿这件是单面黑衣。用单面黑衣抵偿纺丝黑衣，你难道还不占便宜吗？"

宋王问他的相国唐鞅："我杀死的人很多了，可群臣却越来越不畏惧我，这是什么原因呢？"唐鞅回答："大王所加罪的都是不善的人。只加罪不善的人，善人自然不会畏惧您。大王要想让群臣都畏惧，莫如不辨善与不善，不断地治罪臣子，如此大臣们就会都畏惧了。"没过多久，宋王杀死了唐鞅。唐鞅的回答，还不如不回答。

惠子为魏惠王制定法令。法令已经制成，拿来给民众看，人们都觉得很好。于是将其献给了惠王，魏惠王也很欣赏，将其拿给翟翦看，翟翦说："真好啊！"魏惠王问："可以施行吗？"翟翦说："不可以。"魏惠王问："法令很好却不可以施行，这是什么道理呢？"翟翦回答："这就像抬大木头一样，前面的唱号子，后面的来迎合，这个号子对抬大木头来说是很好的。难道没有靡曼动听的歌曲吗？然而唱那个不如喊号子适宜。治理国家和抬大木头是一样的道理啊！"

解 读

子曰："言而无文，行之不远。"语言的力量是巨大的，能说善辩之人往往能够改变事情的结果，使该死亡的人获得生存的机会，使将要失败的事重新获得成功。苏秦、张仪、公孙衍等人，都曾以能言善辩而显赫于世，不仅改变了自己的命运，也改变了国家的命运、改变了天下大势。然而，人们在重视语言的同时，也应该意识到，语言再强大也只是一种表达意愿的工具，人们应该利用这种工具来伸张道义，而不是为了狡辩而狡辩；若是在交流之中，忘掉了伸张道义这个根本，而是将语言变为追求个人私欲，甚至作奸犯科的工具，那就失去了圣人提倡善辩的初衷，这种善辩不仅不利于国家、自身，反而会导致国家的破亡，也给自身带来灾祸——文中的唐鞅就是典型的例子。

对于辩而不当理，动听而不合义的"淫词"，圣人是非常厌恶的。孔子指出天下五种大恶，其中一个就是"言伪而辩"。有"辩才"而不知礼义，还不如没有；言辞不合乎义理，还不如紧紧将嘴巴闭上。

具备

原　文

今有羿、逢蒙、繁弱①于此，而无弦，则必不能中也。中非独弦也，而弦为弓中之具②也。夫立功名亦有具，不得其具，贤虽过汤、武，则劳而无功矣。汤尝约于郼、薄矣，武王尝穷于毕、裎矣，伊尹尝居于庖厨矣，太公尝隐于钓鱼矣。贤非衰也，智非愚也，皆无其具也。故凡立功名，虽贤，必有其具，然后可成。

宓子贱③治亶父，恐鲁君之听谗人，而令己不得行其术也，将辞而行，请近吏二人于鲁君与之俱。至于亶父，邑吏皆朝。宓子贱令吏二人书。吏方将书，宓子贱从旁时掣摇其肘，吏书之不善，则宓子贱为之怒。吏甚患之，辞而请归。宓子贱曰："子之书甚不善，子勉归矣！"二吏归报于君，曰："宓子不得为书。"君曰："何故？"吏对曰："宓子使臣书，而时掣摇臣之肘，书恶而有甚怒，吏皆笑宓子。此臣所以辞而去也。"鲁君太息而叹曰："宓子以此谏寡人之不肖也。寡人之乱子，而令宓子不得行其术，必数有之矣。微二人，寡人几过。"遂发所爱而令之亶父，告宓子曰："自今以来，亶父非寡人之有也，子之有也。有便于亶父者，子决为之矣。五岁而言其要。"宓子敬诺，乃得行其术于亶父。

三年，巫马旗短褐衣弊裘而往观化④于亶父，见夜渔者，得则舍之。巫马旗问焉，曰："渔为得也，今子得而舍之，何也？"对曰："宓子不欲人之取小鱼也。所舍者小鱼也。"巫马旗归，告孔子曰："宓子之德至矣，使民暗行若有严刑于旁。敢问宓子何以至于此？"孔子曰："丘尝与之言曰：'诚乎此者刑乎彼⑤。'宓子必行此术于亶父也。"夫宓子之得行此术也，鲁君后得之也。鲁君后得之者，宓子先有其备也。先有其备，岂遽必哉？此鲁君之贤也。

三月婴儿，轩冕⑥在前，弗知欲也；斧铖⑦在后，弗知恶也；慈母之爱，谕焉。诚也。故诚有诚乃合于情。精有精乃通于天。乃通于天，水木石之性，皆可动也，又况于有血气者乎？故凡说与治之务莫若诚。听言哀者，不若见其哭也；听言怒者，不若见其斗也。说与治不诚，其动人心不神。

注　释

①羿、逢蒙、繁弱：羿和逢蒙二人都是古代善于射箭的射手；繁弱为古代良弓名。

②具：必不可少的器具、条件。

③宓子贱：名不齐，字子贱，春秋末期鲁国人，孔子弟子。

④观化：察看教化施行情况。

⑤诚乎此者刑乎彼：自己内心真诚，政令就能在外面施行。

⑥轩冕：官员乘的车子和戴的帽子，象征地位、财富。

⑦斧铖：斧与铖，象征刑罚、杀戮。

译　文

即使有羿、逢蒙这样善射的射手和繁弱这样的良弓，若没有弓弦，则必定不能射中。射中需要的不仅仅是弓弦，但弓弦却是射中所必不可少的。建立功名同样有必不可少的条件，达不到这些必不可少的条件，即便比商汤、武王还要贤能，也必然是劳而无功。商汤曾经受困于郼、亳，武王曾受困于毕、裎，伊尹曾在厨房中做仆隶，太公望曾隐居钓鱼。他们的贤德并不是衰弱了，他们的智慧并不是愚钝了，之所以受困都是因为条件不具备的原因啊！所以，但凡能树立功名，即便贤能，也必须具备相应的条件，然后才可以成功。

宓子贱治理亶父，担心鲁君听信谗人诽谤，而自己的政令不能施行，于是在将要赴任的时候，向鲁君请求带着君主身边的两个亲信官吏同行。到了亶父，邑中官吏都来朝见。宓子贱让那两个官吏书写。官吏刚要书写，宓子贱就从旁边拉扯他们的胳膊肘，官吏书写得不好，宓子贱就为此发怒。官吏为此感到忧愤，便请求让他们回去。宓子贱说："你们书写得很不好，那就赶快回去吧！"两个官吏回去向鲁君汇报，说："宓子这个人，不可以为他书写东西。"鲁君问："这是什么缘故呢？"官吏说："宓子让我们书写，却在书写时拉扯我们胳膊肘，我们书写得不好，他又大发脾气。邑中官吏都笑他。我们于是请求回来了。"鲁君感慨叹息道："宓子是用这种方式来讽谏我的过错啊！我扰乱宓子，使他不能施行他的政令，一定发生过很多次了。假如没有你们两人，我几乎要犯错误。"于是，便派自己宠信的人去亶父，告诉宓子贱说："从今以后，亶父不再是我所有的，就归您所有。只要是有利于亶父的措施，一切由您决定。每五年汇报施政要点就可以了。"宓子贱恭敬地答应了，这才得以在亶父施行自己的主张。

过了三年，巫马旗穿着粗糙的衣服、破旧的皮衣，前往亶父观察教化施行的情况，看到有个夜里打渔的人，打到了鱼就放回水中。巫马旗问："打渔是为了得到鱼，如您为何得到鱼却又放回水中呢？"渔夫回答："宓子不希望人们捕捉小鱼，我放回去的都是小鱼。"巫马旗回去，向孔子汇报说："宓子的德政达到了极点，使民众在黑暗中独自做事就像有严刑在旁边一样。请问宓子是怎样做到这点的？"孔子说："我曾跟他说过：'自己内心真诚，就能施行于外。'宓子一定是在亶父施行这个主张了。"宓子之所以能施行这种主张，是因为鲁君在后面能领悟他的讽谏；鲁君之所以能领悟他的讽谏，是宓子开始有了讽谏鲁君的准备。开始有了讽谏鲁君的准备，就一定能够成功吗？能成功还是要依靠鲁君的贤明啊！

三个月大的婴儿，将轩冕放在他的面前，他不知道想要；将斧钺放在身后，他不知道厌恶；对于慈母的爱却能够懂得。这是因为婴儿的心至诚无瑕啊，所以说，诚而又诚，才能合乎真情；精而又精，才能通乎天性。苟能通乎天性，水、木、石之属都可以感动，更何况有血有气的生物呢？所以说，但凡游说与治理的要务莫过于真诚。听别人的话说得很悲哀，不如看到他哭泣更为感动；听别人话说得很愤怒，不如看到他搏斗，更为震惊。游说与治理没有足够的诚意，就不能感化人心。

解 读

本节文字通过宓子贱治理亶父一事，而引出了两个重要的道理：

一，成功必须具备相应的条件，否则个人能力再强，只怕也难以取得任何作为；君主对臣子充分信任、不过分干预其事务，不在后进行掣肘，这就是臣子建功的必要条件。《孙子兵法》中说："不知三军之事而同三军之政者，则军士惑矣。不知三军之权而同三军之任，则军士疑矣。"君主的过分干预，只会束缚下属的手脚，使其不能按照自己的规划行事；不能按照自己的规划行事，便不能做长远的谋划，不能随机应变，这样要取得成功又怎么可能？古代那些名将良臣，如管仲、乐羊、吴起、商鞅、乐毅、李牧、王翦之所以能建功立业，都和其君主对其充分信任，为他们创造充足的施展才华的空间是密不可分的。反之，有些君主对下属不信任，对他们的事业经常进行掣肘，这样即便下属才华再卓越，也难以建立大功。如范增、姜维、哥舒翰都是因为受到掣肘太多而无功、失败的。所以，对于领导者而言，一定要能够为贤士、人才创造施展才华的优良环境，别让自己的掣肘埋没了下属的才华，毁掉了事业的成功。

二，做事业一定要有精诚之心，唯有诚心可以感人，唯有诚心可以化物。"诚乎此者刑乎彼"，自己内心真诚，政令才能在外施行。宓子贱之所以能将单父治理得井井有条，就是因为他一心推行德政，百姓被他的仁德而感动，于是听从他的教诲，遵守他的政令，不用别人来监视，也能守正不移。历史上那些成功的领导者无不这样。例如，句践为何能够复兴残败之国，最终报复强大的吴国，就是因为他一心真诚：为了实现自己的目标，卧薪尝胆，时时提醒自己不忘羞辱；为了实现目标，真心的爱惜百姓，使人民得到休养生息，而人们也从心里感激这样的君主，愿意为他洗刷耻辱；为了实现目标善待群臣、礼贤下士，使人才愿意为他效力……然而，有些统治者自己做着邪僻之事，却要求百姓遵从法律，甚至用严刑酷法来威胁、逼迫百姓；有些领导者自身都不端正，却喜欢苛求下属，自己满身毛病，却喜欢批评教育别人；甚至是在上位者带头做些投机取巧、见利忘义的事，却幻想别人忠于自己，幻想事业得到成功。这样不切实际的愿望又怎么能够实现呢？

离俗览

高义

原　文

　　君子之自行①也，动必缘义，行必诚义，俗虽谓之穷，通也。行不诚义，动不缘义，俗虽谓之通，穷也。然则君子之穷通，有异乎俗者也。故当功以受赏，当罪以受罚。赏不当，虽与之必辞；罚诚当，虽赦之不外。度之于国，必利长久。长久之于主，必宜内反于心不惭然后动。

　　孔子见齐景公，景公致廪丘以为养。孔子辞不受，入谓弟子曰："吾闻君子当功以受禄。今说景公，景公未之行而赐之廪丘，其不知丘亦甚矣！"令弟子趣驾②，辞而行。孔子，布衣也，官在鲁司寇，万乘难与比行③，三王之佐不显焉，取舍不苟也夫！

　　子墨子游公上过于越。公上过语墨子之义，越王说之，谓公上过曰："子之师苟肯至越，请以故吴之地阴江之浦书社三百以封夫子。"公上过往复于子墨子，子墨子曰："子之观越王也，能听吾言、用吾道乎？"公上过曰："殆未能也。"墨子曰："不唯越王不知翟之意，虽子亦不知翟之意。若越王听吾言用吾道，翟度身而衣，量腹而食，比于宾萌，未敢求仕。越王不听吾言、不用吾道，虽全越以与我，吾无所用之。越王不听吾言、不用吾道，而受其国，是以义翟④也。义翟何必越，虽于中国亦可。"凡人不可不熟论。秦之野人，以小利之故，弟兄相狱，亲戚相忍。今可得其国，恐亏其义而辞之，可谓能守行矣。其与秦之野人相去亦远矣。

荆人与吴人将战，荆师寡，吴师众。荆将军子囊曰："我与吴人战，必败。败王师，辱王名，亏壤土，忠臣不忍为也。"不复于王而遁。至于郊，使人复于王曰："臣请死。"王曰："将军之遁也，以其为利也。今诚利，将军何死？"子囊曰："遁者无罪，则后世之为王臣者，将皆依不利之名而效臣遁。若是，则荆国终为天下挠⑤。"遂伏剑而死。王曰："请成将军之义。"乃为之桐棺三寸，加斧锧其上。人主之患，存而不知所以存，亡而不知所以亡。此存亡之所以数至也。郢、岐之广也，万国之顺也，从此生矣。荆之为四十二世矣，尝有乾溪、白公之乱⑥矣，尝有郑襄、州侯之避⑦矣，而今犹为万乘之大国，其时有臣如子囊与！子囊之节，非独厉⑧一世之人臣也。

荆昭王之时，有士焉曰石渚。其为人也，公直无私，王使为政。道有杀人者，石渚追之，则其父也。还车而反，立于廷曰："杀人者，仆之父也。以父行法，不忍；阿有罪，废国法，不可。失法伏罪，人臣之义也。"于是乎伏斧锧，请死于王。王曰："追而不及，岂必伏罪哉！子复事矣。"石渚辞曰："不私其亲，不可谓孝子；事君枉法，不可谓忠臣。君令赦之，上之惠也；不敢废法，臣之行也。"不去斧锧，殁头乎王廷。正法枉必死，父犯法而不忍，王赦之而不肯，石渚之为人臣也，可谓忠且孝矣。

注　释

①自行：行己，立身行事。

②趣驾：驾车速行。

③比行：并排行进，指相提并论。

④义翟：翟，为墨子名。义翟，即用义来为我墨翟谋取私利。

⑤挠：屈服。

⑥乾溪、白公之乱：乾溪之乱，指楚灵王到乾溪游玩，蔡公弃疾发动政变，杀死楚灵王太子，楚灵王被迫自杀之事。白公之乱，指白公胜发动叛乱，杀死令尹子西和司马子期，囚禁楚惠王，自立为楚王，后背叶公平定一事。

⑦郑襄、州侯之避：郑襄，应为郑袖，楚怀王宠妃；州侯，为楚襄王宠

臣。他们都得幸于君主，扰乱国政。

⑧厉：通"励"，激励。

译　文

君子的行己之道，举动一定遵循道义，行为一定忠于道义，即便世俗之人认为他穷困，君子也自以为亨通。行为不忠于道义，举动不遵循道义，即便世俗之人都认为是亨通的，君子也视其为穷困。所以，君子眼中的穷困、亨通，和世俗的观念不同。因此，君子有功绩便接受奖赏，有罪过便承受处罚。奖赏不当，虽然给他，君子也一定会推辞；刑罚恰当，虽然赦免他，君子也不愿逃脱惩罚。用这种原则去考虑国家大事，一定有利于长治久安。要想使君主获得长治久安，君子必须要反身自省而不感到惭愧，然后才可以行动。

孔子拜见齐景公，齐景公将廩丘赐给孔子做食邑。孔子推辞不受，回去对弟子们说："我听说君子应该有功而后接受俸禄。如今我劝说齐景公，他还未施行我的主张就赐给我廩丘，太不了解我孔丘了！"于是令弟子备好车驾，辞别之后便离开了齐国。孔子，布衣之士，在鲁国做过司寇，然而万乘大国的君主也难以与他相提并论，三王的辅弼大臣也不如他尊显，这就是因为他在取舍之上都不苟且啊！

墨子委派公上过到越国游说。公上过谈论了墨子的主张，越王很赏识，对公上过说："您的老师若肯来越国，我将以从前吴国阴江沿岸三百社的土地分封他。"公上过回去禀报于墨子，墨子说："你看越王能够听从我的主张、施行我的'道'吗？"公上过说："大概不能吧。"墨子说："不单越王不了解我的心意，就是你也不能了解我的心意啊！若越王听从我的主张，施行我的道，我将度量自己的身子穿衣服，估量自己的肚子吃饭，和说客、游士同列，不敢求取官位。若越王不听从我的言语、不采纳我的主张，即便将整个越国都交给我，我要它有什么用呢？越王不听从我的话，不采用我的主张，我却接受他的国家，是以义来谋取私利啊，以义来谋取私利，何必要到越国去？在中原诸国就可以了。"对于人不可不慎重考察。秦国的农夫，因为小利的缘故，兄弟之间相互诉讼，亲人之间相互诉讼，亲人相互违背。如今可以得到的高位，只是恐怕亏欠道义所以才推辞了，这可以使是善于保持疆土了。秦国的鄙野之人与他相差实在太远了。

楚国与吴国将要开战，楚军人数少，吴军人数多。楚将军子囊说："我与吴军作战，一定会失败。使大王的军队战败，辱没大王的名声，丢失疆土，这是忠臣不忍心做的。"没有回复楚王就逃走了。逃到郊外，派人像楚王回复说："臣请求被处死。"楚王说："将军之所以逃走，是为了国家的利益。现在确实有利，将军为何要死呢？"子囊说："逃走的人若不被加罪，后世那些身为臣子的人，都将以不利的借口而效仿我逃走了。若这样，楚国就要被天下诸侯所挫败了。"于是伏剑而死。楚王说："那就成就将军的道义吧！"于是，做了三寸厚的桐木棺材，将斧钺放在上面，以示惩罚。君主的忧患在于，存在而不知道存在的缘由，灭亡而不知道灭亡的根源。这就是国家生死存亡之机屡屡出现的原因。殷、周之所以强大，万国之所以归顺，都由此而来。楚国传国四十二代了，曾有过灵公自杀于乾溪、白公造反攻陷都城那样的动乱，曾有过郑袖、州侯帮楚王行邪僻的事情。可如今它仍然是万乘的大过，大概就是因为经常有像子囊那样的忠臣吧！子囊的节操，振奋的不仅仅是一代臣子啊！

楚昭王的时候，有个士人叫石渚。他为人公正无私，楚王让他治理政事。路上有杀人的人，石渚追赶他，却发现是自己的父亲。于是，调转车子返回来，站在朝廷上说："杀人的人，是臣的父亲。抓住父亲来执法，于心不忍；偏袒有罪之人，废弃国法，不可以。执法有失而伏罪，这是臣子所应遵循的原则。"于是趴在刑具之上，向楚王请求受死。楚王说："追赶杀人的人没有追上，何必要伏罪呢！你继续担任职务吧。"石渚说："不偏爱自己的亲人，就不能称为孝子；侍奉君主徇私枉法，就不能称为忠臣。下令赦免我，是大王的恩惠；不敢废弃法令，是臣子的操行。"于是他不让拿掉刑具，在朝廷之上自刎而死。法官枉法一定要被处死，父亲犯罪又不忍心执法，君主赦免他而不肯苟活，石渚作为臣子，可以说忠孝皆全了。

解　读

孟子说："无恒产而有恒心者，惟士为能。"士和普通人的区别就在于是否有"恒心"，即是否时刻坚守原则、道义。普通人思虑取舍往往从自身利益方面做出考量，事情有利于自己就接受，事情不利于自己就想法避免，而不考虑这件事本身是否合乎道义。对于刑罚也是一样，担心自己利益受损、害怕受到刑罚，所以才遵守纪律；若自己一无所有，没有什么可顾虑的，便无所不为，便会"行险以侥幸"。而士则不然，原则、道义深深印在他们心里，与他们血脉交融不可分离。不管是否能得到利益，是否会受到惩罚，他们都会坚定地守护原则，甚至愿意为了道义而主动牺牲自己的生命。他们看重的是自己的名节，听从的是自己的良心，依循良心而行事，他们为道义而献身的坚定意愿，是任何刑罚、利诱也不能使人达到的。

正因为士人有这样的节操，所以他们遵循道义、忠于道义，即便身处暗室，也不会有一丝苟且之念。面对唾手可得的利益，只要是自己觉得不合乎道义，他们就不去追求；面对可以获得的生存机会，只要是他们觉得应该殉道赴难，他们就不会苟活；面对世人所厌恶的穷困、耻辱，只要是他们认为道义所在，便毫不推辞……他们自身受到屈辱，却用高洁的品行教化世人；他们自身固守穷困，但人格却比任何权贵都高尚；他们吃着粗茶淡饭，却在追求道德、保持操守中获得人生的至乐。可以说，他们就是天下的良心、世人的规矩，是我们每个人都该效仿的典范。

上德

原文

为天下及国，莫如以德，莫如行义。以德以义，不赏而民劝，不罚而邪止。此神农、黄帝之政也。以德以义，则四海之大，江河之水，不能亢①矣；太华之高，会稽之险，不能障矣；阖庐之教，孙、吴之兵，不能当矣。故古之王者，德回乎天地，澹乎四海，东西南北，极日月之所烛。天覆地载，爱恶不臧②。虚素以公，小民皆之，其之敌而不知其所以然，此之谓顺天。教变容改俗，而莫得其所受之，此之谓顺情。故古之人，身隐而功著，形息③而名彰，说通而化奋，利行乎天下，而民不识，岂必以严罚厚赏哉？严罚厚赏，此衰世之政也。

三苗不服，禹请攻之，舜曰："以德可也。"行德三年，而三苗服。孔子闻之，曰："通乎德之情，则孟门、太行不为险矣。故曰德之速，疾乎以邮传命。"周明堂④金在其后，有以见先德后武也。舜其犹此乎！其臧武通于周矣。

晋献公为丽姬远太子。太子申生居曲沃，公子重耳居蒲，公子夷吾居屈。丽姬谓太子曰："往昔君梦见姜氏⑤。"太子祠而膳于公，丽姬易之。公将尝膳，姬曰："所由远，请使人尝之。"尝人，人死；食狗，狗死。故诛太子。太子不肯自释，曰："君非丽姬，居不安，食不甘。"遂以剑死。公子夷吾自屈奔梁。公子重耳自蒲奔翟。去翟过卫，卫文公无礼焉。过五鹿，如齐，齐桓公死。去齐之曹，曹共公视其骈胁⑥，使袒而捕池鱼。去曹过宋，宋襄公加礼焉。之郑，郑文公不敬，被瞻谏曰："臣闻贤主不穷穷⑦。今晋公子之从者，皆贤者也。君不礼也，不如杀之。"郑君不听。去郑之荆，荆成王慢焉。去荆之秦，秦缪公入之⑧。晋既定，兴师攻郑，求被瞻。被瞻谓郑君曰："不若以臣与之。"郑君曰："此孤之过也。"被瞻曰："杀臣以免国，臣愿之。"被瞻入晋军，文公将烹之，被瞻据镬而呼曰："三军之士皆听瞻也：自今以来，无有忠于其君，忠于其君者将烹。"文公谢焉，罢师，归之于郑。且被瞻忠于其君，而君免于晋患也；行义于郑，而见说于文公也。故义之为利博矣。

墨者钜子孟胜，善荆之阳城君。阳城君令守于国，毁璜以为符，约曰："符合听之。"荆王薨，群臣攻吴起，兵于丧所，阳城君与焉。荆罪之，阳城君走。荆收其国。孟胜曰："受人之国，与之有符。今不见符，而力不能禁，不能死，不可。"其弟子徐弱谏孟胜曰："死而有益阳城君，死之可矣；无益也，而绝墨者于世，不可。"孟胜曰："不然。吾于阳城君也，非师则友也，非友则臣也。不死，自今以来，求严师必不于墨者矣，求贤友必不于墨者矣，求良臣必不于墨者矣。死之，所以行墨者之义而继其业者也。我将属钜子于宋之田襄子。田襄子，贤者也，何患墨者之绝世也？"徐弱曰："若夫子之言，弱请先死以除路。"还殁头前于孟胜。因使二人传钜子于田襄子。孟胜死，弟子死之者百八十。三人以致令于田襄子，欲反死孟胜于荆，田襄子止之曰："孟子已传钜子于我矣，当听。"遂反死之。墨者以为不听钜子不察。严罚厚赏，不足以致此⑨。今世之言治，多以严罚厚赏，此上世之若客也。

167

注　释

①亢：超过、匹敌。

②不臧：没有偏私、不公。

③形息：形体消失，指死亡。

④明堂：古代帝王宣明政教、举行大典的地方。

⑤姜氏：齐姜，太子申生的母亲。

⑥骈胁：肋骨紧密相连，如为一体。属于生理畸形。

⑦穷穷：轻视、侮辱处于困境中的人。

⑧秦缪公入之：指秦缪公派兵护送重耳贵国夺取君位。

⑨此：指墨家弟子对孟胜忠心耿耿，愿意陪他取义赴死。

译　文

治理天下国家，莫如运用德，莫如施行义。凭借德义，不用赏赐人民就会劝勉，不用刑罚奸邪就会停止。这就是神农、黄帝的政治。凭借德义，四海的广大，江河的汹涌，都不能匹敌；华山的高大，会稽的险峻，都不能掩蔽；阖庐的教化，孙武、吴起的兵法，都不能抗衡。所以古代的王者，德行布满天地之间，充溢四海之内，东西南北，日月所照到的地方无不普及。他们的道德，像天地一样覆育万物、承载万物，对于喜爱的人和厌恶的人没有任何偏私。他们清虚朴素，大公无私，在下的民众都效法他们，民众像他们一样朴素、公正，却不知道自己为何会这样，这就叫"顺天"。教化改变民众的面貌和风俗，可人们却毫无察觉，这就叫"顺情"。所以古代的人，隐藏自身而功名显著，形体消亡之后，功名反而愈加彰显。他们的主张畅通而教化大行，给天下人都带来惠利，而民众并不察觉。治理天下哪里一定需要严刑厚赏呢？严刑厚赏是衰没之世的政治啊！

三苗不归服，禹请求攻打它们，舜说："实施德政就可以了。"施行德政三年，三苗就归服了。孔子听闻这件事，说："通晓了德政的实质，那孟门、太行山的险峻也算不了什么了。所以说，德政教化的流传，比驿车传递命令还要迅速。"周代的明堂，将金属兵器摆放在后面，就是表达先行德政，再施用武力的意思。舜大概就是这样做的吧！他偃兵施德的原则与周代的教化相通。

晋献公因为丽姬的缘故而疏远了太子。太子申生驻守曲沃，公子重耳驻守蒲，公子夷吾驻守屈。丽姬对太子说："前几天夜里，君主梦见了你的母亲齐姜。"太子于是祭祀母亲，并将祭肉献给晋献公，丽姬将祭肉调换。晋献公将要吃祭肉，丽姬说："祭肉是从远方献上来的，请让人先尝尝。"让人尝，人死；拿来喂狗，狗死。于是晋献公下令诛杀太子。太子不肯自己辩解，说："国君若没有丽姬，睡得不安稳，吃饭不甘甜。"于是伏剑自杀。公子夷吾从屈逃往梁，公子重耳从蒲逃往翟。重耳离开翟地，路过卫国，卫文公对他无礼。重耳经过五鹿，前往齐国，直到齐桓公去世。重耳又离开齐国，前往曹国，曹共公偷看他的骈胁，还让他袒露身体去捕捉池里的鱼。重耳离开曹国，路过宋国，宋襄公对其以礼相待。前往郑国，郑文公不尊敬他，被瞻进谏说："臣听说贤明的君主不会侮辱处于穷困中的人。如今晋国公子的随从都是贤者。您若不能以礼相待，不如杀了他。"郑文公不听。重耳离开郑国，前往楚国，楚成王对他稍有怠慢。重耳又离开楚国，前往秦国。秦穆公帮助他返回晋国即位。晋国安定以后，重耳便发兵攻打郑国，索取被瞻。被瞻对郑文公说："不如将臣交给他。"郑文公回答："这是我的过错啊！"被瞻说："杀了臣下而免除国家的灾祸，这是臣的愿望。"被瞻被带入晋军，晋文公打算将其烹杀，被瞻抓住大锅呼喊道："三军将士都听我说，从今以后，不要再忠于自己的君主，忠于自己君主的人将要被烹杀！"晋文公向他道歉，撤回了军队，将被瞻放回郑国。被瞻忠于自己的君主，而使君主免除了晋国的祸患；他在郑国遵从道义行事，而受到了晋文公的欣赏。所以说，义能够带来的利益太广大了。

墨家钜子孟胜，与楚国阳城君相交好。阳城君让他守卫自己的封邑，剖开璜玉作为信物，约誓说："合符以后才能听从命令。"楚王去世后，群臣一起攻杀吴起，在停丧的地方动起兵器，阳城君也参与了。楚国治罪这些大臣，阳城君逃亡。楚国收回其封国。孟胜说："受到别人托付而治理封邑，与人家有符信作为凭证。如今见不到符信，自己的力量又不能禁止楚国收回冯异，不能为此而死，是不行的。"他的弟子徐弱劝谏孟胜说："死若有益于阳城君，那就可以赴死；如今，死了无益于阳城君，反而会让墨家在世上断绝，不能死。"孟胜说："不对。我对于阳城君来说，不是老师就是朋友，不是朋友就是臣子。不死，从今以后，寻求严师的人一定不会再从墨家之中寻求了，寻求贤友的人一定不会从墨家之中寻求了，寻求良臣的人一定不会从墨家中寻求了。为此而死，正是践行墨者的义而使墨家的事业得以延续下去啊！我将把钜子的称号托付给宋国田襄子。田襄子，是个贤德之人，哪里用得着担心墨家在世上断绝呢？"徐弱说："若像先生所说的这样，我请先死以为先生清道开路。"于是，转身自刎于孟胜之前。孟胜于是派两个人将钜子之位传给田襄子。孟胜死后，弟子追随而死的有一百八十人。那两个向田襄子传达命令的人，也要返回楚国陪孟胜共死，田襄子制止他们说："孟子已经将钜子之位传给我了，你们应当听从我的。"然而，两人还是返回楚国，为孟胜殉死了。墨家认为不听从钜子的命令就是不知墨家之义。而这两个人却为孟胜违背钜子命令、不惜慷慨赴死，严罚厚赏，不足以达到这种地步。如今世上谈论治理天下的，大多都主张要依靠严刑厚赏，这就是古代所认为的以繁烦苛酷为明察啊。

解 读

政治，是为了匡正民众，使他们遵从正道。要想匡正他人，自身必须先端正。所以，季康子向孔子询问政事，孔子回答："政者正也。子帅以正，孰敢不正？"坚持正道治国，就是推行德政，以德服人使人心悦诚服，这是任何严刑酷法、征伐杀戮都不能代替的。所以，孔子说："为政以德，譬如北辰，居其所而众星共之。"

坚持正道，推崇德义，不徇私情，也是成事不可不遵循的原则。君主遵循这一原则，就能劝善惩恶，成就大业；不遵循这一原则，就会自乱法度，自毁善道，从而导致败亡。晋文公之所以赦免曾经想要杀死自己的被瞻，并不是他喜爱被瞻，形势所使，不得不然。为什么这样说呢？被瞻获罪于晋文公，是因为忠于自己的君主，若忠于自己的君主而受到杀戮，谁还继续追求忠诚之德，晋文公若杀了忠臣以泄私怨，又怎么能要求自己的臣子恪守忠道呢？就如他的前任晋惠公、晋怀公夫子，自己忘恩负义、滥杀无辜，却想让臣子忠于自己，为自己卖命，最终只能众叛亲离、败军失国。

贤明的君主懂得这个道理，所以不以私怨而赏罚。他们赏赐之人，一定是坚持正道，能够激励部下、民众向善的；他们处罚之人，一定是违背正道，能够儆诫部下、民众不可为奸的。所以，汉高祖刘邦在统一天下以后，诛杀了对自己有恩却背叛君主的丁公，而赏赐了与自己有仇却忠于君主的季布。他这一赏一罚，使天下之人都知道了大义所在，都知道了忠诚的重要性，所以汉室相传数百年而忠臣不绝。

同样，教化也是为了引导民众走向正道。立志于推行大道之人，必须自身先做到自己所宣传的主张，自己贪生怕死，却号召别人舍生取义，自己贪慕钱财，却号召别人淡泊名利，自己嗜酒好色，却号召别人节制欲望……这样的主张岂能服人？这样的传道者只能被人嘲笑，被视为伪君子。儒家、墨家的那些先贤，之所以受到后人推崇，不仅仅是因为其学说有道理，更在于他们本身就是自己学说的践行者，他们用自己高尚的品格、表里如一的行为为自己追求的道，做出了最好的诠释，为它赢得了世人的认可。

总之，无论是为政还是为道，都应该以德为根本，而修德首先要从自身开始。

适威

原　文

先王之使其民，若御良马，轻任新节①，欲走②不得，故致千里。善用其民者亦然。民日夜祈用而不可得，苟得为上用，民之走之也，若决积水于千仞之溪，其谁能当之？

《周书》曰："民，善之则畜③也，不善则雠也。"有雠而众，不若无有。厉王，天子也，有雠而众，故流于彘，祸及子孙，微召公虎而绝无后嗣④。今世之人主，多欲众之，而不知善，此多其雠也。不善则不有。有必缘其心，爱之谓也。有其形不可为有之。舜布衣而有天下，桀，天子也，而不得息，由此生矣。有无之论，不可不熟。汤、武通于此论，故功名立。

古之君民者，仁义以治之，爱利以安之，忠信以导之，务除其灾，思致其福。故民之于上也，若玺之于涂⑤也，抑之以方则方，抑之以圜则圜；若五种之于地也，必应其类，而蕃息于百倍。此五帝三王之所以无敌也。身已终矣，而后世化之如神，其人事审也。

魏武侯之居中山也，问于李克曰："吴之所以亡者何也？"李克对曰："骤战而骤胜。"武侯曰："骤战而骤胜，国家之福也，其独以亡，何故？"对曰："骤战则民罢，骤胜则主骄。以骄主使罢民，然而国不亡者，天下少矣。骄则恣，恣则极物；罢则怨，怨则极虑。上下俱极，吴之亡犹晚。此夫差之所以自殁于干隧也。"

东野稷以御见庄公，进退中绳，左右旋中规。庄公曰："善。"以为造父⑥不过也。使之钩百而少及焉。颜阖入见，庄公曰："子遇东野稷乎？"对曰："然，臣遇之。其马必败。"庄公曰："将何败？"少顷，东野之马败而至。庄公召颜阖而问之曰："子何以知其败也？"颜阖对曰："夫进退中绳，左右旋中规，造父之御，无以过焉。乡臣遇之，犹求其马，臣是以知其败也。"

故乱国之使其民，不论人之性，不反人之情，烦为教而过不识，数为令而非不从，巨为危而罪不敢，重为任而罚不胜。民进则欲其赏，退则畏其罪。知其能力之不足也，则以为继⑦矣。以为继，知，则上又从而罪之，是以罪召罪。上下之相雔也，由是起矣。

故礼烦则不庄，业烦则无功，令苛则不听，禁多则不行。桀、纣之禁，不可胜数，故民因而身为戮，极也，不能用威适。子阳极也好严，有过而折弓者，恐必死，遂应猘狗而弑子阳，极也。周鼎有窃曲⑧，状甚长，上下皆曲，以见极之败也。

注　释

①轻任：使其负载有度，不致过重；新节：以初生枝条制成的马鞭。

②走：无节制地奋力狂奔。

③畜：顺从、驯服。

④周厉王被国人流放，太子躲藏在召公家中，国人逼迫召公交出太子，召公用自己的儿子代替，使太子免于灾祸。共和执政后，厉王太子被立为周王，即周宣王。

⑤涂：封泥。

⑥造父：周穆王的人，善于驾驭马车。

⑦继：弄虚作假。

⑧窃曲：窃曲纹，古代器物之上绘制的两端旋转纹饰。

译　文

先王役使百姓，就如驾驭良马一样，让马负载不致过重，又用马鞭来节制它，即便它想纵情奔跑也做不到，所以才能够远行千里。民众即使日夜祈求被任用也不可能，一旦被君主任用，他们就会奋力奔走，如积水从万丈深溪中奔泻而出，又有谁能够阻挡呢？

《周书》上说："百姓，善待他们，他们就顺从驯服；不善待他们，他们就会成为仇敌。"若有众多百姓变成了有众多仇敌，那还不如没有的好。周厉王，身为天子，将众多百姓都变成了自己的仇敌，所以被流放到了彘地，灾祸连累到子孙，若没有召公虎，他就断绝了后嗣。如今的君主，都想让百姓增多，却不知道善待百姓，这就是在让自己的仇敌增多。不善待百姓，就不能拥有百姓。拥有百姓一定要赢得百姓的心，即获得百姓的爱戴。只占有百姓的躯体，不能称为是拥有百姓。舜，身为布衣而拥有天下；桀，贵为天子而不能安居。这都在于能不能爱护百姓。拥有百姓、没有百姓的道理，不可以不深思熟虑。商汤、武王精通这个道理，所以才能建立功名。

古代治理百姓的人，施行仁义来治理百姓，爱护惠利来安定百姓，践行忠信来引导百姓，致力为民除灾，努力造福百姓。所以百姓对于统治者来说，就如印玺和封泥一样，用方形的按压就会成为方形的，用圆形的按压就会成为圆形的；就如五谷对于大地一样，果实和种下的种子必定一样，而且繁衍增多了上百倍。这就是五帝三王之所以无敌于天下的原因。即便已经去世了，后世还蒙受他们的教化就如神灵一般，这是因为他们对人情事理能够清晰审察。

魏武侯镇守中山的时候，向李克询问道："吴国灭亡的原因是什么呢？"李克回答："屡战屡胜。"魏武侯问："屡战屡胜是国家的福分，吴国却以此而灭亡，这是为什么？"李克回答："屡战则人民疲惫，屡胜则君主骄傲。以骄傲的君主，驱使疲惫的民众，这样还不灭亡的国家，天下太少了。骄傲就会自此，恣肆就会穷极物欲；疲惫就会怨恨，怨恨就会穷极巧智。上下都走向穷极，吴国灭亡还算是晚的呢。这就是夫差自杀于干隧的原因。"

东野稷在庄公面前展示自己的驾车技术，进退合乎规矩，左右回旋没有丝毫差错。庄公说："好。"认为造父也不会超过他。让他驾车绕一百个圈再回来。这时，颜阖来谒见庄公，庄公问："你遇到东野稷了吗？"颜阖回答："是，臣遇到了他。他的马一定会累坏。"庄公问："怎么会累坏呢？"过了一会儿，东野稷的马果然累坏回来了。庄公召见颜阖，询问他说："你怎么知道东野稷的马会累坏呢？"颜阖回答："进退都符合规矩，左右回旋没有丝毫差错，造父驾车也不过如此了。可臣遇到他时，他还在奢求马做得更好，所以我知道他的马会累坏了。"

所以，混乱的国家役使百姓，不了解人性，不考虑人情，频繁制定教令而责备百姓不能掌握，屡屡更正法令而责难百姓不能遵从，驱使百姓奔向巨大的危难而迁罪他们不勇敢，赋予百姓沉重的任务而惩罚他们不能胜任。百姓前进就希求赏赐，后退就害怕惩罚。知道自己的能力不足，就开始弄虚作假。弄虚作假，被发觉了，又会受到君主的惩罚，这就是因为畏罪而获罪。君臣上下相互仇恨，即由此而生。

所以说，礼节繁冗反而不庄重，事情繁冗反而无功绩，政令繁冗反而不被听从，禁律繁冗反而不能实施。桀、纣的禁令，数不胜数，所以百姓因此而背弃他们，他们自己也被杀死，这就是严苛到了极点，不能适当施展威势。郑国子阳为政严苛至极，有犯过错折断弓的人，害怕一定会被处死，于是趁着人们追逐疯狗的混乱之机杀死了子阳，这就是严苛至极的结果。周鼎之上铸有窃曲纹，花纹很长，上下都是弯曲的，就是为了彰显过分至极的害处啊！

解　读

同样是君主和民众的关系，有的君主能获得民众的欢心，使民众视其如父母一般，为其喜而喜，为其忧而忧，愿意为其赴汤蹈火，如尧、舜、禹等明君；而有的君主则被民众视为仇敌，人们痛恨他，甚至宁愿与其同归于尽，如夏朝的百姓说夏桀："时日曷丧？吾与汝偕亡！"之所以出现这种截然不同的情况，就在于君主是否爱护百姓，是否在驱使民众之时也照顾了民众的想法。

贤明的君主，能够推己及人，也懂得"水可载舟，亦可覆舟"的道理，他们爱护民众就如爱护自己的子女，敬畏民众就如敬畏操控自己命运的神灵，所以民众也爱护他们，愿意为他们解难、效力。愚蠢的君主则骄傲自大，认为天下是自己一个人的，认为自己的权力是上天赋予的，民众都是卑微下贱、供自己驱使的，所以他们肆意妄为、荒淫无道、严刑酷法、厚敛重赋，将本应鱼水一样的君民关系，变为水火一样的上下仇恨。这样的人最终成为孤家寡人，被民众所抛弃、推翻，也就是不可避免的了。

总之，"己所不欲，勿施于人"，统治者在驱使、任用别人的时候，一定要考虑到别人的感受，不要因为自己的放恣而让民众不堪重负，不要为了自己的享乐而让民众生不如死。各级领导者都需要懂得这个道理，无论是管理一个国家、还是一个企业，都应该以宽容、仁厚之心去对待下属，这样才能获得下属的尊重，从而发挥他们积极性，创造出非凡的业绩。

贵信

原　文

> 凡人主必信，信而又信，谁人不亲？故《周书》曰："允哉！允哉！"以言非信则百事不满也。故信之为功大矣。信立则虚言①可以赏矣。虚言可以赏，则六合之内皆为己府矣。信之所及，尽制之矣。制之而不用，人之有也；制之而用之，己之有也。己有之，则天地之物毕为用矣。人主有见此论者，其王不久矣；人臣有知此论者，可以为王者佐矣。

天行不信，不能成岁；地行不信，草木不大。春之德风；风不信，其华不盛，华不盛，则果实不生。夏之德暑，暑不信，其土不肥，土不肥，则长遂不精②。秋之德雨，雨不信，其谷不坚，谷不坚，则五种不成。冬之德寒，寒不信，其地不刚，地不刚，则冻闭不开③。天地之大，四时之化，而犹不能以不信成物，又况乎人事？

君臣不信，则百姓诽谤，社稷不宁。处官不信，则少不畏长，贵贱相轻。赏罚不信，则民易犯法，不可使令。交友不信，则离散郁怨，不能相亲。百工不信，则器械苦伪，丹漆染色不贞。夫可与为始，可与为终，可与尊通，可与卑穷者，其唯信乎！信而又信，重袭于身④，乃通于天。以此治人，则膏雨甘露降矣，寒暑四时当矣。

齐桓公伐鲁。鲁人不敢轻战，去鲁国五十里而封⑤之。鲁请比关内侯⑥以听，桓公许之。曹翙谓鲁庄公曰："君宁死而又死乎，其宁生而又生乎？"庄公曰："何谓也？"曹翙曰："听臣之言，国必广大，身必安乐，是生而又生也；不听臣之言，国必灭亡，身必危辱，是死而又死也。"庄公曰："请从。"于是明日将盟，庄公与曹翙皆怀剑至于坛上。庄公左搏桓公，右抽剑以自承，曰："鲁国去境数百里。今去境五十里，亦无生矣。钧其死也，戮于君前。"管仲、鲍叔进。曹翙按剑当两陛⑦之间曰："且二君将改图，毋或进者！"庄公曰："封于汶则可，不则请死。"管仲曰："以地卫君，非以君卫地。君其许之！"乃遂封于汶南，与之盟。归而欲勿予，管仲曰："不可。人特劫君而不盟，君不知，不可谓智；临难而不能勿听，不可谓勇；许之而不予，不可谓信。不智不勇不信，有此三者，不可以立功名。予之，虽亡地，亦得信。以四百里之地见信于天下，君犹得也。"庄公，仇也；曹翙，贼也。信于仇贼，又况于非仇贼者乎？夫九合之而合，壹匡之而听，从此生矣。管仲可谓能因物矣。以辱为荣，以穷为通，虽失乎前，可谓后得之矣。物固不可全也。

注　释

①虚言：空说，空口承诺。

②不精：不繁茂。

③冻闭不开：古人认为冬日严寒将土地冻裂纹，地气才能发泄出来，来年植物才能生长繁茂。

④重袭于身：修身严谨，使诚信之德与自身合二为一。

⑤封：划定边界。

⑥关内侯：指国内有封邑的卿大夫。

⑦陛：台阶。

译　文

但凡君主一定要诚信，诚信而又获得他人信任，谁还不亲附呢？所以《周书》中说："诚信啊！诚信啊！"就是指明如果不诚信，那什么事都不会成功。诚信能够产生的功效实在是太大了。树立了诚信，那么虚言都可以作为对人的赏赐。虚言都可以作为对人的赏赐，则天下之内莫不为自己所有。诚信所到达的地方，就都能控制了。能够控制，却不加以利用，那么仍然为他人所有；控制之后，而又加以利用，才是自己所有的。为自己所有，那么天地万物都会为己所用。君主能够知道这个道理，其离成就王业就不远了；臣子能够知道这个道理，就可以担任王者的辅佐了。

上天运行，不信守规律，就不能形成岁时；大地运行，不信守规律，草木就不能长大。春天的特征是风，风之来去不信守规律，花就不能盛开，花不能盛开，果实就不能生长。夏天的特征是暑热，暑热的来去不信守规律，土地就不肥沃，土地不肥沃，植物的生长就不繁盛。秋天的特征是雨，雨的来去不信守规律，谷粒就不饱满，谷粒不饱满，五谷就不能成熟。冬天的特征是寒冷，寒冷的来去不信守规律，地冻得就不坚硬，地冻得不坚硬，就不能冻开裂缝使地气发泄。天地之广大，四时之化育，况且不能以不诚信成就万物，更何况是人事呢？

国君御下不诚信，百姓就会诽谤，社会就不安宁。大臣为官不诚信，年少的就不会敬畏长者，尊贵者和低贱者就会相互轻视。奖赏刑罚不诚信，民众就会轻易触犯法律，不可役使命令。结交朋友不诚信，就会亲朋离散怨愤，不能相互亲爱。各种工匠不诚信，器械就会粗劣作假，丹、漆等颜料也会颜色不纯。可以在开始时恪守不疑，可以在结束时恪守不疑，可以在尊贵通达时恪守不疑，可以在贫穷卑微时恪守不疑的，大概就只有诚信了吧！诚信又诚信，使它与身合一，通于天性，靠这个来治理民众，那么雨水甘露就会适时降下，寒暑四时就会顺时而来。

齐桓公攻打鲁国。鲁国人不敢轻易应战，以离开鲁国国都五十里的地方为界，请求让鲁国像齐国卿大夫的封邑一样听从齐国。曹翙对鲁庄公说："您是希望死了又死呢，还是希望生而又生呢？"鲁庄公问："您是什么意思？"曹翙说："听从臣的话，国土必将广大，而您自身也必定安乐；不听从臣的话，国家必然灭亡，您自身也必然陷入危辱之中。"庄公说："愿意听从您的教诲。"于是，第二天将要订立盟约时，鲁庄公和曹翙都藏着利剑来到会盟的土坛上。庄公左手抓住桓公，右手抽出剑来指着自己，说："鲁国都城离开边境数百里，如今离开边境只有五十里，反正也无法生存了。同样是死，与其割让领土还不如与您拼命而死。"管仲、鲍叔要上去。曹翙按剑站在两阶之间，说："两位君主将另作商量，谁都不能上去！"庄公说："两国在汶水封土为界就可以，不然的话就请同死。"管仲说："国家当以领土保卫国君，而不是以君主来保卫领土。君上就答应了吧！"于是，齐鲁两国便在汶水之南划定边界，订立了盟约。齐桓公回去以后，想不给鲁国土地，管仲说："不可。人家只想劫持您，您却不知道，不可称为智；被劫持之后不能不听人胁迫，不可称为勇；许诺了别人而不兑现，不可称为信。不智、不勇、不信，有此三者，不可以树立功名。将土地给他们，虽然失去了土地，也得到了诚信的名声。用四百里的土地在天下人面前树立诚信，您还是划算的。"鲁庄公，是仇人；曹翙，是敌人。对于仇敌都恪守诚信，更何况不是仇敌的人呢？齐桓公多次会盟诸侯而能取得成功，匡正天下一切而天下愿意听从，都是由此而来的。管仲可以说是能够因势利导了，将耻辱变为光荣，将困窘变为通达，虽然在前面有所失，却在后面都获得了回报。事情本来就不可能十全十美啊。

解　读

墨子说："言不信者，行不果。"诚信是世间最重要的品质之一，天地万物无不守信而运行，尊卑贤愚无不需要以诚信来安身立命。有诚信，即便身份低微，也是值得尊重的；没有诚信，即便贵为诸侯、天子也将受到唾弃、鄙视。诚信是成就事业最宝贵的因素，是维护事业最可靠的保障。一个人如此，一个国家也是如此；匹夫匹妇如此，诸侯、天子也是如此。

《大学》中说："国不以利为利，以义为利也。"一个国家，只有坚持道义，恪守信诺，才会兴盛强大，永远安定。若违背道义，虽然能得到一时好处，其后必然出现大患。成王桐叶封弟，只不过出于戏言，而周公教他信守诺言，能以诚信立国，所以周朝享国最为长久；等到周幽王丢掉诚信，弄出"烽火戏诸侯"的闹剧时，周朝就衰败了。后世的秦国，以诈谋权术立国，经常欺骗诸侯，最后天下都不信任它，虽然凭借武力暂时统一了天下，但短短十几年就灭亡了。所以说，国家一定要以诚信作为立国之本。

君主也要以诚信作为立身之本。齐桓公之所以能称霸，就在于他以诚信赢得了诸侯的认可，使诸侯都愿意支持他。而他的哥哥齐襄公，就是因为没有诚信而丢失的性命——因为不兑现对大臣连称、管至父的许诺而被杀。同样，晋文公也是因为诚信而称霸——退避三舍而赢得城濮之战；而他的哥哥晋惠公也是因为无诚信而被俘受辱——不受对秦国的承诺而在韩原之战中被俘。

朱子说："信犹五行之土，无定位，无成名，而水金木无不待是以生者。"诚信看不到、摸不着，但一切功业都由它而生。有诚信便有财富，有诚信便有事业，有诚信便有幸福，有诚信便有美誉，有诚信便有内心的踏实、幸福，没有诚信，一个人将毫无可称之处，便会一无所有。所以孔子说："人而无信，不知其可也！"

恃君览

长利

　　天下之士也者，虑天下之长利，而固处之以身若也：利虽倍于今，而不便于后，弗为也；安虽长久，而以私其子孙，弗行也。自此观之，陈无宇①之可丑亦重矣，其与伯成子高、周公旦、戎夷也，形虽同，取舍之殊，岂不远哉？

　　尧治天下，伯成子高立为诸侯。尧授舜，舜授禹，伯成子高辞诸侯而耕。禹往见之，则耕在野。禹趋就下风而问曰："尧理天下，吾子立为诸侯，今至于我而辞之，故何也？"伯成子高曰："当尧之时，未赏而民劝，未罚而民畏，民不知怨，不知说，愉愉其如赤子。今赏罚甚数，而民争利且不服，德自此衰，利自此作，后世之乱自此始。夫子盍行乎，无虑②吾农事。"协而耰③，遂不顾。夫为诸侯，名显荣，实佚乐，继嗣皆得其泽，伯成子高不待问而知之，然而辞为诸侯者，以禁后世之乱也。

　　辛宽见鲁缪公曰："臣而今而后知吾先君周公之不若太公望封之知也。昔者太公望封于营丘之渚，海阻山高险固之地也，是故地日广，子孙弥隆。吾先君周公封于鲁，无山林谿谷之险，诸侯四面以达，是故地日削，子孙弥杀④。"辛宽出，南宫括入见。公曰："今者宽也非周公，其辞若是也……"南宫括对曰："宽少者，弗识也。君独不闻成王之定成周之说乎？

其辞曰：'惟余一人，营居于成周。惟余一人，有善易得而见也，有不善易得而诛也。'故曰善者得之，不善者失之，古之道也。夫贤者岂欲其子孙之阻山林之险以长为无道哉？小人哉宽也！"今使燕爵⑤为鸿鹄凤皇虑，则必不得矣。其所求者，瓦之间隙，屋之翳蔚也；与一举则有千里之志，德不盛、义不大则不至其郊。愚庳之民，其为贤者虑，亦犹此也。固妄诽訾，岂不悲哉？

戎夷违齐如鲁，天大寒而后门，与弟子一人宿于郭外，寒愈甚，谓其弟子曰："子与我衣，我活也；我与子衣，子活也。我国士也，为天下惜死；子不肖人也，不足爱也。子与我子之衣。"弟子曰："夫不肖人也，又恶能与国士之衣哉？"戎夷太息叹曰："嗟乎！道其不济夫。"解衣与弟子，夜半而死，弟子遂活。谓戎夷其能必定一世，则未之识；若夫欲利人之心，不可以加矣。达乎分仁爱之心识也，故能以必死见其义。

注　释

①陈无宇：齐国大夫，田氏，名无宇，能够施惠于民，但暗中发展自家势力，最终其后代篡夺齐国政权。

②虑：干扰。

③协，和悦的样子；穮，种地时用土覆盖种子。

④杀：衰微。

⑤燕爵：燕雀。

译　文

天下的志士，考虑的是天下的长远利益，即便是牵涉到自身也一定恪守道义：虽然对现在有加倍的利益，但不利于后人，他们就不去做；虽然能长久安定，但只是能让自己的子孙获得私利，他们就不施行。由此来看，陈无宇的自私可耻是很严重的了，他和伯成子高、周公旦、戎夷相比，情形虽然类似，但取舍目的悬殊，差别难道不是很远吗？

尧统治天下时，伯成子高被立为诸侯。尧将天下授予舜，舜将天下又授予禹，伯成子高辞去诸侯之位，耕田为生。禹前往拜见他，伯成子高正在田地里耕种。禹快步走到下风位询问说："尧帝统治天下的时候，您立为诸侯，如今我统治天下，您便辞去了诸侯之位，这是为什么呢？"伯成子高说："尧的时候，不用奖赏人民就劝勉，不用刑罚人民就畏惧，对于政事，民众不知道怨恨，不知道喜悦。和悦温顺得就如小孩子一样。如今赏罚甚多，人民却争夺利益且不服顺，道德从此衰微了，利欲从此兴起了，后世的混乱从此开始了。您何不走开呢，不要耽误我的农事。"说着和悦地用土覆盖种子，不再回头看禹。身为诸侯，名荣位显，安逸快乐，后世都能得到恩惠，伯成子高不用问就知道这些，然而却推辞不当诸侯，就是为了抑制后世的混乱啊！

辛宽谒见鲁缪公说："我如今知道了我们先君周公在受封的问题上没有太公望明智。从前太公望受封于营丘之岸，那里是海阻山高的险固之地，所以齐国土地越来越光大，子孙越来越兴盛。我们先君周公分封于鲁地，这里没有山林溪谷的险要地势，诸侯从四方都可以侵入，所以土地日益削减，子孙越来越衰弱。"辛宽除去以后，南宫括入见。鲁缪公说："如今辛宽非议周公，他是这样说的……"南宫括听后，回答："辛宽年少，不懂大道。您难道没有听过成王定都成周时说的话吗？他说：'我营建，并定居在成周这里。我有优点容易被人们发现而效法，我有缺点容易被人们发现而指责。'所以说，有美德的人得到天下，没有美德的人失去天下，这是自古以来的大道。贤者难道愿意让他的子孙凭恃山林之险而长久地干误导之事吗？辛宽真是小人之见啊！"如今让燕雀来为凤凰考虑，其智虑必然不能达到，它所追求的东西，不过是瓦石的间隙、屋子的荫蔽处罢了，怎么能够和一飞就有千里之志，德行不盛、道义不宏就不停留在其郊野的凤凰相提并论呢！愚蠢鄙陋的小民为贤者而考虑，也是这样的。他们不知道反省自己的浅陋，却狂妄自大地非议诽谤贤者，岂不是可悲？

戎夷离开齐国前往鲁国，天气非常寒冷，在城门关闭后才达到，他只好与一个弟子露宿城外。冷得更厉害了，戎夷对弟子说："你将衣服脱下来给我，我就能活下去；我将衣服脱下来给你，你就能够活下去。我是国家贤士，为天下而爱惜生命；你是不肖之人，不值得珍惜生命。你将衣服给我吧！"弟子说："我既然是不肖之人，又怎能会因为你是国士而给你衣服呢？"戎夷叹息道："哎！道义大概是行不通了！"于是脱下衣服给了弟子，半夜便冻死了，而弟子得以活了下去。说戎夷能够安定天下，那是不知道的；但他想要对别人有利的情怀，是无以复加的。通达取舍之分，就能识察仁爱之心的可贵，所以能够以必死的行为来显示自己的道义。

解 读

世间真正的贤士、明主都能深谋远虑，他们不会为了一时的利益而损害长远大利，不会为了自身的享乐而遗害子孙后代。所以，他们自己每日殚精竭虑、宵衣旰食，一定要为子孙后代打下坚实的基础；他们自己犯难冒险、鞠躬尽瘁，一定要为后人除去灾祸。面对英布、陈豨等人叛乱，汉高祖刘邦带病讨伐；面对南方民族造反，诸葛亮亲身深入不毛之地，他们可以安享富贵，但却为了后人，为了国家长远利益，而奔波不止。但这也正是世人敬仰他们，后人感怀他们的原因。相反，有些人只知道眼前的享乐，从来不为子孙后代考虑，不为国家、百姓作长远计虑，他们自身可能过得很"潇洒"、自在，却给后人带来沉重的灾难，这样的人无论生前多么光鲜，也会被后人所唾弃、指责。如北齐高湛、宋徽宗赵佶、明朝的万历皇帝，都是自身享乐无度，荒废国事而贻害后人的典型。

世间的真正贤士、民主都有大公无私之心，他们不会为了自身的利益而伤害别人，不会为了自家的利益而损害整个国家、社会。所以，尧、舜不将天下传给自己的儿子，而传给贤人；孔子、孟子不为了富贵而阿谀权贵，却为了天下的百姓而奔波、传道；墨子不偏爱自己的家人，而推崇兼爱之说；鲁仲连不追求高官厚禄，而为了道义奔走游说……

长利，就是不专利。利，是每个人都想得到的，圣人也不例外。但他们能够推己及人，舍己为人。自己想得到利，也能想到别人同样期望获利，想到天下人都期望获利，想到子孙后代也希望获利。于是，他们宁愿牺牲自己的利益，而换取天下人的利益；宁愿自己辛劳辛苦，也要为子孙后代谋利。为天下谋利的人，就能得到天下人的支持，这是生者最大的荣耀；为子孙后代谋利的人，必然能得到后人的称颂赞扬，这就是不朽，是死者最大的荣耀。这二者就是人生最为崇高的目标，也是历代先贤达士所不懈追求的。

知分

原　文

　　达士者，达乎死生之分。达乎死生之分，则利害存亡弗能惑矣。故晏子与崔杼盟而不变其义；延陵季子，吴人愿以为王而不肯；孙叔敖三为令尹而不喜，三去令尹而不忧，皆有所达也。有所达则物弗能惑。

　　荆有次非者，得宝剑于干遂，还反涉江，至于中流，有两蛟夹绕其船。次非谓舟人曰："子尝见两蛟绕船能两活者乎？"船人曰："未之见也。"次非攘臂祛衣①，拔宝剑曰："此江中之腐肉朽骨也！弃剑以全己，余奚爱焉！"于是赴江刺蛟，杀之而复上船。舟中之人皆得活。荆王闻之，仕之执圭。孔子闻之曰："夫善哉！不以腐肉朽骨而弃剑者，其次非之谓乎！"

　　禹南省②，方济乎江，黄龙负舟。舟中之人五色无主，禹仰视天而叹曰："吾受命于天，竭力以养人。生，性也；死，命也。余何忧于龙焉？"龙俯耳低尾而逝。则禹达乎死生之分、利害之经也。凡人物者，阴阳之化也。阴阳者，造乎天而成者也。天固有衰嗛③废伏，有盛盈坌④息；人亦有困穷屈匮，有充实达遂。此皆天之容、物理也，而不得不然之数也。古圣人不以感私伤神，俞然⑤而以待耳。

　　晏子与崔杼盟。其辞曰："不与崔氏而与公孙氏⑥者，受其不祥！"晏子俯而饮血，仰而呼天曰："不与公孙氏而与崔氏者，受此不祥！"崔杼不说，直兵⑦造胸，句兵⑧钩颈，谓晏子曰："子变子言，则齐国吾与子共之；子不变子言，则今是已！"晏子曰："崔子，子独不为夫《诗》乎！《诗》曰：'莫莫葛藟，延于条枚。凯弟君子，求福不回。'婴且可以回而求福乎？子惟之矣！"崔杼曰："此贤者，不可杀也。"罢兵而去。晏子援绥而乘，其仆将驰，晏子抚其仆之手曰："安之！毋失节！疾不必生，徐不必死。鹿生于山，而命悬于厨。今婴之命有所悬矣。"晏子可谓知命矣。命也者，不知所以然而然者也。人事智巧以举错者，不得与焉。故命也者，就之未得，去之未失，国士知其若此也，故以义为之决而安处之。

白圭问于邹公子夏后启曰："践绳之节⑨，四上之志⑩，三晋之事，此天下之豪英。以处于晋，而迭闻晋事，未尝闻践绳之节、四上之志。愿得而闻之。"夏后启曰："鄙人也，焉足以问？"白圭曰："愿公子之毋让也！"夏后启曰："以为可为，故为之，为之，天下弗能禁矣；以为不可为，故释之，释之，天下弗能使矣。"白圭曰："利弗能使乎？威弗能禁乎？"夏后启曰："生不足以使之，则利曷足以使之矣？死不足以禁之，则害曷足以禁之矣？"白圭无以应。夏后启辞而出。

凡使贤不肖异：使不肖以赏罚，使贤以义。故贤主之使其下也必义，审赏罚，然后贤不肖尽为用矣。

注　释

①攘臂祛衣：捋起袖子，撩起衣服。

②南省：到南方巡视、省察。

③嗛：不足、歉收。

④垄：积聚。

⑤俞然：安然、安定的样子。

⑥公孙氏：指齐国公室。

⑦直兵：直的兵器，即矛。

⑧句兵：戟一类弯曲的兵器。

⑨践绳，遵循法度，即正直。践绳之节，即正直君子的节操。

⑩四上，指国君。四上之志，即贤明君主的志向。

译　文

所谓达士，就是能够通达生死之义。通达生死之义，那么厉害存亡就不能使他迷惑了。所以晏子受迫与崔杼盟誓而不改变自己的忠义；延陵季子，吴国人愿意奉他为王而不肯接受；孙叔敖三次被任命为令尹而不欢喜，三次失去令尹之位而不忧愁，这些贤者都能够通晓理义啊，能够通晓理义，外物就不能够使他们迷惑了。

楚国有个叫次非的人，在干遂得到了一把宝剑。返回时乘船渡江，船至中流，有两条蛟龙从两侧缠绕住船只。次非问船工说："你曾经见过两条蛟龙缠绕着船，而船上的人还能够活下去的吗？"船工说："没有见过。"次非捋起袖子，撩起衣服，拔出宝剑说："若坐待死亡，这身体不过是江中腐骨罢了！若丢弃宝剑而能保全自己，我又何必吝惜宝剑呢？"于是跳下江，与蛟龙搏斗，将它们杀死后又上了船。船中之人因此都得以活命了。楚王听说这件事以后，让他入朝执圭担当大夫。孔子听闻这件事以后，说："好啊！不以腐肉朽骨而丢掉宝剑的，大概说的就是次非这种人吧！"

禹到南方巡视，在渡过长江的时候，一条黄龙将船驮了起来。船上的人无不惊慌失色，禹仰天叹息道："我受命于天，竭力来养护人民。生死都在于命运。我又何必对这龙有所畏惧呢？"龙听到以后，伏下耳朵，垂着尾巴游开了。由此看来，禹是能够通达生死之义、厉害之道了。世间人、物，都源于阴阳变化。阴阳就是由上天创造而形成的。天本来就有衰微、亏缺、毁灭、隐伏，有兴盛、盈满、聚积、生息；人也有困窘、贫穷、屈辱、匮乏，有充足、富有、通达、成功。这些都是自然景象、万物常理，是不得不接受的运数。古代的圣人不因为思念而伤害天性，只是安然地对待各种境遇罢了。

晏子被迫与崔杼盟誓。崔杼的誓词说："不亲附崔氏而亲附公室的，将要承受灾祸！"晏子低头喝下血酒，仰头向上天呼告说："不亲附公室而亲附崔氏的，将要承受灾祸！"崔杼不悦，用矛顶着晏子的胸，用戟勾着晏子的颈，对他说："您改变刚才的誓言，则我和您共享齐国；您不改变誓言，今日就是您的死期！"晏子说："崔子，你难道没有读过《诗》吗！《诗》中说：'茂密的葛藟，爬满树枝之上。和悦的君子，不以邪道求福。'我难道可以凭恃邪道来求取福分吗？你仔细考虑这些话吧！"崔杼说："这是个贤人，不可以杀他。"于是撤掉兵器离开了。晏子拉着绳索上车，他的仆人将要快马逃开，晏子按住他的手说："安稳点！不要失态！快走不一定能活下去，慢走也不一定就死。鹿虽然生在山中，而他的命却悬在厨房中。如今我的命也有所悬系。"晏子可以说是知命了。所谓命，就是指不知道为何这样却这样了。那些靠着诈谋智巧而处事的人，是不会领悟到的。所以，命，拼命追求未必能够得到，看淡抛弃未必一定失去，国之贤士懂得这个道理，所以时刻按照义的原则决断事情，而安然面对死生、命运。

白圭问邹公子夏后启说："正直君子的节操，贤明帝王的志向，三家分晋的事情，这都是天下英豪所为。因为我生在晋国，所以经常能听到三家分晋的事，但还未曾听过正直君子的节操、贤明帝王的志向。希望您能对我讲讲。"夏后启说："我为鄙陋之人，哪里值得您询问呢？"白圭说："希望公子不要推辞！"夏后启说："认为可以做，所以就去做，做了，天下没人能够禁止他；认为不可以做，所以不去做，不去做，天下没人能驱使他。"白圭问："利益难道不能驱使他吗？威权难道不能禁止他吗？"夏后启说："生命都不能够驱使他，那利益又怎么能驱使他呢？死亡都不足以禁止他，那祸害又如何能够禁止他呢？"白圭无言以应。夏后启告辞而出。

但凡役使贤者和不肖者的原则：役使不肖之人通过赏罚，役使贤能之人凭借道义。所以贤主役使其下属一定遵守道义，严明赏罚，然后贤者、不肖者都能尽为所用。

解　读

人人都希望生存而厌恶死亡，人人都希望富贵而厌恶贫穷，人人都希望通达而厌恶困窘，然而贤士君子，却常常在生存和死亡之间选择死亡，在富贵和贫穷之间选择贫穷，在通达和困窘之间选择困窘。这并不是因为他们的感情与别人不同，他们的智慧赶不上别人，而是因为在他们眼中有很多东西比生命、富贵、通达更加重要，有些东西比死亡、贫穷、困窘更加可恶。比生命、富贵、通达更重要的是节操，比死亡、贫穷、困窘更可恶的是失节。所以，他们宁愿抛弃生命、远离富贵，也要保持自己的节操；宁愿接受死亡、固守穷困也不苟且行事。

懂得珍视生命，而又能毅然抛弃生命；知道追求富贵，而又甘愿远离富贵；渴望通达，而又不愿为通达而背弃道义；这样的人才是真正的君子、达士。事不可必，物难两全，君子、达士明确取舍之道，他们把握自己能够把握的事情，不能把握的则敬顺天命；他们坚持去做自己应该做的事，即便遭受不幸，也没有一丝悔改。所以，伯夷叔齐饿死于首阳山下，而不怀怨愤；子文、孙叔敖失去高位，而不忧不惧；孔子、孟子一生为仁义奔波，不被赏识而无所悔恨。

古人云："死生有命，富贵在天。"孔子说："人之生也直，罔之生也幸而免。"又说，"志士仁人，无求生以害仁，有杀身以成仁。"君子当死守善道，淡泊名利，推崇道义，不慕富贵，如此才算得上是明辨生死之分，通晓穷达之义。

召类

原 文

　　类同相召，气同则合，声比则应。故鼓宫而宫应，鼓角而角动；以龙致雨，以形逐影。祸福之所自来，众人以为命，焉不知其所由。故国乱非独乱，有必召寇①。独乱未必亡也，召寇则无以存矣。

　　凡兵之用也，用于利，用于义。攻乱则服，服则攻者利；攻乱则义，义则攻者荣。荣且利，中主犹且为之，有况于贤主乎？故割地、宝器、戈剑，卑辞屈服，不足以止攻，唯治为足。治则为利者不攻矣，为名者不伐矣。凡人之攻伐也，非为利则固为名也。名实不得，国虽强大，则无为攻矣。

　　兵所自来者久矣。尧战于丹水之浦，以服南蛮；舜却苗民，更易其俗；禹攻曹、魏、屈骜、有扈，以行其教。三王以上，固皆用兵也。乱则用，治则止。治而攻之，不祥莫大焉；乱而弗讨，害民莫长焉。此治乱之化也，文武之所由起也。文者爱之征②也，武者恶之表③也。爱恶循义，文武有常，圣人之元也。譬之若寒暑之序，时至而事生之。圣人不能为时，而能以事适时。事适于时者，其功大。

　　士尹池为荆使于宋，司城子罕觞④之。南家之墙拥⑤于前而不直，西家之潦径其宫而不止。士尹池问其故，司城子罕曰："南家工人也，为鞔⑥者也。吾将徙之，其父曰：'吾恃为鞔以食三世矣，今徙之，是宋国之求鞔者不知吾处也，吾将不食。愿相国之忧吾不食也。'为是故，吾弗徙也。西家高，吾宫庳，潦之经吾宫也利，故弗禁也。"士尹池归荆，荆王适兴兵而攻宋，士尹池谏于荆王曰："宋不可攻也。其主贤，其相仁。贤者能得民，仁者能用人。荆国攻之，其无功而为天下笑乎！"故释宋而攻郑。孔子闻之曰："夫修之于庙堂之上，而折冲乎千里之外者，其司城子罕之谓乎！"宋在三大万乘之间，子罕之时，无所相侵，边境四益，相平公、元公、景公以终其身，其唯仁且节与？故仁节之为功大矣。故明堂茅茨蒿柱⑦，土阶三等，以见节俭。

赵简子将袭卫，使史默往睹之，期以一月。六月而后反，赵简子曰："何其久也？"史默曰："谋利而得害，犹弗察也。今蘧伯玉为相，史鳅佐焉，孔子为客，子贡使令于君前，甚听。《易》曰：'涣其群，元吉。'涣者贤也，群者众也，元者吉之始也。'涣其群，元吉'者，其佐多贤也。"赵简子按兵而不动。

凡谋者，疑也。疑则从义断事。从义断事，则谋不亏。谋不亏，则名实从之。贤主之举也，岂必旗偾将毙而乃知胜败哉？察其理而得失荣辱定矣。故三代之所贵，无若贤也。

注 释

①寇：外寇，敌国入侵。

②征：征兆。

③表：显示。

④觞：设宴宴请。

⑤萦：束缚，指南面邻居的墙令子罕家道路不便。

⑥为鞔：做鞋的。

⑦茅茨蒿柱：以茅草覆顶，以蒿杆为柱。

译 文

同一物类的相互招引，同一气质的相互亲合，同一音调的相互应和。所以，敲击宫音，其他的宫音也会共鸣，敲击角音，其他的角音也会相应鼓动；所以用龙就能招来雨，凭形体就能找到影子。祸福的到来，众人大多认为是命运，哪里知道它们到来的真正原因呢？所以，国家混乱不仅仅止于混乱，又一定能招来外寇。仅仅混乱未必能导致国家灭亡，但再招来外寇，就无法保存了。

但凡用兵作战，应该用于有利益之处，用于符合道义之处。攻打混乱的国家，敌国就会顺服，敌国顺服便可以获利。攻打混乱的国家，自己就是符合道义的，符合道义进攻者就能得到荣誉。得到荣誉又获得利益，中等才智的君主都会去做，更何况是贤主呢？所以割让土地，献出宝器、戈剑，卑辞屈服，并不能停止敌国的攻击，只有将自己国家治理好才可以。自己国家治理好，图利的人就不会前来进攻了，求名的人也不会前来讨伐了。但凡发动攻伐，不是图利就是求名，名声、利益都不能获得，国家虽然强大，也不会发动进攻。

战争的由来已经很久了。尧曾经在丹水边作战，以征服南蛮；舜曾经攻打三苗，使他们改变风俗；禹曾经攻打曹、魏，屈骜，有扈，以推行自己的教令。由三王以上的贤君，本来就都是用过兵的。有混乱无道的国家就发兵攻伐，其治理好了就停止用兵。人家治理得很好，却发兵攻打，没有比这更不祥恶了；有悖乱无道的国家却不加以讨伐，没有比这更害民的了。这就是治乱的原则，文武之事即由此而起。用文是喜爱的表露，用武是厌恶的象征。喜爱或厌恶都应遵循道义，使文武都有常则，这就是圣人为政的根本。这就如寒暑更序一样，时令到了就从事相应的事情。圣人不能改变时令，却能使自己行事都合乎时令。行事合乎时令，其功绩一定广大。

士尹池为楚国出使于宋国，宋国司城子设宴招待他。子罕南边邻居的墙阻挡了道路却不拆它取直，西边邻居家的积水流过子罕的院子却不加制止。士尹池询问缘由，司城子罕说："南边的邻居是做鞋的工匠。我曾想让他搬走，他的父亲说：'我家靠做鞋为生已经三代了，如今搬走，那宋国买鞋的人就不知道我的住处了，我将无以为生。希望相国以我无以为生而忧怜于我。'因为这个缘故，所以我没有让他们搬家。西边的邻居地势高，我的院子地势低，积水流过我的院子便利，所以我没去制止。"士尹池回到楚国，楚王正要发兵攻打宋国，士尹池劝谏楚王说："宋国不可以攻打。其君主贤明，国相仁慈。贤明的人能够得到民心，仁慈的人能够任用民力。楚国攻打它，恐怕难以成功，反而会被天下嘲笑啊！"于是，楚国放弃宋国改为攻打郑国。孔子听闻这件事，说："修行善政于庙堂之上，而克敌制胜于千里之外，大概说的就是司城子罕这样的人吧！"宋国夹在三个万乘大国之间，子罕当政之时，没有受到侵犯，四方边境安宁，他辅佐平公、元公、景公三位君王，而得以善终，所倚仗的就是仁德和节义吧？所以说，仁德、节义的功效实在是太大了。故明堂用茅草覆盖屋顶，用蒿杆做柱子，土阶只有三级，以表示节俭。

赵简子准备袭击卫国，派遣史默前往探察情况，约定一个月返回。史默去了六个月才回来，赵简子问："为何去了这么久呢？"史默说："探察情况是为了使行动获得利益，若结果却得到灾祸，还不如不视察。如今卫国蘧伯玉为国相，史鳅辅佐他，孔子在当宾客，子贡在卫君前面听从号令，他们都很受卫君信任。《易》中说：'涣其群，元吉。''涣'就是任贤的意思，'群'就是众多的意思。'涣其群，元吉'，就是说辅佐他的人贤者众多。"赵简子于是按兵不动。

凡事进行谋划，都是因为有疑惑。有疑惑，就要遵从道义来决断事情。遵从道义来决断事情，谋划就不会失当。谋划不会失当，那么名誉、利益就会随之而来。贤明君主行事，难道一定要等到军旗倒下、将士战死然后才知道胜败吗？明察事理，得失荣辱就可以确定了。所以三代之所看重的，没有超过贤德之人的。

解 读

福泽不是无缘无故到来的，灾祸也不是一朝一夕形成的。君子能够审察形成它们的原因，所以在事情还未显著之前，就能预测出祸福成败，从而进行相应的谋划，使自己获得福泽，远离灾祸。那么君子是凭借什么来预测、谋划的呢？就是道义。遵循道义的人必然能够获得福泽，违背道义的人必将遭受不幸；符合道义的事定然能够成功，有悖道义的事必将遭受失败。

《周易·文言》中说："积善之家，必有余庆；积不善之家，必有余殃。"一个人，一个家族，看其成功还是失败，看他得福还是受祸，只要看其平时行事是否合乎道义，基本上就没有差错了。臧哀伯以德行劝谏鲁桓公，所以周内史称赞他说："臧孙达其有后于鲁乎。君违，不忘谏之以德。"郤昭子献俘而骄傲自夸，所以单襄公预测郤氏即将灭亡。历史上那些料事如神的先贤，之所以能预测成败凶吉，并非是靠占卜、解梦，而是靠对人事的熟知，对道义的明察。一个国家也是如此，如果其统治者有道，国内多贤人，国人都明辨是非、遵从道义，那这样的国家必然能够兴盛；反之，若其统治者无道，国内没有贤人，奸佞当权，国人愚昧无知，不辨是非，不知礼义，那这样的国家，即使国土再强大，军士再众多，也难逃混乱、灭亡的灾祸。

所以，君子在谋划事情之前，一定要看看对方是否遵从道义：若对方遵从道义，那就不可以攻打，攻打它自己就是无道，无道就要承受失败灾祸；反之，若对方不遵从道义，那就不要与它合作，与它合作就是共同无道，共同无道就要承受它的祸患。总之，亲近有道之人，远离无道之人；做合乎道义的事，停止不合道义的举动，这样才能求得福泽，远离灾祸，才能建功立业，减少失败。

骄恣

原 文

亡国之主，必自骄，必自智，必轻物。自骄则简士①，自智则专独。轻物则无备，无备召祸。专独位危，简士壅塞②。欲无壅塞，必礼士；欲位无危，必得众；欲无召祸，必完备。三者，人君之大经也。

晋厉公侈淫，好听谗人，欲尽去其大臣而立其左右。胥童③谓厉公曰："必先杀三郤④。族大多怨，去大族不逼⑤。"公曰："诺。"乃使长鱼矫杀郤犨、郤锜、郤至于朝，而陈其尸。于是厉公游于匠丽氏，栾书、中行偃⑥劫而幽之。诸侯莫之救，百姓莫之哀。三月而杀之。人主之患，患在知能害人，而不知害人之不当而反自及也。是何也？智短也。智短则不知化，不知化者举自危。

魏武侯谋事而当，攘臂疾言于庭曰："大夫之虑，莫如寡人矣！"立有间，再三言。李悝趋进曰："昔者楚庄王谋事而当，有大功，退朝而有忧色。左右曰：'王有大功，退朝而有忧色，敢问其说？'王曰：'仲虺有言，不谷说之。曰："诸侯之德，能自为取师者王，能自取友者存，其所择而莫如己者亡。"今以不谷之不肖也，群臣之谋又莫吾及也，我其亡乎！'"曰：

"此霸王之所忧也，而君独伐之，其可乎!"武侯曰："善。"人主之患也，不在于自少，而在于自多。自多则辞受，辞受则原竭。李悝可谓能谏其君矣，壹称而令武侯益知君人之道。

齐宣王为大室，大益百亩，堂上三百户⑦。以齐之大，具之三年而未能成。群臣莫敢谏王。春居问于宣王曰："荆王释先王之礼乐，而乐为轻⑧，敢问荆国为有主乎?"王曰："为无主。""贤臣以千数而莫敢谏，敢问荆国为有臣乎?"王曰："为无臣。""今王为大室，其大益百亩，堂上三百户。以齐国之大，具之三年而弗能成。群臣莫敢谏，敢问王为有臣乎?"王曰："为无臣。"春居曰："臣请辟矣!"趋而出。王曰："春子! 春子! 反! 何谏寡人之晚也? 寡人请今止之。"遽召掌书曰："书之! 寡人不肖，而好为大室。春子止寡人。"箴谏不可不熟⑨。莫敢谏若，非弗欲也。春居之所以欲之与人同，其所以入之与人异。宣王微春居，几为天下笑矣。由是论之，失国之主，多如宣王，然患在乎无春居。故忠臣之谏者，亦从入之，不可不慎。此得失之本也。

赵简子沈鸾徼于河，曰："吾尝好声色矣，而鸾徼致之；吾尝好宫室台榭矣，而鸾徼为之；吾尝好良马善御矣，而鸾徼来之。今吾好士六年矣，而鸾徼未尝进一人也。是长吾过而绌善也。"故若简子者，能厚以理督责于其臣矣。以理督责于其臣，则人主可与为善，而不可与为非；可与为直，而不可与为枉。此三代之盛教。

注 释

①简士：怠慢贤士。

②壅塞：听闻壅闭，臣下进谏之路被堵塞。

③胥童：晋厉公宠臣。

④三郤：指郤氏家族的郤锜、郤犨、郤至，当时都在晋厉公朝中为卿。

⑤逼：威胁公室。

⑥栾书、中行偃：都是晋厉公时卿士，长鱼矫杀死三郤之后也将两人扣留，准备杀掉，晋厉公未忍心，将他们释放。二者害怕再次受害便发动政变，

幽禁晋厉公，杀死胥童。

⑦户：门。

⑧轻：轻浮。

⑨熟：深思熟虑。

译　文

亡国之君，必然骄傲自大，必然自认为聪明，必然轻视外物。骄傲自大就会怠慢贤士，自认为聪明就会独断专行。轻视外物就会忽略防备，忽略防备就会招致祸患。独断专行君位就会危险，怠慢贤士听闻就会壅闭。要想听闻不壅闭，就必须礼贤下士；要想君位不危险，就必须亲信众人；要想远离灾祸，就必须备虑齐全。这三方面，就是国君应执守的根本原则。

晋厉公放纵奢侈，好听信谗人，想要尽数除去大臣而提拔左右亲信之人。胥童对晋厉公说："一定要先杀三郤。郤氏族大怨多，除掉大家族就不会威逼公室了。"晋厉公说："好的。"于是派遣长鱼矫当朝杀死郤犨、郤锜、郤至，并陈尸示众。既而，晋厉公到匠厘氏游玩的时候，栾书、中行偃劫持幽禁了他。诸侯没有救援他的，百姓没有哀怜他的。过了三个月，就将他杀死了。君主的忧患，在于知道自己可以伤害别人，却不知道伤害别人不当就会反过来伤害自己。这是为何呢？因为智虑短浅啊！智虑短浅就不知道事物的变化规律，不知道事物变化规律，有所举动一定会伤害到自己。

魏武侯谋事得当，便将起袖子在朝堂上大声自夸道："大夫们的谋虑，没有赶得上寡人的！"只站了一会儿，就连说了三遍。李悝快步上前，说："从前楚庄王谋事得当而取得大功，退朝之后面有忧色。左右询问：'大王您成就大功，退朝之后却面露忧色，请问这是为何呢？'楚庄王说：'仲虺有句话，我很喜欢。说："诸侯的品德，能够为自己选取老师的将称王于天下，能够为自己选取良友的可以保存社稷，所择取的人都不如自己的，将要灭亡。"如今凭我这样的不贤能，群臣的智谋又都赶不上我，我大概是要灭亡了吧！'"接着说，"君主谋事超过群臣是霸王所忧虑的，而您却以其自夸，如此可以吗！"魏武侯说："您说得好。"君主的忧患，不在于自我贬低，而在于自我矜夸。自我矜夸，就会拒绝本该接受的意见，拒绝本该接受的意见，进谏之路就会壅塞。李悝可以说是善于劝谏君主的人了，这一劝谏就让魏武侯领悟了为君之道。

齐宣王兴建大宫殿，规模超过百亩，堂上设置三百座门。凭借齐国的强大富饶，三年犹未建成。群臣都不敢劝谏。春居问齐宣王说："楚王抛弃了先王的礼乐，而使音乐变得轻浮，请问楚国算是有贤君吗？"齐宣王说："没有贤君。""所谓的贤臣上千个，而没有敢劝谏的，请问楚国算是有贤臣吗？"齐宣王说："没有贤臣。""如今大王兴建大宫殿，规模超过百亩，堂中设门三百座，凭借齐国的强大富饶，修建三年犹然不能完工。群臣没有敢劝谏的，请问大王算是有贤臣吗？"齐宣王说："没有贤臣。"春居说："请允许我离开吧！"齐宣王说："春子！春子！回来！为何这么晚才劝谏我呢？现在就让我停止修建宫殿。"立刻将记事官员召来，吩咐："记下！我不贤德，而喜欢修建大宫殿。春子劝谏了我。"对于劝谏不可不认真考虑。不敢劝谏，并非不想劝谏。春居想要做的和别人一样，但其所采取的方式却与别人不同。若没有春居，齐宣王就成为天下笑柄了。由此说来，失去国家的君主，大多如同齐宣王，然而他们的忧患在于没有春居一样的臣子。所以要劝谏君主的忠臣，也必须顺势加以劝谏，不可不慎重考虑。这就是行事成败的根本啊！

赵简子将鸾徼沉入黄河之中，说："我曾经沉溺声色，鸾徼就为我弄来；我曾经喜好宫室台阁，鸾徼就为我修建；我曾经喜欢良马良驭，鸾徼便为我找来。如今我爱好贤士六年了，而鸾徼未能推荐过一人。这是助长我的过错而抑制我的善处啊。"所以说，像赵简子这样的人，是能够严格按照理义来督察责求自己的臣下的。按照理义来督察责求自己的臣下，这样的君主便可以用善道来侍奉他，而不可以用不善之道来侍奉他；可以用正直之道来侍奉他，而不可以用邪曲之道来侍奉他。这是夏商周三代的美好教化。

解 读

"满招损，谦得益"，骄傲自满是导致败亡的重要原因，一个人无论处于什么样的位置，一旦有了骄傲自满之心，灾祸也就不远了。个人骄傲自满，就会导致自身的败亡，比如纸上谈兵的赵括、倒绷孩儿的苗振，都是因为骄傲自大而导致自己事业失败，受到世人耻笑的；卿大夫骄傲自满，就会导致家族的败亡，晋国的三郤、智伯都是因为骄傲自满，欺辱他人而导致灭亡的；天子、诸侯骄傲自满，就会导致国家的破灭，如将自己比喻成太阳的夏桀，穷兵黩武到处争霸的吴王夫差，自认为社稷将传至千世万世的秦始皇父子……

贤明的君主无论取得了什么功绩，都应该懂得谦恭之道，谨慎持身，恭敬地对待他人，虚心接受别人的批评、劝谏，安不忘危，如此才能永远保持事业的兴盛。文中的魏武侯、齐宣王都犯过错误，但他们在得到劝谏之时，能够反省自己的不足，幡然醒悟，所以虽然没有特别杰出的功绩，也不失为守成的合格之主。而赵简子无须他人劝谏，自己就能分辨出阿谀谄媚的小人，并将其投到黄河之中，以儆诫群臣。这就可以称为明智的君主了，所以他的家族能屡屡战胜强大的敌人，数世不乏忠义、贤能之臣，最终成为一方诸侯。

作为普通人，谦恭的美德同样重要。谦恭之人有了缺点别人更愿意指出，有了困难别人更愿意帮助，他们更容易得到贤人君子为友，所以在学问、道德之上都能进步得更快，取得更高的成就。相反，骄傲自大之人，就如孟子所说："訑訑之声音颜色距人于千里之外。士止于千里之外，则谗谄面谀之人至矣。"他们身边都是阿谀谄媚之徒，而正直善良之士远远离开，有了过错没人劝阻、指出，反而会有人怂恿他们，让他们错得更深，等有了困难、陷入危险又没有人帮助。这样的人想要避免失败、灭亡又怎么能够呢？

卷三论

开春论

察贤

原 文

今有良医于此，治十人而起九人，所以求之万也。故贤者之致功名也，比乎良医，而君人者不知疾求，岂不过哉！今夫塞①者，勇力、时日、卜筮、祷祠无事焉，善者②必胜。立功名亦然，要在得贤。魏文侯师卜子夏，友田子方，礼段干木，国治身逸。天下之贤主，岂必苦形愁虑哉！执其要而已矣。雪霜雨露时，则万物育矣，人民修③矣，疾病妖厉④去矣。故曰尧之容若委衣裳，以言少事也。

宓子贱治单父，弹鸣琴，身不下堂，而单父治。巫马期以星出，以星入，日夜不居，以身亲之，而单父亦治。巫马期问其故于宓子，宓子曰："我之谓任人，子之谓任力；任力者故劳，任人者故逸。"宓子则君子矣。逸四肢，全耳目，平心气，而百官以治，义矣，任其数而已矣。巫马期则不然，弊生事精，劳手足，烦教诏，虽治犹未至也。

注 释

①塞：塞戏，从六博中繁衍出一种新的棋戏。《庄子·骈拇》中说："投

琼曰博，不投琼曰塞。”

②善者：技艺高超的人。

③修：通“休”，休养、休息。

④妖厉：凶险、灾祸。

译　文

有这样一个良医，给十个人治病能治好九个，那么求他治病的人一定成千上万。贤者对于君主立功扬名来说，也和治病的良医一样，而君主不知道急于求得贤人，岂不是错了吗！如今进行塞戏的人，用不着凭借勇力、时机、占卜、祷告，技巧高的一定会胜利。树立功名也是这样，关键就在于得到贤人。魏文侯以卜子夏为师，以田子方为友，礼遇段干木，国家治理而身体安逸。天下的贤主，何必非得劳形愁思呢！只要抓住治国的要领就可以了。雪霜雨露依时而来，万物就生长了，人民就休养了，疾病凶险就消除了。所以说尧帝的仪容就如穿着宽大的衣裳，就是在形容他少有政事啊！

宓子贱治理单父，每天静坐弹琴，不离公堂，单父便治理好了。巫马期治理单父的时候，披星戴月，日夜奔劳，亲自处理各种事物，单父也能得到治理。巫马期像宓子贱询问其中缘故，宓子说：“我这叫任用贤人，你那叫任用力气；任用力气的人自然劳苦，而任用贤人的人自然安逸。”宓子可以算得上是君子了。四肢安逸，耳目保全，心气平和，而各种事务都处理有方，这是应该的，他采用的方式正确而已。巫马期则不然，损害生命、耗费精力，手足疲劳，教令烦琐，尽管也能使政事治理，但还不是治理的最高境界。

解　读

本节文字所阐述的道理就是：为政者不要凡事都独断专为，而是要善于请教贤人，选取专业的人才来帮助自己。一个人才能再强，也不可能什么事都擅长，他总有考虑不到、不如别人的地方。不如别人的地方就应该像别人请教，若一味盲目自大，认为只有自己处理得才是好的，那就是愚蠢了。齐宣王自大而好独断，孟子就对他说了这样一番话：“建造大宫殿，就一定要叫工师去寻找大木料。工师找到了大木料，大王就高兴，认为工师是称职的。木匠砍削木料，把木料砍小了，大王就发怒，认为木匠是不称职的。一个人从小学到了一种本领，长大了想以所学行事，大王却说，'暂且放弃你所学的本领来听我的'，那样行吗？假如现在有块璞玉在这里，虽然价值万镒，也必定要叫玉人来雕琢加工。在治理国家上，却说：'暂且放弃你所学的本领来听我的'，那么，这和妄自教玉匠雕琢玉石又有什么不同呢？"大臣的职责是处理国家各种事务，而国君的职责就是辨明臣下的智不智、贤不贤，将官位授予贤能、忠正的人才；若国君放弃了自己的职责，而去从事大臣的职务，那就是越职了，反而会使政事更加混乱。

而且一个人的精力是有限的，不可能凡事都处理得井井有条，若什么都要事必躬亲，首先，就会如巫马期治理单父一样，披星戴月，日夜奔劳，最终累坏了自己；其次，凡事都自己抓在手中，就会使下属丧失锻炼的机会，从而埋没人才。三国之时的蜀相诸葛亮，为人才能卓越，忠心耿耿，但就是因为自己太有才能，什么事都要亲力亲为，以至于忧劳成疾。在和司马懿对峙渭南之时，司马懿询问使者诸葛亮的日常情况，使者回答："诸葛公早起晚睡，凡是二十杖以上的责罚，都亲自批阅；所吃的饭食不到几升。"司马懿就告诉人说："诸葛孔明进食少而事务烦，他还能活多久呢！"果然不久诸葛亮就病逝了，而在他去世以后，蜀国忽然失去栋梁，人才匮乏，最后到了"蜀中无大将，廖化作先锋"的地步。

所以，做大事者不在于任用力气，而在于任用贤人。任用贤人则自身安逸，功业广大；任用力气则自身劳苦，功业微小。

期贤

原 文

今夫熻蝉①者，务在乎明其火、振其树而已。火不明，虽振其树，何益？明火不独在乎火，在于暗。当今之时，世暗甚矣，人主有能明其德者，天下之士，其归之也，若蝉之走明火也。凡国不徒安，名不徒显，必得贤士。

　　赵简子昼居，喟然太息曰："异哉！吾欲伐卫十年矣，而卫不伐。"侍者曰："以赵之大而伐卫之细，君若不欲则可也；君若欲之，请令伐之。"简子曰："不如而言也。卫有士十人于吾所，吾乃且伐之，十人者其言不义也，而我伐之，是我为不义也。"故简子之时，卫以十人者按赵之兵，殁简子之身。卫可谓知用人矣，游十士而国家得安。简子可谓好从谏矣，听十士而无侵小夺弱之名。

　　魏文侯过段干木之闾而轼之，其仆曰："君胡为轼？"曰："此非段干木之闾欤？段干木盖贤者也，吾安敢不轼？且吾闻段干木未尝肯以己易寡人也，吾安敢骄之？段干木光②乎德，寡人光乎地；段干木富乎义，寡人富乎财。"其仆曰："然则君何不相之？"于是君请相之，段干木不肯受。则君乃致禄百万，而时往馆之。于是国人皆喜，相与诵之曰："吾君好正，段干木之敬；吾君好忠，段干木之隆③。"居无几何，秦兴兵欲攻魏，司马唐谏秦君曰："段干木贤者也，而魏礼之，天下莫不闻，无乃不可加兵乎？"秦君以为然，乃按兵，辍不敢攻之。魏文侯可谓善用兵矣。尝闻君子之用兵，莫见其形，其功已成，其此之谓也。野人之用兵也，鼓声则似雷，号呼则动地，尘气充天，流矢如雨，扶伤舆死，履肠涉血，无罪之民，其死者量于泽矣，而国之存亡、主之死生犹不可知也。其离仁义亦远矣！

注　释

①爝蝉：举火诱蝉。

②光：荣显。

③隆：获得尊崇。

译　文

　　举火诱蝉的人，要务在于使其火光明亮、摇动树木。火光若不明亮，即便摇动树木，又有什么用处？火光之所以明亮，不单单在于它本身，还在于黑暗的衬托。当今之世，社会黑暗到了极点，若有能够彰明自己德行的君主，天下贤士前来归附他，就如黑暗中的蝉奔向火光一样。但凡国家都不会无缘无故地安定，国君的名声不会无缘无敌地尊显，一定要得到贤士的辅佐。

赵简子日间闲坐，喟然叹息说："奇怪啊！我要讨伐卫国十年了，而卫国总是伐不成。"侍者说："凭借赵氏的强大而卫国的弱小，您要是不想讨伐就罢了；若是想讨伐，就请下令讨伐它。"赵简子说："并不是你想的那样子。卫国有十个士人在我这里，我想讨伐卫国，这十个人都说不可。若我还是坚持讨伐，那就不符合道义了。"所以在赵简子的时候，卫国凭借十人而制止了赵国的军队，终赵简子之身，未再兴兵伐卫。卫国可以说是善于用人才了。让这十位贤人出游而国家得到安定。赵简子可以说是善于听取劝谏了，听从那十个卫国贤人的劝谏，从而避免了侵夺小国的恶名。

魏文侯经过段干木的里巷前，对其家行轼礼，他的仆人问："您为什么要行轼礼呢？"文侯回答："这难道不是段干木家吗？段干木是个贤者啊，我怎能不行礼致敬呢？况且我听说段干木从不愿用他的德行、节操来换取我的权力、富贵，我又怎么敢待他傲慢呢？段干木以德行而显赫，我以土地而显赫；段干木富有道义，我富有钱财。"他的仆人说："既然如此，您为何不以他为相呢？"于是魏文侯就请段干木为相，段干木不肯接受。魏文侯于是给他丰厚的俸禄，并时常前往他家中探望。于是国人都大喜，相互诵唱道："我们国君喜欢廉正，于是尊敬段干木；我们国君喜欢忠直，于是推崇段干木。"没过多久，秦国要兴兵攻打卫国，司马唐劝谏秦君说："段干木是个贤者，而魏王礼敬于他，天下莫不听闻，这样的国家大概不可以攻打吧！"秦君赞成他的观点，于是按兵不动，终究不敢攻打卫国。魏文侯可以说是善用佣兵的人了。曾听闻君子用兵，还没有看到军队行动，功绩就已经达成了，所说的大概就是这种情况。鄙陋无知的人用兵，鼓声如雷，号乎动地，烟尘漫天，飞箭如雨，伤亡不绝，踏着尸体、鲜血，无辜的百姓尸横遍野，尽管如此，国家的存亡、君主的生死，犹然难以预测。这离仁义之道也太遥远了！

解 读

卫国有十个贤士，赵简子便不敢攻打；魏文侯礼敬贤士段干木，秦国便不敢入侵。可见贤士是一国之宝，贤明的君主一定能够认清这一点，任用贤士来作为国家的干城。除了文中提到的两个例子，《资治通鉴》中记载的齐威王、魏惠王论宝一事，也阐明了这一道理：

　　齐威王、魏惠王相会。魏惠王说："齐国也有宝物吗？"齐威王说："没有。"魏惠王说："我的国家虽小，却有直径一寸的宝珠，能照亮前后十二辆车子的有十枚。像齐国那么大怎么没有宝物呢？"齐威王说："我所当作宝物的，和您有所不同。我有个臣子叫檀子，派他镇守南方，楚国就不敢来侵犯，泗水流域的诸侯都来齐国朝拜。我有个臣子叫盼子，派他守卫高唐，赵国人就不敢跨越边境打渔。我有个大臣叫黔夫，让他守卫徐州，燕国人便对着徐州北门祭祀，赵国人便对着西门祈福，迁徙到徐州从属齐国的有几千家。我有个大臣叫种首，派他警备盗贼，国内便路不拾遗。这四个臣子就是齐国的宝物，他们所能照亮的岂止是十二辆车子呢？"魏惠王听后，知道自己失言，十分惭愧。

　　贤士是国家的宝物，君主任用贤士，这便是有道之国，君主轻视贤士，这便是无道之国。有道之国不可以攻打，而无道之国不可以不攻打。所以，随君听从季梁的劝谏，楚国就不敢讨伐；虞公不听宫之奇的忠言晋国就图谋其国；吴王夫差杀死伍子胥，而国家灭亡；燕惠王猜忌乐毅，而齐地复失；宋文帝杀死檀道济，敌人弹冠相庆；唐代宗起用郭子仪，回纥便不敢入侵……

　　凡是君主都懂得爱惜自己的国家、社稷，懂得珍惜土地、城池，却往往不知道珍惜贤人、重用贤人，更不知道如何才能得到贤人。《大学》中说："有德此有人，有人此有土，有土此有财，有财此有用。"有了贤人，才能安定国家、社稷，才能保全土地、城池，君主才有权势、地位；失去贤人，国家也就失去了栋梁，君主也必将失去一切。而获得贤人的根本，就在于君主自身的德行，在于他是否能礼贤下士，是否能施行仁政。天下混乱之时，君主若能修德行，施善政，那就如在黑夜之中燃起火把一样，四方贤士都会像蝉追逐光亮、鱼追逐深水一样，投奔他。他的国家又怎么能不兴盛，他的愿望又怎么能不实现呢？

审为

原文

　　身者，所为也；天下者，所以为也。审所以为，而轻重得矣。今有人于此，断首以易冠，杀身以易衣，世必惑之①。是何也？冠，所以饰首也，衣，所以饰身也，杀所饰要所以饰，则不知所为矣。世之走利有似于此。危身伤生，刈颈断头以徇利②，则亦不知所为也。

　　太王亶父③居邠④，狄人攻之。事以皮帛而不受，事以珠玉而不肯，狄人之所求者，地也。太王亶父曰："与人之兄居而杀其弟，与人之父处而杀其子，吾不忍为也。皆勉处矣！为吾臣与狄人臣，奚以异？且吾闻之，不以所以养害所养。"杖策而去。民相连而从之，遂成国于岐山之下。太王亶父可谓能尊生矣。能尊生，虽贵富，不以养伤身；虽贫贱，不以利累形。今受其先人之爵禄，则必重失之。生之所自来者久矣，而轻失之，岂不惑哉！

　　韩魏相与争侵地。子华子见昭厘侯，昭厘侯有忧色。子华子曰："今使天下书铭于君之前，书之曰：'左手攫之则右手废，右手攫之则左手废，然而攫之必有天下。'君将攫之乎？亡其不与？"昭厘侯曰："寡人不攫也。"子华子曰："甚善。自是观之，两臂重于天下也。身又重于两臂。韩之轻于天下远；今之所争者，其轻于韩又远。君固愁身伤生以忧之，戚不得也。"昭厘侯曰："善。教寡人者众矣，未尝得闻此言也。"子华子可谓知轻重矣。知轻重，故论不过。

　　中山公子牟谓詹子曰："身在江海之上，心居乎魏阙⑤之下，奈何？"詹子曰："重生。重生则轻利。"中山公子牟曰："虽知之，犹不能自胜也。"詹子曰："不能自胜则纵之，神无恶乎！不能自胜而强不纵者，此之谓重伤。重伤之人无寿类矣。"

注释

　　①惑之：以之为惑。惑，糊涂。

②徇利：追逐利益。

③太王亶父：古公亶父，姬姓，名亶，又称周太王，为周文王的祖父。

④邠：同"豳"，古地名，在今陕西省旬邑县，为周部落前往岐山之前居住地。

⑤魏阙："魏"通"巍"，魏阙，即高巍的宫室，指朝廷。

译 文

生命，是所要养护的；天下，是用来养护生命的。审明哪个是所要养护的，哪个是用来养护的，就知道二者之间的轻重取舍了。如今有人为了换帽子而砍掉头颅，为了换衣服而残损身体，世人一定认为他是糊涂。这是为何呢？帽子是用来装饰头颅的；衣服，是用来打扮身体的，损害要装饰的头颅身体而求取所用来装饰的帽子衣服，这就是没搞懂自己行动的目的。世上那些追逐利益的人就类似于此。危害身体、损伤生命，不惜割断脖子、砍掉头颅来追求利益，这也是不知道自己该以什么为目的啊！

周太王古公亶父曾定居邠地，狄人攻打他。用毛皮布帛事奉他们，狄人不肯接受；用珍珠美玉事奉他们，狄人还是不肯接受；狄人所要的就是土地。太王亶父说："跟人家的哥哥住在一起，却杀死人家的弟弟；跟人家的父亲住在一起，却杀死人家的儿子，我不忍心这样。你们在这里好好生活吧！做我的子民和做狄人的子民，有什么差别呢？况且我听说，不应该以养育民众的土地而伤害民众的性命。"于是拄杖离开了邠地。民众成群结队地跟着他，于是在岐山之下建立了新的国家。太王亶父可以说是能珍视生命的人了。能够珍视生命，虽然富贵，也不会因为供养丰足而伤害身体；虽然贫贱，也不会因为辛劳求利而拖累身体。如今人们继承了先人的爵位俸禄，一定舍不得失去。而得到生命已经很久了，却常常轻易失去它，这难道不是糊涂吗？

韩国、魏国相互争夺侵占来的土地。子华子谒见韩昭厘侯，昭厘侯面带忧色。子华子说："假若现在天下人在您的面前写下铭文，说：'左手抓取这篇铭文就废掉右手，右手抓取这篇铭文就废掉左手，然而只要抓到这篇铭文，就可以占有天下。'您是去抓取，还是不抓呢？"昭厘侯说："我不会去抓。"

子华子说："很好。由此看来，两条手臂比天下还要重要。而身体又比两条手臂重要，韩国则要远远轻于天下，如今和魏国争夺的土地比韩国又轻远了。您不惜伤害身体而为此忧愁苦闷，这恐怕是不恰当的吧。"昭厘侯说："是啊！教诲我的人很多了，却从未听过先生这样的话。"子华子可以说是知道轻重取舍了。知道轻重取舍，所以议论就不会犯错误。

中山公子牟对詹子说："我虽然身居江海之上，可心思还是牵系在朝廷中，该怎么办呢？"詹子说："珍视生命。珍视生命就会轻视利益。"中山公子牟说："我虽然知道这个道理，却不能克制自己。"詹子说："不能克制自己就放纵它，这样精神就没有什么损害了吧！不能克制自己却勉强自己不舒放感情，这就叫做重复损伤。重复损伤的人没有长寿的。"

解　读

凡事都有轻有重，智者能够明辨轻重之分，所以舍弃轻微的而保全贵重的；愚者则不然，他们往往舍弃贵重的东西，而追逐轻微的事物，这就是糊涂。对于统治者来说，百姓最为贵重，民心最为贵重，得到百姓、得到民心就可以得到天下，所以周太王宁可放弃土地，也不愿牺牲百姓的性命，迁徙到岐山而百姓都追随他，周国最终兴盛起来。而那些糊涂的统治者却轻视百姓的性命，胡乱发动战争来夺取土地、财富，甚至仅仅是为自己出口气，所以导致国家疲弱，百姓离心，最终将自食恶果。

战国之时的魏惠王就是一个这样的君主。他倚仗国家的强大，四处开战，妄图实现自己的霸业。在北面攻打赵国，有了桂陵之败，大将庞涓被俘。魏惠王却不知悔改，继续向南进攻韩国，于是又有了马陵之败，魏国太子被杀，庞涓自刎。西面的秦国也趁机夺去了西河之地，魏国于是从此削弱，一蹶不振。孟子就指责魏惠王"不仁"，说他："为了争夺土地的缘故，残害其人民发动战争，大败，将要再战，恐怕不能取胜，于是驱赶他亲爱的子弟去战死。"

君主不分轻重，就会危害国家社稷；普通人不分轻重，同样也会危害自身。生命和愤怒相比，自然是生命重要，可是社会上很多人因为一时怒气，而做出冲动之举，不顾自己的生命；权力和自由相比，自然是自由重要，但很多人却贪慕权力，追逐地位，最终丧失了自由，甚至生命；金钱和健康相比，自然是健康重要，但很多人却不顾自己的健康，拼命地追逐金钱；工作和亲人相比，自然是亲人重要，但很多人却为了所谓的"事业"，而忽视亲人……这些行为都可以说是不知轻重，平时不多想想自己的对错，等到忽然失去了重要的东西时，再后悔就来不及了。

所以，无论是谁，都多想想自己追求的东西是否正确？自己失去的那些是否比追求的更加重要？有正确的轻重取舍观念，才不至于在将来后悔。

爱类

原　文

　　仁于他物，不仁于人，不得为仁；不仁于他物，独仁于人，犹若为仁。仁也者，仁乎其类者也。故仁人之于民也，可以便之，无不行也。神农之教曰："士有当年①而不耕者，则天下或受其饥矣；女有当年而不绩者，则天下或受其寒矣。"故身亲耕，妻亲绩，所以见致民利也。贤人之不远海内之路，而时往来乎王公之朝，非以要利也，以民为务故也。人主有能以民为务者，则天下归之矣。王也者，非必坚甲利兵选卒练士也，非必墮人之城郭杀人之士民也。上世之王者众矣，而事皆不同，其当世之急，忧民之利，除民之害同。

　　公输般为高云梯，欲以攻宋。墨子闻之，自鲁往，裂裳裹足，日夜不休，十日十夜而至于郢。见荆王曰："臣北方之鄙人也，闻大王将攻宋，信有之乎？"王曰："然。"墨子曰："必得宋乃攻之乎？亡其不得宋且不义犹攻之乎？"王曰："必不得宋且有不义，则曷为攻之？"墨子曰："甚善。臣以宋必不可得。"王曰："公输般，天下之巧工也。已为攻宋之械矣。"墨子曰："请令公输般试攻之，臣请试守之。"于是公输般设攻宋之械，墨子设守宋之备。公输般九攻之，墨子九却之，不能入。故荆辍不攻宋。墨子能以术御荆免宋之难者，此之谓也。

圣王通士，不出于利民者无有。昔上古龙门未开，吕梁未发，河出孟门，大溢逆流，无有丘陵沃衍②、平原高阜，尽皆灭之，名曰"鸿水"。禹于是疏河决江，为彭蠡之障，干东土③，所活者千八百国。此禹之功也。勤劳为民，无苦乎禹者矣。

匡章谓惠子曰："公之学去尊④，今又王齐王⑤，何其到⑥也？"惠子曰："今有人于此，欲必击其爱子之头，石可以代之……"匡章曰："公取之代乎？其不与？""施取代之。子头，所重也；石，所轻也。击其所轻以免其所重，岂不可哉！"匡章曰："齐王之所以用兵而不休，攻击人而不止者，其故何也？"惠子曰："大者可以王，其次可以霸也。今可以王齐王而寿黔首之命，免民之死，是以石代爱子头也，何为不为？"民，寒则欲火，暑则欲冰，燥则欲湿，湿则欲燥。寒暑燥湿相反，其于利民一也。利民岂一道哉！当其时而已矣。

注　释

①当年：正值可以劳动的青壮年。

②沃衍：沃野。

③干东土：使洪水消退，东方的土地露出。

④去尊：去除尊号。惠子名家之学，提倡"控名指实"，即名实相符，去除不般配的虚名。

⑤王齐王：主张齐王称王。

⑥到：通"倒"，矛盾。

译　文

对其他物类仁爱，而对人不仁爱，这不能称为仁；对其他物类不够仁爱，却独能对人仁爱，这尚可称为仁。仁，就是要对自己的同类仁爱。所以，仁人对于民众，只要能够使他们受利，就没有什么事情是不能做的。神农氏的教令说："男子正当青壮年却不耕种的，那么天下就会有人因他而挨饿；女子正当青壮年却不纺织的，那么天下就会有人因为她而受冻。"所以神农亲自耕种，妻子亲自织麻，来显示要为百姓谋利。贤人不嫌海内道路遥远，而常常往来于君主的朝堂，并不是为了谋取私利，而是努力为百姓谋取利益。国君若有能努力为百姓谋利的，那天下百姓都会归顺于他。成王道于天下，并非一定要拥有坚甲利兵、一定要选练精兵勇将，并非一定要摧毁敌人城郭、一定要杀戮士民百姓。前代成就王业者众多，但他们所采取的手段各不相同，但在务力于当世之急，关心百姓的利益，消除百姓的灾祸这点上是一致的。

公输般制作出了高大的云梯，想要为楚国攻打宋国。墨子听闻以后，从鲁国赶往楚国，撕裂衣裳裹着脚奔走，日夜不休，走了十日十夜终于达到郢都。墨子拜见楚王，说："我是北方的鄙陋之人，听说大王要攻打宋国，这是真的吗？"楚王说："是的。"墨子说："您是认为一定会得到宋国才攻打它呢？还是即便得不到宋国且落下不义的名声也要坚持攻打它呢？"楚王说："若一定得不到宋国，且落下不义的名声，那还攻打它干嘛？"墨子说："如此甚好。臣认为宋国一定不能攻下。"楚王说："公输般是天下最灵巧的工匠。已经制造出了攻打宋国的器械。"墨子说："请让公输般试着攻打看看，我请求试着守卫。"于是公输般设置攻打宋国的器械，墨子设置防守宋国的设备。公输般多次进攻，墨子多次将其击退，不能攻入城中。所以楚国放弃了计划，不再攻打宋国。墨子能够以技艺抵御楚国而免除宋国的祸难，说的就是这件事。

圣明的君主、通达的贤士，没有言行不以利民为目的的。上古时代，龙门水道尚未凿开、吕梁河道尚未开通，黄河取道孟门，洪水逆流，漫过丘陵、沃野，淹没平原、高地，人们将其称为"鸿水"。禹于是疏通河道，掘导江水，筑起彭蠡的提防，使东方洪水消退，拯救了一千八百多个国家。这都是大禹的功劳。勤劳为民这种事，没有辛苦过大禹的。

匡章对惠子说："您的学说主张抛弃虚名，如今又建议齐王称王，为何如此矛盾呢？"惠子说："如今有人迫不得已要击打爱子的头，然而又可以用石头来代替爱子之头。"匡章说："您是拿石头代替呢？还是不这样做呢？"惠子说："我用石头来代替。爱子的头，是重要的；石头，是轻贱的。击打轻贱的东西来免除重要之物的灾祸，难道不可以吗？"匡章说："齐王之所以不停用兵，不断攻打他国，是为了什么呢？"惠子说："功效大的话可以称王，其次可以称霸。如今用尊齐王为王的办法而延长百姓的受命，使百姓免于死亡，这就是用石头代替爱子的头，为何不这样做呢？"民，寒冷了就要火，酷热了就要冰，干燥了就要潮湿些，潮湿了就要干燥些。寒冷、酷热，干燥、潮湿是相反的，但在利于百姓方面是一致的。为百姓谋利难道只有一种方法吗？只要能合乎时宜就可以了。

解__读

"仁于他物，不仁于人，不得为仁；不仁于他物，独仁于人，犹若为仁。"这句话就是告诉人们，应该以人为本，爱物固然也是美德的体现，但一定要先爱自己的同类，再去爱护其他物类。若连自己的同类都不爱护，而去爱护他人，这样的爱一定是狭隘的，是虚伪的。就如，爱鹤的卫懿公一样，只知道喜欢"高洁"的白鹤，却不知道爱护自己治下的百姓，那百姓自然也不会敬爱他，所以当敌国入侵的时候，百姓都弃他而去，卫国险些因此而灭亡。

古代那些受人崇敬的君主、圣贤，无不以爱民为本，他们实施爱民的政策，进行惠民的事业，像父母一样抚爱百姓；他们从来不考虑自己的得失，一切举措都是为了天下民众，如神农氏尝百草，大禹治水，后稷教民众稼穑……他们越是舍己为民，民众就越为崇敬、支持他们，这就是老子所说的："圣人后其身而身先，外其身而身存，以其无私，故能成其私。"而那些无道之君，则与此相反。他们口中喊着崇高的口号，满口为了天下、为了荣誉，却将百姓当作粪土看待；自己享受着荣华富贵，却希望百姓牺牲。百姓不是傻子，这样的统治者迟早会被人民所抛弃，如隋炀帝、崇祯等等。所以说，统治者要想获得民众的支持，使国家社稷安稳，自己就要先去爱惜百姓、尊重人民，采取利民惠民的政策。

同时，爱护同类这个道理也值得当代很多人好好思考。有些人知道同情心是好的，却宁愿将同情心花在猫、狗等宠物身上，路边有乞丐他们不会可怜，却可怜流浪的动物；有人陷入穷困之中，他们不会同情，却同情那些与自己不相干的鸟兽。还有的人，为了展示自己的爱心、同情心，购买很多动物进行放生，将老鼠放在别人生活居住的地方，将毒蛇放在人们锻炼出行的地方，给别人的生活造成极大的威胁。这些人能够称得上"仁"吗？显然不能。所以说，一切美德先用在自己的同类身上，而后推及到其他物类，这才是真正的美德。爱护、同情其他物类，而遗弃、伤害自己的同类，这样的美德不要也罢！

慎行论

慎行

原　文

　　行不可不孰①。不孰，如赴深溪，虽悔无及。君子计行虑义，小人计行其利，乃不利。有知不利之利者，则可与言理矣。

　　荆平王有臣曰费无忌，害太子建，欲去之。王为建取妻于秦而美，无忌劝王夺。王已夺之，而疏太子。无忌说王曰："晋之霸也，近于诸夏；而荆僻也，故不能与争。不若大城城父而置太子焉，以求北方，王收南方，是得天下也。"王说，使太子居于城父。居一年，乃恶②之曰："建与连尹③将以方城外反。"王曰："已为我子矣，又尚奚求？"对曰："以妻事怨，且自以为犹宋也。齐晋又辅之。将以害荆，其事已集矣。"王信之，使执连尹，太子建出奔。左尹郤宛，国人说之。无忌又欲杀之，谓令尹子常曰："郤宛欲饮令尹酒。"又谓郤宛曰："令尹欲饮酒于子之家。"郤宛曰："我贱人也，不足以辱令尹。令尹必来辱，我且何以给待之？"无忌曰："令尹好甲兵，子出而置之门，令尹至，必观之己，因以为酬。"及饮日，惟门左右而置甲兵焉。无忌因谓令尹曰："吾几祸令尹。郤宛将杀令尹，甲在们矣。"令尹使人视之，信。遂攻郤宛，杀之。国人大怨。动作者④莫不非令尹。沈尹戌谓令尹曰："夫无忌，荆之谗人也。亡夫太子建，杀连尹奢，屏王之耳目。

今令尹又用之杀众不辜，以兴大谤，患几及令尹。"令尹子常曰："是吾罪也，敢不良图？"乃杀费无忌，尽灭其族，以说其国。动而不论其义，知害人而不知人害己也，以灭其族，费无忌之谓乎！

崔杼与庆封谋杀齐庄公。庄公死，更立景公，崔杼相之。庆封又欲杀崔杼而代之相，于是椓⑤崔杼之子，令之争后。崔杼之子相与私哄。崔杼往见庆封而告之。庆封谓崔杼曰："且留，吾将兴甲以杀之。"因令卢满嫳兴甲以诛之。尽杀崔杼之妻子及枝属⑥，烧其室屋，报崔杼曰："吾已诛之矣。"崔杼归，无归。因而自绞也。庆封相景公，景公苦之。庆封出猎，景公与陈无宇、公孙灶、公孙蛋诛封。庆封以其属斗，不胜，走如鲁。齐人以为让，又去鲁而如吴，王予之朱方。荆灵王闻之，率诸侯以攻吴，围朱方，拔之。得庆封，负之斧质，以徇于诸侯军，因令其呼之曰："毋或如齐庆封，弑其君而弱其孤，以亡其大夫。"乃杀之。黄帝之贵而死，尧舜之贤而死，孟贲之勇而死，人固皆死，若庆封者，可谓重死矣。身为戮，支属不可以见，行忮⑦之故也。

凡乱人之动也，其始相助，后必相恶。为义者则不然，始而相与，久而相信，卒而相亲，后世以为法程。

注　释

①孰：通"熟"，深思熟虑。

②恶：通"诬"，诬陷。

③连尹：楚国官名，这里指太子建的老师伍奢。

④动作者：可以动作的人，即所有人。

⑤椓：说坏话，指挑拨。

⑥枝属：宗族、部属。

⑦忮：奸邪、悖逆。

译　文

行动不可不深思熟虑。不深思熟虑，就会如奔向深渊一样，即使后悔也来不及了。君子谋划行动，所考虑的是道义，小人谋划行动，所考虑的是利益，考虑利益，最终往往却不能获得利益。若有人能懂得不争利中蕴含的利益，就可以与之谈论大道理了。

楚平王有位叫费无忌的臣子，嫉恨太子建，想将他除去。楚平王为太子建从秦国娶妻，女子长得很美，费无忌就劝平王夺来自己占有。平王于是自己收纳了这个女子，而疏远了太子。费无忌对平王说："晋国之所以能称霸，是因为接近中原诸侯；而楚国地处偏远，所以不能与其相争。不如大规模扩建城父，而将太子安置在那里，以谋求北方诸侯的归附，您亲自攻略南方，如此便可以得到天下了。"楚平王大悦，便派遣太子建驻守城父。过了一年，费无忌就诬谮说："太子建和他的老师连尹伍奢将凭借方城以外作乱。"楚平王说："他已经做了我的太子，还造反求什么呢？"费无忌回答："太子因为您夺了他的妻子而怨恨，且自以为就像宋国那样独立的小国一样。齐国、晋国又帮助他，将危害楚国，他们已经准备完了。"楚平王相信了，便派人拘捕了连尹伍奢，太子建出逃。楚国左尹郤宛是个贤人，国人都敬爱他。费无忌又想将其杀害，便对令尹子常说："郤宛想设宴邀请您饮酒。"又对郤宛说："令尹要到您家中饮酒。"郤宛说："我是卑贱之人，不足以使令尹屈尊前来。若令尹执意屈尊造访，我该拿什么招待他呢？"费无忌说："令尹喜欢铠甲、兵器，您将家中收藏的铠甲、兵器拿出来，摆放在门口，令尹来了一定会观赏它们，您可以趁机将它们献给令尹。"到了宴请那一天，郤宛便在家门两边摆放了兵器、铠甲。费无忌于是对令尹子常说："我差一点儿害了您。郤宛将要杀死您，兵器、铠甲都藏在了门两边。"令尹派人前往察视，果然如此。于是便率军进攻郤宛，将其杀死。国人十分怨愤，没有不非议令尹子常的。沈尹戌对令尹说："费无忌是楚国的谗佞之人。导致太子建逃亡，杀死连尹伍奢，壅闭大王的耳目。如今令尹又相信他而杀了众多无辜之人，以致招来纷纷非议，祸患即将降临到您身上了！"令尹子常说："这是我的过错啊，怎敢不好好想办法对付呢？"于是杀死了费无忌，将其家族夷灭，以取悦国人。行为不考虑道义，只知道陷害别人而不知道别人也会反过来害自己，最终导致家族破灭，这说的就是费无忌吧！

崔杼和庆封谋杀了齐庄公。齐庄公死后，更立齐景公，崔杼担任国相。庆封又想杀死崔杼自代为相，于是挑拨崔杼的儿子们，让他们争为后嗣。崔杼的儿子们相互争抢、哄吵。崔杼于是去见庆封，告诉了他家中的纷乱。庆封对崔杼说："您姑且留在这儿，我将派兵将他们杀掉。"于是派卢满嫳带甲兵去诛杀他们，将崔杼的妻儿老小及宗族亲属全部杀光，烧毁了崔氏的房屋，回报崔杼说："我已经诛杀了他们。"崔杼回去，无家可归，便上吊自杀了。庆封担任齐景公的国相，景公深以为苦。庆封外出打猎，齐景公与大夫陈无宇、公孙灶、公孙虿讨伐庆封。庆封率领自己部属与他们交战，不能取胜，便逃亡鲁国。齐国人以此责让鲁国，庆封于是又逃出鲁国前往吴国，吴王将朱方封给他。楚灵王听说这件事，便率领诸侯攻打吴国，围困朱方，攻下了它。抓获庆封，让他背着斧质，在诸侯军中游行示众，并强迫他高喊："不要像齐国的庆封一样，杀死自己的君主而欺凌他的孤寡，最终失去了大夫之位。"然后杀死了他。黄帝那样尊贵也要死亡，尧舜那样贤能也要死亡，孟贲那样勇猛也要死亡，人本来就是要死亡的，像庆封那样因不义而受辱取死，可以说是死了又死。自己被杀，宗族不能保全，这就是行事悖逆的下场。

但凡奸邪之人行事，开始相互帮助，最后一定相互反目、怨恨。坚守道义的人则不这样，他们开始相互帮助，时间越长越能相互信任，最终相互亲爱，可作为后世人行事、交往的法则。

解 读

"皇天无亲，常与善人。"一个人常怀道义，多行善事，上天必将赐福于他；反之一个人心怀恶念，多为奸邪之时，最终必将作法自毙。费无忌身为楚国大夫，不追有利于国家之事，却阿谀逢佞、陷害无辜，使国家失去贤者、增加外患，最终被子常所杀；崔杼、庆封两人弑君乱国，最后都落得家族灭亡，受辱而死的下场，他们可以说都是行为不道，自取灭亡的。俗话说"善有善报，恶有恶报"，这是很有道理的。历史上那些奸臣贼子，能有几个得到好下场的？伯嚭陷害伍子胥，最终在吴国灭亡后，句践第一个杀死的就是他；赵高陷害扶苏、蒙恬、李斯等，最终被子婴用计杀死；汉朝的梁冀、董卓，唐朝的杨国忠、李林甫，明朝的刘瑾、魏忠贤，清朝的和珅……这些都是大奸大恶之辈，为了获得权力地位，或是排挤异己、滥杀忠良，或是贪污受贿、阿谀误国，到头来都不得善终，遗臭万年。而那些忠臣志士，即便生前受到排挤、迫害，在去世后也能留名青史，受到后人敬仰。

坚持道义还是追逐利益？追求一时荣耀还是保全名节？人们很多时候都要面对这样的选择。真正的仁人一定选择道义而抛弃利益，真正的智者一定考虑长远的名节而轻视一时的权位。因为他们懂得：坚守道义，寂寞一时；行奸为邪，却将凄凉万古。世上最大的智慧就是善良，最深的远见就是持守正道。古人云："天命难知，人道易守。"一个人多行善事，持守正道，生可以获得内心的坦荡，死也可以获得高洁的美名，这是任何通过邪僻之行而得来的富贵、权势都不能相比的，智者又怎么会舍此而取彼呢！

无义

原 文

先王之于论也极之矣。故义者，百事之始也，万利之本也，中智①之所不及也。不及则不知，不知趋利②。趋利固不可必也。公孙鞅、郑平、续经、公孙竭是已。以义动则无旷事③矣，人臣与人臣谋为奸，犹或与之，又况乎人主与其臣谋为义，其孰不与者？非独其臣也，天下皆且与之。

公孙鞅之于秦，非父兄也，非有故也，以能用也。欲埋之责，非攻无以。于是为秦将而攻魏。魏使公子卬将而当之。公孙鞅之居魏也，固善公子卬。使人谓公子卬曰："凡所为游而欲贵者，以公子之故也。今秦令鞅将，魏令公子当之，岂且忍相与战哉？公子言之公子之主，鞅请亦言之主，而皆罢军。"于是将归矣，使人谓公子曰："归未有时相见，愿与公子坐而相去别也。"公子曰："诺。"魏吏争之曰："不可。"公子不听，遂相与坐。公孙鞅因伏卒与车骑以取公子卬。秦孝公薨，惠王立，以此疑公孙鞅之行，欲加罪焉。公孙鞅以其私属与母归魏，襄疵④不受，曰："以君之反公子卬也，吾无道知君。"故士自行不可不审也。

郑平⑤于秦王，臣也；其于应侯，交也。欺交反主，为利故也。方其为秦将也，天下所贵之无不以者，重也。重以得之，轻必失之。去秦将，入赵魏，天下所贱之无不以也，所可羞无不以也。行方可贱可羞，而无秦将之重，不穷奚待？

> 赵急求李欬⑥。李言、续经与之俱如卫，抵公孙与。公孙与见而与入。续经因告卫吏使捕之。续经以仕赵五大夫。人莫与同朝，子孙不可以交友。
>
> 公孙竭⑦与阴君之事，而反告之樗里相国，以仕秦五大夫。功非不大也，然而不得入三都，又况乎无此其功而有行乎！

注 释

①中智：智慧普通、平庸之人。

②趋利：追逐私利。

③旷事：荒废、不成功的事。

④襄疵：魏将，商鞅逃亡时守卫边境，拒绝商鞅入魏。

⑤郑平：郑安平，范雎在魏国遇难之时，得到他的救助，二人一同入秦。范雎在秦国得势后，郑安平受到提拔担任秦将。在邯郸之战中郑安平部队被赵国、魏国军队围困，于是率部投降。

⑥其事不详。

⑦公孙竭：秦武王去世后，秦昭王继位，昭王的兄长公子雍、公子壮等人不满，联合诸侯准备发动叛乱。公孙竭参与其中，随即向相国樗里疾告密，导致政变失败，公子壮等人全部被杀。

译 文

先王对于道理，论述得极为透彻了。所以，义，是所有事情的前提，是一切利益的本源，智慧平庸的人不会懂得这个道理。不懂得这个道理就不能称为明智，不明智就会追逐私利。追逐私利反而不一定能最终获利。公孙鞅、郑平、续经、公孙竭就是这样的例子。若根据道义去行事，就不会有什么做不好的事了，臣子和臣子共谋作奸犯科，还可能得到回应，更何况君主与他的臣子共谋施行道义呢，有谁会不支持呢？不单单是他的臣子，天下人都会支持他。

公孙鞅对于秦国来说，不是宗室亲戚，也没有故旧情谊，只是凭借才能而被任用的。所以他要对秦国尽责，除了攻伐他国没有其他方式。于是担任秦将攻打魏国。魏国派遣公子卬为将抵抗秦军。公孙鞅在魏国之时，原本与公子卬交好。便派人对公子卬说："我所以出游而希望显贵，都是公子您的缘故。如今秦国让我为将，而魏国派公子抵抗，我怎么忍心与公子交战呢？公子向您的君主请求，我也向我的君主请求，使双方都罢兵吧！"于是将要回师，派人对公子卬说："归去以后不知何时能再见，希望和公子一聚再离别。"公子说："好。"魏国军吏争谏说："不可以。"公子卬不听。于是和公孙鞅相聚叙旧。公孙鞅趁机埋伏步卒、车骑掳获了公子卬。秦孝公去世以后，秦惠王继位，因此事而怀疑公孙鞅的品行，想要加罪于他。公孙鞅带着自己的私人部属和母亲返回魏国。魏国将军襄疵不接纳他们，说："因为您对公子卬背信弃义，我无法了解您。"所以，士人对自己的行为不可不审慎。

郑平对于秦王来说，是臣子；对于应侯来说，是朋友。他欺骗朋友、背叛君主，都是为了利益的缘故。当他为秦将的时候，天下最显耀的事没有不能做的，这是因为身份尊荣。身份尊荣时得到的这一切，身份卑贱时必定要失去。后来，他不再是秦将，投降赵国、魏国，天下最卑贱的事没有不做的，天下最羞耻的事没有不为的。行为卑贱可耻，又失去了为秦将时的尊荣，不穷困潦倒还能如何呢？

赵国紧急搜捕李欬。李言、续经和他一起逃到卫国，投靠公孙与。公孙与会见并接纳了他们。续经趁机向卫国官吏告发这件事，让他们逮捕了李欬。续经因此得以在赵国担任五大夫的官职。没有人愿意与他同朝为官，连他的子孙也交不到朋友。

公孙竭参与阴君之事，反过来又向相国樗里子告发，因此而担任了秦国的五大夫。他的功劳并非不大，然而却被天下人所鄙视，被禁止进入赵、卫、魏三国的都城。公孙竭有功于秦国尚且如此，更何况那些没有他的功劳却做着同样背信弃义之事的人呢！

解 读

智者在考虑事情的时候，首先考虑的是如何才能遵循道义，他们宁可放弃利益，也不做有损道义之事。而愚蠢的人往往眼中只有利益，为了利益不惜违背道义，却不知义是万利之本，违背道义的人即便能够得到一点儿小利，其受到的灾祸也一定更深。商鞅为了取得战争的胜利，欺骗老朋友，虽然受到秦国的奖赏，却丧失了诚信，所以在逃亡魏国之时，被拒绝，最终遭到了车裂的酷刑。郑安平贪生怕死，投敌叛国，虽然获得了赵国的爵位，却永远背上背友叛主的恶名，最终贫穷潦倒。续经、公孙竭也是这样的人，见利忘义，出卖朋友，最终被世人所唾弃，连子孙都蒙受耻辱……利益本该是有利于自身的，而这些人所得到的"利益"，却让良心受到煎熬，名节受到玷污，不再被他人所信任，只怕吃着山珍海味，车座高车驷马也不会快乐。他们得到的哪是利益呢！简直就是祸患，羞辱。

所以说，道义是最大的利，事情合乎道义，然后才能谈利。坚持道义，而轻视利益，既是君子美德的体现，也是智者超出常人的智慧。所以，孔子说："君子喻于义，小人喻于利。"孟子劝诫梁惠王说："王何必曰利，亦有仁义而已矣！"

疑似

原　文

使人大迷惑者，必物之相似也。玉人之所患，患石之似玉者；相剑者之所患，患剑之似吴干①者；贤主之所患，患人之博闻辩言而似通者。亡国之主似智，亡国之臣似忠。相似之物，此愚者之所大惑，而圣人之所加虑也，故墨子见歧道而哭之②。

周宅③丰、镐，近戎人。与诸侯约：为高葆④祷于王路，置鼓其上，远近相闻。即戎寇至，传鼓相告，诸侯之兵皆至，救天子。戎寇当至，幽王击鼓，诸侯之兵皆至，褒姒大说，喜之。幽王欲褒姒之笑也，因数击鼓，诸侯之兵数至而无寇。至于后戎寇真至，幽王击鼓，诸侯兵不至，幽王之身乃死于丽山之下，为天下笑。此夫以无寇失真寇者也。贤者有小恶以致大恶，褒姒之败，乃令幽王好小说以致大灭。故形骸相离，三公九卿出走。此褒姒之所用死，而平王所以东徙也，秦襄、晋文之所以劳王劳而赐地⑤也。

梁北有黎丘部，有奇鬼焉，喜效人之子侄昆弟之状，邑丈人有之市而醉归者。黎丘之鬼效其子之状，扶而道苦⑥之。丈人归，酒醒，而诮其子曰："吾为汝父也，岂谓不慈哉？我醉，汝道苦我，何故？"其子泣而触地曰："孽矣！无此事也。昔也往责于东邑，人可问也。"其父信之，曰：

"嘻！是必夫奇鬼也！我固尝闻之矣。"明日端复饮于市，欲遇而刺杀之。明旦之市而醉，其真子恐其父之不能反也，遂逝迎之。丈人望其真子，拔剑而刺之。丈人智惑于似其子者，而杀于真子。夫惑于似士者而失于真士，此黎丘丈人之智也。

疑似之迹，不可不察，察之必于其人也。舜为御，尧为左，禹为右，入于泽而问牧童，入于水而问渔师，奚故也？其知之审也。夫孪子之相似者，其母常识之，知之审也。

注　释

①吴干：吴国名剑干将。

②墨子见歧道而哭之：其他典籍多记为杨子。杨朱邻居家的羊走失了，人们都帮忙寻找，最后因为歧路太多而没有找到。杨子对此事有所感悟，不禁落泪。喻事物复杂多变，没有正确的方向就会误入歧途，后果严重。

③宅：定都。

④葆：土堡。

⑤秦襄、晋文之所以劳王劳而赐地：戎人攻破镐京之后，秦襄公率军救周。周平王东迁，秦襄公出兵护送，以功封为诸侯，得到岐山以西的土地。周幽王被杀后，诸侯拥立周平王继位；同时周幽王宠臣虢石父拥立了幽王的另一个儿子，即周携王，面对这种乱象，晋文侯率兵勤王，杀死周携王，并护送周平王东迁。作为回报，周平王认可晋文侯在汾水流域开拓疆土。

⑥苦：戏弄、折磨。

译　文

使人深为迷惑的，一定是相类似的事物。玉工所忧虑的，是那些像玉的石头；相剑的人所忧虑的，是那些像吴国名剑干将一样的劣剑；贤明君主所忧患的是，那些博闻广记、言辞强辩类似通达者的佞人。亡国的君主似乎很明智，亡国的臣子似乎很忠诚。相类似的事物，就是愚者深为迷惑，圣人需要审慎思虑的，所以墨子看到歧路就不禁感慨流涕。

周人定都丰镐之地，接近戎人。周天子与诸侯约定：在路上修建高大的土堡，上面安置大鼓，使远近都能听到击鼓之声。若有戎人入寇，便击鼓传告，诸侯的军队都要赶来援救天子。戎人曾经入侵，周幽王击鼓告急，诸侯的救兵都赶来，褒姒见了非常高兴，很喜欢看这种场面。周幽王为了让褒姒开心发笑，便屡屡击鼓，诸侯的援兵多次到来却没有发现敌兵。以至于后来戎人真的进犯，幽王击鼓，诸侯救兵不来，周幽王被杀死在骊山之下，为天下人所耻笑。这就是没有贼寇乱击鼓而延误了贼寇真到来时的救援。贤者往往因为小的过失而招致大的灾祸，更何况那些不肖之辈呢？褒姒败坏国事，就是令周幽王喜好无足轻重的小欢乐而导致杀身大祸。所以周幽王丢失性命，三公九卿弃国出逃；所以褒姒被掳受害，周平王东迁，秦襄公、晋文侯因此而起兵勤王、获得土地封赏。

梁国北部有个叫黎丘的地方，当地有种奇怪的鬼，喜好效仿别人子孙兄弟的样子。邑中有个老丈到市中去，喝醉了返回往家走。黎丘鬼模仿他儿子的样子，扶他回家而在路上苦苦捉弄他。老丈回去以后，酒醒了就责问他的儿子说："我是你的父亲，难道说不慈爱吗？我喝醉了，你在路上捉弄我，这是为何？"他的儿子哭泣着叩头回答："冤枉啊！没有这样的事。昨日我去东邑讨债，可以问别人的。"他的父亲相信了，说："噫！这一定是那奇鬼作祟！我曾经听说过。"第二天老丈又到市上饮酒，希望再次遇到奇鬼，将其杀死。天刚亮便到市上喝醉了，他的儿子担心父亲不能回家，于是就前往迎接他。老丈看到儿子，拔剑就刺。老丈的智慧受惑于类似他儿子的奇鬼，而杀死了自己真的儿子。那些被类似贤士的人所迷惑而失去真正士人的人，他们的智慧就如黎丘的老丈一样啊！

令人生疑、似是而非的现象，不可不明察详审，审察这种现象，一定要寻得合适的人。即便舜为车夫，尧为车左，禹为车右，进入沼泽也一定要向牧童问路，进入水域也要向渔夫请教，这是为何呢？因为他们对情况了解得最为清楚。孪生子长得很相像，但他们的母亲却总能清晰辨认，这就是因为母亲对他们了解得清楚啊！

解　读

对错、正邪之间的分辨往往不是那么清晰，有的人内心奸邪，却一副道貌岸然的样子；有的事违背道义，却可以得到一番光鲜亮丽的解释。人们一眼就能分辨的恶人、坏事，往往并不会造成多大的损害，那些看似好人的恶人，看似正确的错事才最为可怕，人们与这样的人交往、做着这样的事，还犹然不觉自己的过错，等到醒悟时犯错已深，再想改过就困难了。

赵高最为奸佞，弄权乱政，大夫们都不敢直谏，李斯向秦二世指出赵高的奸佞，秦二世不仅不相信，反而说："怎么会呢！赵高只不过是一个宦官，安乐中不敢放荡、危难中不改初心，以忠诚得到提拔，以信实恪守职责，我很赏识他。你却怀疑，这是为何呢？况且我不信任赵高，还能信任谁呢！"于是，将李斯的话转告给了赵高，赵高反而说："丞相所顾忌的只有我了，我若被杀，丞相就可以效仿田常篡逆了！"秦二世深信赵高的话，反而怀疑起李斯来，终将李斯下狱，处死。而李斯死后不久，赵高就发动了政变，派人将秦二世杀死。秦二世到临死的时候，才知道赵高是个奸臣。

君主心中无不期望臣子能忠心报国，然而还是有那么多人亲信奸臣，并不是他们自己想做昏君，想损害自己的国家，只是智力有限，不能分辨忠奸罢了；没有君主想让自己的国家灭亡，却常常做着危害社稷的事，也是同样的道理，智力不足，看不到其所为之事的后果。所以说，那些难以让人分辨忠奸对错的人、事、言论，才是最可怕的。孔子说："恶紫之夺朱也，恶郑声之乱雅乐也，恶利口之覆邦家者！"又说，"乡愿，德之贼也！"都是厌恶那些似是而非，以假冒真的东西。

那么，君主该如何明辨臣子的忠奸，人们该怎样分清事情的对错呢？明察详审，多观多闻而已。就如孟子所说的："左右皆曰贤，未可也；诸大夫皆曰贤，未可也；国人皆曰贤，然后察之；见贤焉，然后用之。左右皆曰不可，勿听；诸大夫皆曰不可，勿听；国人皆曰不可，然后察之；见不可焉，然后去之。左右皆曰可杀，勿听；诸大夫皆曰可杀，勿听；国人皆曰可杀，然后察之；见可杀焉，然后杀之。"能够这样深入地审察臣子，君主又怎么会被奸邪小人所蒙蔽呢？对于事情也是如此，自己觉得正确，不要去做；身边的人觉得正确，不要去做；一定要请教贤能而有智慧的人，他们觉得正确，然后再去施行，就不会犯太大的过错了。自己觉得没有害处，不要去做；身边的人觉得没有害处，不要去做；一定要请教那些智者、贤士，他们若觉得事情不会有害，再去追求，这就不会招致祸患了。

总之，对于似是而非的事，一定要明察详审，一定要善于以贤人、智者为老师，多思多闻，如此才能避免大过，远离灾害。

贵直论

贵直

　　贤主所贵莫如士。所以贵士，为其直言也。言直则枉者①见矣。人主之患，欲闻枉而恶直言。是障其源而欲其水也，水奚自至？是贱其所欲而贵其所恶也，所欲奚自来？

　　能意见齐宣王。宣王曰："寡人闻子好直，有之乎？"对曰："意恶能直？意闻好直之士，家不处乱国，身不见污君。身今得见王，而家宅乎齐，意恶能直？"宣王怒曰："野士也！"将罪之。能意曰："臣少而好事，长而行之，王胡不能与野士乎，将以彰其所好耶？"王乃舍之。能意者，使谨乎论于主之侧，亦必不阿主。不阿，主之所得岂少哉？此贤主之所求，而不肖主之所恶也。

　　狐援说齐湣王曰："殷之鼎陈于周之廷，其社盖于周之屏，其干戚之音②在人之游。亡国之音不得至于庙，亡国之社不得见于天，亡国之器陈于廷，所以为戒。王必勉之！其无使齐之大吕陈之廷，无使太公之社盖之屏，无使齐音充人之游。"齐王不受。狐援出而哭国三日，其辞曰："先出也，衣缔纻③；后出也，满图圄④。吾今见民之洋洋然东走而不知所处。"齐王问吏曰："哭国之法若何？"吏曰："斮。"王曰："行法！"吏陈斧质于东闾，不欲杀之，而欲去之。狐援闻而蹶往过之。吏曰："哭国之法斩，先生之老欤？昏欤？"狐援曰："曷为昏哉？"于是乃言曰："有人自南方来⑤，鲋入而鲵居⑥，使人之朝为草而国为墟。殷有比干，吴有子胥，齐有狐援。已不用若言，又斩之东闾，每斩者以吾参夫二子者乎！"狐援非乐斩也，国已乱矣，上已悖矣，哀社稷与民人，故出若言。出若言非平论也，将以救败也，固嫌于危。此触子之所以去之也，达子之所以死之也⑦。

赵简子攻卫，附郭⑧。自将兵，及战，且远立，又居于犀蔽屏橹之下。鼓之而士不起。简子投枹而叹曰："呜呼！士之速弊一若此乎！"行人烛过免胄横戈而进曰："亦有君不能耳，士何弊之有？"简子艴然作色曰："寡人之无使，而身自将是众也，子亲谓寡人之无能，有说则可，无说则死！"对曰："昔吾先君献公即位五年，兼国十九，用此士也。惠公即位二年，淫色暴慢，身好玉女，秦人袭我，逊⑨去绛七十，用此士也。文公即位二年，厎之以勇，故三年而士尽果敢；城濮之战，五败荆人，围卫取曹，拔石社，定天子之位，成尊名于天下，用此士也。亦有君不能耳，士何弊之有？"简子乃去犀蔽屏橹，而立于矢石之所及，一鼓而士毕乘之。简子曰："与吾得革车千乘也，不如闻行人烛过之一言。"行人烛过可谓能谏其君矣。战斗之上，枹鼓方用，赏不加厚，罚不加重，一言而士皆乐为其上死。

注 释

①枉者：错误、弊端。

②干戚之音：指宫廷礼乐。

③绨纻：细麻衣。

④囹圄：监牢。

⑤有人自南方来：指楚将淖齿，诸侯联军攻齐，齐国向楚国求援，楚王派淖齿率军救齐，齐湣王任用淖齿为相。后来，淖齿杀死齐湣王，但自己也被齐国军民所杀。

⑥鲋：鲋鱼，性情温顺，小而无害。鲵，鲸鱼，雄曰鲸，雌曰鲵，大而凶暴，人们常以"鲸鲵"喻指凶残的敌人。

⑦触子、达子都为齐将，诸侯攻齐，齐湣王派触子为将抵抗，触子坚守不战，齐湣王催促军队出战，用挖祖坟、行杀戮来威胁，触子不得已出战，战败后逃亡不知下落。齐湣王又令达子为将，达子请求齐王拿出金钱激励士卒，齐湣王不听，反而进行责骂，齐军士气低下，达子战败身死。

⑧附郭：迫近外城。

⑨逊：败退。

译 文

贤明的君主所看重的莫如士人。之所以看重士人，是因为他们能直言进谏。直言进谏，君主的过错就会显现出来。君主的弊病在于想要听闻自己的过失却厌恶正直的言论，这就是堵塞了水源却想得到水一样，水又能从何而来呢？这就是轻贱自己想得到的东西而尊崇自己所厌恶的东西，如此想得到的东西又从何而来呢？

能意谒见齐宣王。齐宣王说："我听说您好正直，有这样的事吗？"能意回答："我哪能正直呢？我听说好正直的人，不在乱国安家，不见德行有污的君主。我如今见到大王，又在齐国安家，怎么能称得上正直呢？"齐宣王生气地说："真是鄙陋无礼之人啊！"将要降罪于他。能意说："我年轻时就喜欢直言直行，长大了也是这样做的，大王为何不能接纳粗野之士的直言，来彰明他们所看重的正直呢？"齐宣王于是赦免了他。能意这样的人，若让他在君主身旁谨慎地议事，一定不会阿谀君主。不阿谀君主，君主得到的教益难道会少吗？这正是贤明君主所追求的，而不肖君主所厌恶的。

狐援劝谏齐湣王说："殷商的宝鼎被陈列在周朝的朝廷之上，它的社庙被周人的屏障所覆盖，它的宫室舞乐被周人用在游乐之中。亡国的音乐不能再进入宗庙，亡国的宗社不能再面见天日，亡国的宝器陈列在别人的朝堂之上，这足以作为后世的警戒，大王一定要努力避免啊！不要让齐国的大吕陈列到他国的朝堂上去，不要让太公的神社被屏障所覆盖，不要让齐国的宫廷音乐为他人游乐时所使用。"齐湣王不听劝谏。狐援出去后为国家哭了三天，哀哭时的言辞说："先出逃的人，尚可穿着细麻衣服；后出逃的人，恐怕要充满监狱。我如今要看到百姓浩浩荡荡地逃亡而不知道该在何处安居。"齐湣王询问法吏说："哭丧国家应该受到什么样的刑罚？"法吏回答："当斩。"齐湣王说："依法行事！"法吏将刑具陈列在东门，不想杀死狐援，而希望他能逃走。狐援听到消息，反而跌跌撞撞地前往受刑。法吏说："哭丧国家，按律当斩，先生年老糊涂了吗？还是头脑发昏呢？"狐援说："怎么是头脑发昏呢！"于是对法吏说："有人从南方而来，来时像温顺的鲋鱼，后来却变为凶暴的巨鲸，令别人的朝廷生出草莽、国家变为废墟。殷商有王子比干，吴国有伍子胥，齐国也有我狐援。君主既不听我的忠言，又要在东门将我处死，这是要杀掉我让我和王子比干、伍子胥并列吧！"狐援并不是喜欢被杀，国家已经混乱了，君主昏聩愚蠢，他哀怜人民、社稷，所以才说出那样的言论。说出那样的言论，并不是平心论事，而是为了挽救国家的败亡，所以必定近乎危言耸听。齐湣王不辨忠直之言，杀害贤臣，这就是触子之所以离去，达子之所以战败而死的原因啊！

赵简子攻打卫国，迫近了外城。简子自己统率军队，到了交战之时，却又站立在远离战场的地方，躲在屏障和盾牌之后。他亲自击鼓进军，士卒却不奋勇前进。赵简子丢下鼓槌叹息道："哎！士卒的衰废竟然快到了这种地步！"行人烛过摘下头盔，横着戈上前说："只不过您有些地方没做到罢了，士卒有什么衰废的。"赵简子怫然变色，说："我没有委派他人，而是亲自率领军队，你却当面指责我做得不够，有说法便罢，没说法就治你死罪！"行人烛过回答："从前我们先君献公即位五年，吞并国家十九个，所使用的就是这样的士卒。惠公即位两年，沉溺女色，荒淫怠慢，喜好美女，秦国攻打我们，晋军溃败逃到距离国都绛城只有七十里的地方，用的也是同样的士卒。文公即位两年，以勇武砥砺士卒，所以三年之后便人人刚勇；城濮之战，我们五次击败楚军，围困卫国，攻取曹国，占领石社，安定了周天子的王位，成就文公威震天下的显名，用的也是同样的士卒。如今您统率军队，却无法克敌制胜，也只是您自己有些地方没做到罢了，士卒有什么衰废的呢？"赵简子于是撤去屏障盾牌，站立在箭矢可以射到的地方，只击鼓一次，士兵便都登上了城墙。赵简子说："与其让我获得兵车千乘，也不如听到行人烛过这一番话啊！"行人烛过可以说是能够劝谏其君主的了——正当战斗之中，击鼓进军之时，没有增加赏赐，没有加重刑罚，只凭借一番直言就让士卒乐于为其长上效死。

解　读

　　《诗》云："人之好我，示我周行。"那些能够指出我的错误，告诉我什么是正道的人，才是对我最好的人；而那些阿谀谄媚，没原则地讨好我的人，都是有害于我的人。智者不会被一时的好恶所迷惑，听到悦耳的言辞时，一定要反思自己是否真的如人所说，听到逆耳的言论时，也一定会反省自己是否真的存在那样的不足。有利于自己的言论，虽然逆耳，他们也会听取；不利于自己的言论，虽然悦耳，他们也不会喜悦。所以，赵简子在宴会中听到赞扬的话，就感到忧心，泣思能够直言进谏的周舍；唐太宗听到赞美的话，就斥责宇文士及的奸佞。正是因为有能明辨直佞的美好品质，所以他们能成就伟大的事业。反之，那些对直言视如毒药，而对佞辞嗜如蜜糖的昏君，则大多都落得亡国身死的下场，如秦二世、隋炀帝之流。

　　"良药苦口利于病，忠言逆耳利于行"，正直的言论往往听起来很刺耳，但行起来却于人有利。有利于行动，这才是言辞的最大价值，而非它动不动听。人要勇于听取别人的批评，虚心接受别人的意见，越是听着不顺耳的话，就越要反思，也许正是自己错得太深，所以才不能理解别人的道理，才会觉得正确的言论刺耳。听得了这种话，往往能够让自己发现大毛病，改掉大错误，真正的智者不会厌恶它们，反而会将它们看成最宝贵的收获。所以，子路闻过则喜，后人对其大加称赞。

　　历史上那些有大成就的人都是善于反思、善于接受批评的；而那些亡国败家之人，则都是刚愎自用、拒绝劝谏的。我们一定要以史为鉴，像贤者学习，以不肖者为戒，做一个能够从善如流，能虚心接受批评的人。

直谏

　　言极①则怒，怒则说者危。非贤者孰肯犯危？而非贤者也，将以要利矣；要利之人，犯危何益？故不肖主无贤者。无贤则不闻极言，不闻极言，则奸人比周②，百邪悉起。若此则无以存矣。凡国之存也，主之安也，必有以也。不知所以，虽存必亡，虽安必危。所以不可不论也。

　　齐桓公、管仲、鲍叔、宁戚③相与饮。酒酣，桓公谓鲍叔曰："何不起为寿？"鲍叔奉杯而进曰："使公毋忘出奔在于莒也，使管仲毋忘束缚而在于鲁也，使宁戚毋忘其饭牛而居于车下。"桓公避席再拜曰："寡人与大夫能皆毋忘夫子之言，则齐国之社稷幸于不殆矣！"当此时也，桓公可与言极言矣。可与言极言，故可与为霸。

　　荆文王得茹黄之狗，宛路之矰④，以畋于云梦，三月不反。得丹之姬，淫，期年不听朝。葆申⑤曰："先王卜以臣为葆，吉。今王得茹黄之狗，宛路之矰，畋三月不反；得丹之姬，淫，期年不听朝。王之罪当笞⑥。"王曰："不谷免衣襁褓而齿于诸侯⑦，愿请变更而无笞。"葆申曰："臣承先王之令，不敢废也。王不受笞，是废先王之令也。臣宁抵罪于王，毋抵罪于先王。"王曰："敬诺。"引席，王伏。葆申束细荆五十，跪而加之于背，如此者再，谓王："起矣！"王曰："有笞之名一也，遂致之！"申曰："臣闻君子耻之，小人痛之。耻之不变，痛之何益？"葆申趣出，自流于渊，请死罪。文王曰："此不谷之过也，葆申何罪？"王乃变更，召葆申，杀茹黄之狗，析宛路之矰，放丹之姬。后荆国兼国三十九。令荆国广大至于此者，葆申之力也，极言之功也。

　　①言极：耿直地规劝，直言劝谏。

　　②比周：朋比为奸。

　　③宁戚：齐国贤大夫，年轻时穷困至极，曾以喂牛为生，后来得到齐桓

公赏识，被任命为大司田。

④矰：箭。

⑤葆申：名为申，葆为其官名，即太保。

⑥笞：笞刑，以鞭子、木板等责打受刑者背部、臀部或腿部的刑罚。

⑦齿于诸侯：位列诸侯之中。

译　文

言辞过于耿直，君主就会发怒，君主发怒劝谏的人就有危险，若非贤者，又怎肯涉危犯险？不是贤者的人，行事都是为了谋取利益；谋取利益的人，涉危犯险对他有什么好处呢？所以不肖的君主身边没有贤者。没有贤者就听不到耿直规劝的言论，听不到耿直规劝的言论，奸佞之人就会朋比为奸，各种奸邪悖乱的事就会纷纷涌现。这样国家就无法存续了。但凡国家能够存续、君主能够安乐，必然有其根源。不知道这根源，即便存续着也难免灭亡，即便安乐着也岌岌可危。所以对此不可不加以明察。

齐桓公、管仲、鲍叔、宁戚在一起饮酒。酒至酣处，齐桓公对鲍叔说："何不起身敬酒祝寿呢？"鲍叔举起酒杯敬酒说："希望君主不要忘了出奔在莒国时的落魄，希望管仲不要忘了束缚于鲁国时的危险，希望宁戚不要忘了当年喂牛为生时的穷困。"桓公离开酒席，对鲍叔行再拜之礼，说："若我和诸位大夫都能不忘您的言论，那么齐国的社稷也就有幸不会陷入危险了！"在这个时候，齐桓公是可以直言进谏的。可以直言进谏，所以能成就霸王之业。

楚文王得到了茹黄之狗、宛路之箭，便到云梦泽中狩猎，一去三月不返；得到了丹地的美女，纵情声色，一年不听朝政。葆申说："先王通过占卜，让我担任太葆，卦象吉利。如今大王得到茹黄之狗、宛路之箭，田猎三月不返；得到丹地美女，纵情声色，一年不听朝政。大王的罪过应施以笞刑。"楚王说："我脱离襁褓便位列诸侯，请您换一种刑罚，不要施以笞刑。"葆申说："臣接受先王的遗命，不敢废弃。大王不接受笞刑，是废弃先王之令。臣宁可得罪大王，也不愿得罪于先王。"楚王说："遵命。"于是拉过席子，楚王伏在上面。葆申将五十根细荆条捆在一起，跪着将其放在文王的背上，这样做了两次，对楚王说："您起来吧！"楚王说："同样是得到受笞刑的丑名，您就索性真的打我吧!"葆申说:"臣听说君子受到刑罚感到耻辱,小人受到刑罚感到疼痛。让他蒙受耻辱却不能改变过错,疼痛又有什么用呢?"葆申说完快步走出,将自己流放到深渊边上,请求接受死罪。楚文王说:"这是我的过错啊,葆申有什么罪呢?"于是便改过自新,召回葆申,杀死茹黄之狗,折断宛路之箭,打发了丹地的美女。后来楚国兼并三十九个国家,使楚国疆域广阔到这种地步的,都是葆申的功劳啊,这就是直言劝谏的功效。

解 读

古人云:"千羊之皮,不如一狐之腋;千人之诺诺,不如一士之谔谔。"正直之人的一句直言,往往就能使君主幡然醒悟,意识到自己的过失,改正错误的举止。正直的贤士,遇到事情首先考虑的是国家、百姓的利益,他们为了匡正国君的过失、安定国家,往往将个人安危置之度外,所以他们的言论都是耿直、恳切的,不会为了讨好国君而多加修饰。这些话虽然听起来会刺耳,但国君若能切实采纳,一定会大有利于国家。

三国之时,刘备取代刘璋入主益州,有人主张将成都的房舍、田园赏赐给有功将士。刘备准备采纳。这时,赵云劝谏说:"霍去病当年曾说:'匈奴未灭,无用家为',现在国贼不止像匈奴只有一个,还远远没到能够安定下来的时候。天下安定以后,再让众将返回家乡去耕种田地,这才是最好的决定。如今益州百姓刚刚经受战乱,应该立刻将田宅归还给百姓,以安定民心。"刘备听后,觉得有道理,便立刻采纳了赵云的建议。

后来,关羽被东吴所偷袭,败死麦城,丢失荆州。刘备准备兴兵讨伐东吴,赵云上谏说:"国贼是曹操,并非孙权。灭了曹魏之后,东吴自然会臣服。虽然曹操已经去世,但其子曹丕篡汉自立,引起公愤,应该趁着民愤正盛之时,首先攻取关中,占据黄河、渭水上游,顺流而下,讨伐逆贼,那样关东义士定然裹粮策马以迎王师。如今不去讨伐曹魏,反而攻打东吴,并非上策。"可惜被仇恨冲昏头脑的刘备,拒不接受谏言,执意东征,最后在夷陵遭遇大败,蜀汉国力大损,刘备也抑郁而亡。

病重之时,接受医生的指导,按吩咐吃药,病情就会好转;若讳疾忌医,拒不服药,那只能等着病情恶化。人的行为也是如此,有了过错,听从智者、直士的劝谏，好好反省、改正，便能避免错误；若怙恶不悛、知过不改，那过错就只能越来越大，最终将蒙受灾祸。刘备最初听取正直的劝谏，而避免了过错；后来拒绝直谏，而遭受惨败，就说明了这一点。

可以说，直谏就如良药，对于有过之人，接受它就能健康长寿，不接受它就会病重、败亡。人生在世谁没有过错呢？有了过错得到直谏是最为幸运之事，又怎么能轻视、舍弃它呢！舍弃直谏，就是自取灭亡。

壅塞

原 文

亡国之主不可以直言。不可以直言，则过无道闻，而善无自至矣。无自至则壅。

秦缪公时，戎强大。秦缪公遗之女乐二八①与良宰②焉。戎主大喜，以其故数饮食，日夜不休。左右有言秦寇之至者，因扞弓而射之。秦寇果至，戎主醉而卧于樽下，卒生缚而擒之。未擒则不可知，已擒则又不知。虽善说者，犹若此何哉？

齐攻宋，宋王使人候齐寇之所至。使者还，曰："齐寇近矣，国人恐矣。"左右皆谓宋王曰："此所谓'肉自生虫③'者也。以宋之强，齐兵之弱，恶能如此？"宋王因怒而诎杀④之。又使人往视齐寇，使者报如前，宋王又怒诎杀之。如此者三，其后又使人往视。齐寇近矣，国人恐矣。使者遇其兄，曰："国危甚矣，若将安适？"其弟曰："为王视齐寇。不意其近而国人恐如此也。今又私患，乡之先视齐寇者，皆以寇之近也报而死；今也报其情，死，不报其情，又恐死。将若何？"其兄曰："如报其情，有且先夫死者死，先夫亡者亡。"于是报于王曰："殊不知齐寇之所在，国人甚安。"王大喜。左右皆曰："乡之死者宜矣。"王多赐之金。寇至，王自投车上，驰而走，此人得以富于他国。夫登山而视牛若羊，视羊若豚，牛之性不若羊，羊之性不若豚，所自视之势过也。而因怒于牛羊之小也，此狂夫之大者。狂而以行赏罚，此戴氏⑤之所以绝也。

　　齐王欲以淳于髡傅太子，髡辞曰："臣不肖，不足以当此大任也，王不若择国之长者而使之。"齐王曰："子无辞也。寡人岂责子之令太子必如寡人也哉？寡人固生而有之也。子为寡人令太子如尧乎，其如舜也。"凡说之行也，道不智听智，从自非受是也。今自以贤过于尧舜，彼且胡可以开说哉？说必不入，不闻存君。

　　齐宣王好射，说人之谓己能用强弓也。其尝所用不过三石，以示左右，左右皆试引之，中关而止。皆曰："此不下九石，非王其孰能用是？"宣王之情，所用不过三石，而终身自以为用九石，岂不悲哉！非直士其孰能不阿主？世之直士，其寡不胜众，数也。故乱国之主，患存乎用三石为九石也。

注　释

①女乐二八：女乐即女子歌舞奴隶，八人一组，二八即两组。

②良宰：优秀的厨师。

③肉自生虫：肉自己生出蛆虫，指自作烦恼、杞人忧天。

④诎杀：屈杀。

⑤戴氏：宋国为子姓，但宋戴公后裔多以戴为氏，所以用戴氏指宋国公室。

译　文

　　亡国之君不能接受直言劝谏。不能接受直言劝谏，那么他的过错就无法听闻，忠言也无从而来。忠言无从而来，君主就昏聩壅闭了。

　　秦缪公时，戎人强大。秦缪公将两组女乐和高明的厨师送给他们。戎主大喜，因此常常大吃大喝，日夜不休。身边有说秦军将要入侵的，戎主就引弓射他。秦军果然来攻，戎主喝得酩酊大醉，正卧倒在酒樽下面沉睡，结果被秦军活捉捆了起来。戎主没被擒获的时候，不知道自己将要被擒获；被擒获之后，还在睡梦之中茫然不觉。对于这样昏聩之主，即便是善于游说劝谏的人，又能怎么样呢？

　　齐国攻打宋国，宋王派人侦察齐军到了什么地方。使者还报，说："齐国军队已经很近了，国人都感到惊恐。"宋王左右的人对他说："这就是俗话所说的'肉自己生出蛆虫'啊！以宋国的强大，齐军的衰弱，怎么可能这样呢？"宋王因此发怒将使者屈杀了。又派人前往侦察齐军情况，使者回来汇报如前，宋王又将其屈杀。如此再三，之后又派人查探。齐军已经迫近宋都，国人震恐。使者在路上遇到自己的兄长，兄长问："国家危险至极，你还要到哪里去呢？"弟弟说："为大王侦查齐军情况。想不到他们如此迫近国都，而国人惊恐成这个样子。如今我又私下担忧，以前侦查齐军的人，都因为如实汇报齐军迫近而被杀；现在我汇报实情是死，不汇报实情将来恐怕也要被杀。这可如何是好呢？"其兄长说："总是一死，若汇报实情，反而会让死亡提前到来。"于是，使者回报宋王说："根本没有看到齐军在哪里，国人都很安定。"宋王大喜。身边人都说："以前那些使者死得恰当啊！"宋王赏赐了这个使者很多财物。齐军到来，宋王自己奔到车上，驾车逃跑了，而那个使者则徙居他国，生活得很富足。登上高山远看，牛就如羊，羊就如猪，牛并不像羊那样小，羊也不像猪那样小，观察它们时站得地势过高就会这样。如果因此迁怒于牛羊过小，这就是狂悖至极之人。凭借狂悖之心而滥赏乱罚，这就是宋国灭亡的原因。

齐王准备让淳于髡做太子的老师，淳于髡推辞说："我不肖，不足以担当这重任，大王不如选择国内长者来任命。"齐王说："你就不要推辞了。我哪能要求你将太子教育得一定像我一样呢？我的贤德是生来就有的。你替我将太子教育得和尧那样，或者像舜那样就足够了。"但凡主张得以施行，都是君主自以为不智而听从智者的观点，自以为不对而听从正确的意见。如今齐王自以为比尧舜还要贤能，这样还怎么让别人劝谏他呢？劝谏他也不会听从，没听说过这样的君主还能保全君位的。

齐宣王好射箭，喜欢别人称赞自己能用硬弓。他所用的弓力量不过三石，拿给左右侍从看，侍从们都尝试着去拉，拉到一半就停下来。都说："这弓力量不下九石，若非大王谁还能使用！"齐宣王的真实情况，所用不过三石，而终身自以为能拉开九石的弓，岂不可悲！若非正直君子，谁能不阿附其君主呢？世上的正直之士，数量稀少不能胜过众多的阿谀小人，这就是实际情势啊。所以，乱国的君主，其弊病就在于本来只有三石的才力，却总以为有九石的才能！

解　读

　　不愿意听取忠言、接受直谏的君主，永远不能知道自己的不足。没有人天生喜欢欺骗、蒙蔽，臣子之所以违背良心、损害名节而欺骗、奉承君主，一定是君主自己爱慕虚荣、对直臣苛刻严厉造成的。戎主身边并非没有忠臣、志士，只是他自己的荒唐、昏庸让人不敢再直言劝谏；宋王的使者也并非愿意说假话，只是说真话就要被杀的现实让他不敢再说真话。

　　世上的君主大多如齐宣王一样，自以为比尧舜还要圣明，自以为无所不能，所以他们不相信自己存在的过错，不愿意承认自己不如别人，若别人指出了他们的缺点、错误，他们就会认为别人是嫉妒自己、诽谤自己，就会猜疑他人别有用心，就会用自己手中的无上权力来打击、报复他人……如此，若非贤者，谁还敢说真话，谁还敢做忠臣？君主视听被壅塞，思想被壅塞也就是不可避免的了。所以说，君主受到的壅塞不是来源于臣下，而是来源于自己。

　　老子说："自伐者无功，自矜者不长。"为人一定要避免骄傲自满、自以为是的毛病。不要总觉得自己是对的，不要总是夸耀自己，更不要总觉着听起来不顺耳的言论都是在诬陷自己。广开言路，多听听不同的观点，就不会受到蒙蔽、壅塞；谦逊恭谨，虚心接受批评、指责，别人才愿意对你说实话；知过能改，对正确的批评进行奖励，别人才愿意来指出你的过错。齐威王接受邹忌的劝谏，让国人指出自己的缺点，所以能不战而慑服诸侯；宋仁宗接受包拯的批判，对那些无端指责也宽容对待，所以能取得天下民心……要想不受壅塞，就必须谦虚谨慎、宽容大度，这是智者之所以博闻寡过，明君之所以能建功立业的重要保障，也是我们每个人都应努力去拥有的美好品质。

不苟论

赞能

原　文

贤者善人①以人，中人以事，不肖者以财。得十良马，不若得一伯乐；得十良剑，不若得一欧冶②；得地千里，不若得一圣人。舜得皋陶而舜授之，汤得伊尹而有夏民，文王得吕望而服殷商。夫得圣人，岂有里数哉？

管子束缚在鲁，桓公欲相鲍叔。鲍叔曰："吾君欲霸王，则管夷吾在彼。臣弗若也。"桓公曰："夷吾，寡人之贼也，射我者也，不可。"鲍叔曰："夷吾，为其君射人者也。君若得而臣之，则彼亦将为君射人。"桓公不听，强相鲍叔。固辞让，而相桓公果听之。于是乎使人告鲁曰："管夷吾，寡人之雠也，愿得之而亲加手焉。"鲁君许诺，乃使吏鞼③其拳，胶其目，盛之以鸱夷④，置之车中。至齐境，桓公使人以朝车迎之，被以燋火⑤，衅以牺猳⑥焉，生与之如国。命有司除庙筵几，而荐之曰："自孤之闻夷吾之言也，目益明，耳益聪。孤弗敢专，敢以告于先君。"因顾而命管子曰："夷吾佐予！"管仲还走，再拜稽首，受令而出。管子治齐国，举事有功，桓公必先赏鲍叔，曰："使齐国得管子者，鲍叔也。"桓公可谓知行赏矣。凡行赏欲其本也，本则过无由生矣。

孙叔敖、沈尹茎相与友。叔敖游于郢三年，声问不知，修行不闻。沈尹茎谓孙叔敖曰："说义以听，方术信行，能令人主上至于王，下至于霸，我不若子也。耦世接俗⑦，说义调均⑧，以适主心，子不如我也。子何以不归耕乎？吾将为子游。"沈尹茎游于郢五年，荆王欲以为令尹，沈尹茎辞曰："期思之鄙人有孙叔敖者，圣人也。王必用之，臣不若也。"荆王于是使人以王舆迎叔敖，以为令尹，十二年而庄王霸。此沈尹茎之力也。功无大乎进贤。

注释

①善人：亲近别人、欣赏别人。

②欧冶：欧冶子为古代铸剑大师，这里指善于铸剑的良工。

③鞹：皮革，这里指用皮革绑。

④鸱夷：革囊。

⑤爟火：祭祀时所举的，祓除不祥的火。

⑥牺猳：祭祀用的公猪。

⑦耦世接俗：待人处世，与人和谐相处。

⑧说义调均：陈述主张，不固执坚持，能随和于人。

译文

贤者亲善某人，是欣赏他的人品；一般人亲善某人，是看重他的功业；不肖之人亲善某人，是因为他的钱财。得到良马十匹，不如得到一个伯乐；得到良剑十把，不如得到一个欧冶；得到土地千里，不如得到一位圣人。舜得到皋陶，便任用他，使天下治理；汤得到伊尹，便任用他，从而拥有了夏朝的民众；文王得到吕望，便任用他，从而征服了殷商。得到圣人，所能获得的土地哪有里数的限制呢？

管仲被囚禁在鲁国时，齐桓公想要以鲍叔为国相。鲍叔说："您如果想成就王霸之业，那么就该任用管仲。臣的才能赶不上他。"齐桓公说："管仲，是我的仇人，曾经用箭射我，不可任用。"鲍叔说："管仲是在为他的君主射人。您若能任用他为臣子，他也会为您去射别人。"齐桓公不听，坚持要用鲍叔为相。鲍叔也坚持推辞，最后桓公终于听从了他的意见。便派人通告鲁国说："管夷吾，是我的仇敌，希望得到他而亲手将其杀死。"鲁君许诺，于是派遣官吏用皮革绑住管仲的双手，粘上他的眼睛，将其装入大皮袋中，用车送往齐国。到了齐国边境，齐桓公让人用朝车迎接管仲，燃火、杀猪来进行血祭、祓除不祥，恢复其自由，与其一同回到国都。又命令主管部门清扫宗庙、布置筵席，将管仲推荐给先祖、神灵，说："自我听了管仲的话，眼睛更加明亮了，耳朵更加灵敏了。我不敢擅自决定任命他为国相，于是冒昧告请于先君。"随即回头命令管仲说："夷吾辅佐我！"管仲退避了几步，拜了又拜，顿首接受命令而退出。管仲治理齐国，只要做事取得功绩，齐桓公一定先赏赐鲍叔，说："使齐国得到管仲的，是鲍叔啊！"齐桓公可以说是懂得如何奖赏了。但凡施加奖赏一定要赏其根本，不失根本，过错就不会产生了。

孙叔敖、沈尹茎相互交好。孙叔敖出游郢都三年，名声不被人所知，德行不被人所闻。沈尹茎对孙叔敖说："陈说义理而令人听从，提出策略而能够施行，使君主上则称王、下则称霸，我不如你。但接人处世，与人和谐共处，顺从君主的心意，你不如我。你何不先回去耕田隐居？我将为你在这里奔走游说。"沈尹茎在郢都奔走游说五年，楚王想任用他为令尹，沈尹茎推辞说："期思有个身份低微的农夫叫孙叔敖，他有圣人的才能。大王若要任用贤能，我赶不上他。"楚王于是派人用王车将孙叔敖接来，任命他为令尹，过了十二年孙叔敖就辅佐楚庄王成就了霸业。这都是沈尹茎的功劳啊！没有什么功劳比推荐贤人更大。

解 读

"贤者善人以人，中人以事，不肖者以财"，贤者与人交往是看重他的人品，中人与人交往是看重别人的能力，不肖者与人交往是看重别人的钱财。人品出众的人，能力、见识也定然不凡，和这样的人交往，受益是无穷的；若单单有能力、钱财，而没有好的品德，和这样的人相处，迟早会受到殃祸。所以，君子一定要以道德作为择友的标准：道德高尚，即便没有钱财，也要与其倾心交往；道德卑劣，即便才能再强，财富再多，也要及时远离。

君主任用臣子，也要以德为标准。有德行的君子，不仅自己忠于职守，而且能够真心为了国家的利益而举荐同样有德有才的贤士，他们不会为了自己的私利而排挤贤良，不会为了个人欲望而结党营私，不会专权乱政，更不会犯上篡逆。君主信任他们，得到的不仅仅是一个人才，而是满朝的贤良，他们才是国家最重要的功臣。

子贡曾经询问孔子："当今各国大臣，谁最为贤能呢？"孔子回答："我不知道。从前齐国有鲍叔牙，郑国有子皮，他们都算得上是贤者。"子贡问："齐国不是有管仲，郑国不是有子产吗？"孔子说："赐啊！你只知其一，不知其二。是尽力做事的人更贤能呢？还是举荐贤者的人更贤能呢？"子贡回答："举荐贤者的人更为贤能。"孔子说："是的。鲍叔牙在齐国得到信任，却举荐了管仲；子皮在郑国却举荐了子产。而管仲、子产却没有举荐比自己更为贤能的人啊！"可见，在孔子眼中，能够举荐贤士的有德者才是最为贤能的，他们要比那些擅长治国的智者更为有功。

其实普通人也是这样的。你最重要的朋友，不是那些能够在具体事情上帮助你的人，而是时刻以正道提醒、规劝你，能够将其他贤能的人介绍给你的人。有了这样一个朋友，你会发现自己的良友越来越多，自己能得到的帮助也越来越多。这样的人才是最值得珍惜的。

自知

原　文

欲知平直，则必准绳；欲知方圆，则必规矩；人主欲自知，则必直士。故天子立辅弼①，设师保②，所以举过也。夫人故不能自知，人主犹其。存亡安危，勿求于外，务在自知。

尧有欲谏之鼓，舜有诽谤之木，汤有司过之士，武王有戒慎之鞀③，犹恐不能自知。今贤非尧舜汤武也，而有掩蔽之道，奚繇自知哉！荆成、齐庄不自知而杀，吴王、智伯不自知而亡，宋、中山④不自知而灭，晋惠公、赵括不自知而虏，钻荼、庞涓、太子申不自知而死，败莫大于不自知。

范氏之亡也，百姓有得钟者。欲负而走，则钟大不可负。以椎毁之，钟况然有音。恐人闻之而夺己也，遽掩其耳。恶人闻之可也，恶己自闻之，悖矣。为人主而恶闻其过，非犹此也？恶人闻其过尚犹可。

魏文侯燕饮，皆令诸大夫论己。或言君之智也。至于任座，任座曰："君不肖君也。得中山不以封君之弟，而以封君之子，是以知君之不肖也。"文侯不说，知于颜色。任座趋而出。次及翟黄，翟黄曰："君贤君也。臣闻其主贤者，其臣之言直。今者任座之言直，是以知君之贤也。"文侯喜曰："可反欤？"翟黄对曰："奚为不可？臣闻忠臣毕其忠，而不敢远其死。座殆尚在于门。"翟黄往视之，任座在于门，以君令召之。任座入，文侯下阶而迎之，终座以为上客。文侯微翟黄，则几失忠臣矣。上顺乎主心以显贤者，其唯翟黄乎？

注 释

①辅弼：辅佐君主的重臣。

②师保：辅弼帝王和教导王室子弟的官，有师有保，如太师、太保、少师、少保等。

③鼗：摇鼓、拨浪鼓。

④宋、中山：指宋康王、中山君。宋康王亲信佞臣唐鞅，傲慢荒淫，被齐国所灭；中山君亲信佞臣司马喜，荒淫放纵，被赵国所灭。

译 文

要想知道是否平直，就必须依靠准绳；要想知道是否方圆，就必须依靠规矩；君主要想知道自己的过失，就必须依靠正直贤士。所以天子设立辅弼、设置师保，都是用来指出自己过失的。人本来就难以了解自己的过失，身为天子尤为严重。国家的存亡、自身的安危，不要求之于外，而是要致力于了解自己的过失。

尧帝设置有进谏者敲击的鼓，舜帝设置有书写批评建议的木桩，汤设置有专门纠正过失的官吏，武王设置了劝谏君主所用的摇鼓，即使如此，他们还唯恐不能了解自己的过失。如今的君主贤德赶不上尧、舜、汤、武王，却有掩饰过失的方法，还如何能够了解自己的过失呢！楚成王、齐庄公不了解自己的过失而自杀；吴王夫差、智伯不了解自己的过失而国破；宋康公、中山君不了解自己的过失而灭亡；晋惠公、赵括不了解自己的过失而做了俘虏；钻荼、庞涓、太子申不了解自己的过失而战死，败亡之事没有比不了解自己的过失更为严重的了。

范氏灭亡之时，有百姓得到了他家的一口钟。想要背走，可是钟太大了，背不动。想用椎将其打碎，钟轰然作响。那人恐怕别人听到响声来和自己争夺，就急忙将耳朵捂了起来。不想让别人听到钟声是可以的，不想让自己听到，就是糊涂了。作为君主的，不想知道自己的过错，难道不和这种情况一样吗？不愿别人听到自己的过失倒还说得过去。

魏文侯设宴饮酒，让大臣们都评论自己。有人称赞君主很明智。轮到了任座，任座说："您是个不肖之君。取得中山的土地不将其分封给弟弟，而分封给自己的儿子，由此可知您是不肖之君。"魏文侯不高兴，怒气现于形色。任座快步走出宫门。接着轮到了翟黄，翟黄说："您是个贤君。我听说君主贤明，他的臣子就正直。如今任座的话很正直，可知您是位贤君。"魏文侯很高兴，问："还能让他回来吗？"翟黄说："怎么不能呢？我听说忠臣竭尽自己的忠心，即便遭受死罪也不敢远避逃离。任座大概还在宫门外。"翟黄前往察看，任座果然在宫门处，便以君主的命令召他进来。任座进来，魏文侯亲自下阶迎他入座，此后终身都将其视为上宾。魏文侯没有翟黄，就差点儿失去了忠臣、能够在上顺从君主之意，且令贤者尊显，能做到的大概只有翟黄吧！

解 读

每个人身上都存在缺点，都会犯错误，勇敢地面对它们，虚心接受批评、劝谏，就能改正错误，避免小错变成大错，小过酿成大祸。反之，若不愿面对自己的过错、缺点，知道自己有过还讳疾忌医、文过饰非，那过错就会越来越大，将来所要承受的灾祸也越来越深重。

掩饰自己的过错是毫无意义的，过错存在于自己身上，别人都能看在眼中，正如《大学》中所说："人之视己，如见肺肝然。"你自己不去正视，不及时改正，却害怕别人提及，和掩耳盗铃之人又有什么区别呢？错误并不会消失，它所造成的损失、灾害只会发展得越来越严重。就如商纣王，自己骄奢淫逸，残虐百姓，却不愿别人劝谏，王子比干劝谏他改正过错，反而遭到了剖心的酷刑；于是纣王的身边只剩下费仲、尤浑那样的谄媚小人。箕子、微子启等贵戚贤臣，不敢再直言进谏；太公、伯夷那样的贤人都纷纷逃离殷商，投奔西周。内无骨鲠之臣，外有强大的敌人，国家除了灭亡还能怎么样呢？又如智伯，为人傲慢无礼，自以为是，智果、郄疵等人多次指出他的错误，希望他能改正，他却傲慢地认为没人能伤害自己，别人都不如自己聪明。结果，韩赵魏三家联合，使智伯功亏一篑，自己被杀，家族被灭。

所以说，人只有直面自己的缺点、错误，才能避免大的灾祸，才能成就一番大业。而正直之士，就是让自己发现缺点、错误，懂得及时改正的规矩，古人说"以人为镜，可以明得失"，就是告诉人们要以正直之士为镜，来察明自己的过错、失误。

当赏

原　文

民无道知天，民以四时寒暑日月星辰之行知天。四时寒暑日月星辰之行当，则诸生有血气之类皆为得其处而安其产。人臣亦无道知主，人臣以赏罚爵禄之所加知主。主之赏罚爵禄之所加者宜，则亲疏远近贤不肖皆尽其力而以为用矣。

晋文侯①反国，赏从亡者，而陶狐②不与。左右曰："君反国家，爵禄三出，而陶狐不与，敢问其说。"文公曰："辅我以义，导我以礼者，吾以为上赏；教我以善，强我以贤者，吾以为次赏，拂吾所欲，数举吾过者，吾以为末赏。三者。所以赏有功之臣也。若赏唐国③之劳徒，则陶狐将为首矣。"周内史兴闻之曰："晋公其霸乎！昔者圣王先德而后力，晋公其当之矣！"

秦小主夫人④用奄变，群贤不说自匿，百姓郁怨非上。公子连亡在魏，闻之，欲入，因群臣与民从郑所之塞。右主然守塞，弗入，曰："臣有义，不两主，公子勉去矣！"公子连去，入翟，从焉氏塞，菌改入之。夫人闻之，大骇，令吏兴卒。奉命曰："寇在边。"卒与吏其始发也，皆曰："往击寇。"中道，因变⑤曰："非击寇也，迎主君也。"公子连因与卒俱来，至雍，围夫人，夫人自杀。公子连立，是为献公。怨右主然，而将重罪之；德菌改，而欲厚赏之。监突争之曰："不可。秦公子之在外者众，若此，则人臣争入亡公子矣，此不便主。"献公以为然，故复右主然之罪，而赐菌改官大夫，赐守塞者人米二十石。献公可谓能用赏罚矣。

凡赏非以爱之也，罚非以恶之也，用观归⑥也。所归善，虽恶之，赏；所归不善，虽爱之，罚。此先王之所以治乱安危也。

注 释

①晋文侯：应为晋文公。

②陶狐：晋文公的小臣，陪晋文公一起在外流亡。

③唐国：即晋国，周成王将弟弟叔虞封在唐，后为晋国。

④小主夫人：秦惠公死，其子出公即位，时方二岁，被称为小主。他的母亲主持朝政，人称小主夫人。

⑤变：哗变。

⑥归：其行为导致的结果。

译 文

民众没有别的途径了解上天，他们只能根据四时寒暑日月星辰的运行来了解上天。四时寒暑日月星辰运行正常，那么天下所有生物就能得其所处、安其所生。臣子也没有什么别的渠道了解君主，他们只能依据君主如何实施赏罚爵禄来了解君主。君主赏罚爵禄恰当，那么亲疏远近、贤者不肖者就都能竭尽才力而为君主所用了。

晋文公返回晋国，赏赐跟从他一起流亡的人，而陶狐未能得到赏赐。左右侍臣说："您返回国家，封赏了三次，而陶狐却未能获得封赏，敢问这是为何呢?"晋文公说:"用道义来辅佐我,教导我遵循礼义的,我给他最上等的赏赐;劝我遵循善道,用贤德来约束我的,我给他次一等的赏赐;违背我的意愿,屡次指出我过失的,我给他末等赏赐。这三种赏赐,都是用来奖赏有功之臣的。若是赏赐晋国辛劳的仆役,那陶狐则会被放在首位。"周内史兴听闻这件事,说:"晋侯大概能成就霸业了!从前圣王将德行放在首位而将力气放在后面,晋侯的做法正合其义啊!"

秦小主夫人任用奄变,贤人不悦,隐匿不出,百姓幽怨,非议其上。公子连流亡在魏国,听到这种情况,想要趁机归国,于是依靠群臣和百姓的帮助,来到郑所要塞。右主然守卫要塞,不让他进入,说:"臣子当坚守道义,不同时侍奉两个君主,公子还是快点离开吧!"公子连于是离开郑所,进入翟地,从焉氏关塞通过,守将菌改放他入关。小主夫人听闻以后,大惊,命令将帅起兵抵抗。将士们接到命令说:"有敌寇入侵边塞。"出发时将士都说:"前往抵御敌寇。"到了中途,都哗变说:"不是去抵御敌寇,而是去迎接君主。"公子连于是和那些士卒一起还都,到了雍城,围困小主夫人,夫人自杀。公子连继位,即秦献公。秦献公记恨右主然,将要治其重罪;感激菌改,要厚赏他。监突直谏争论说:"不可以这样。秦国公子流亡在外的很多,若您这样做,那么臣子们就会争相将接纳流亡的公子,这对您是不利的。"献公觉得有道理,所以赦免了右主然的罪过,而赏赐菌改大夫的官爵,又赏赐给守关士卒每人二十石米。献公可以说是善于赏罚了。

但凡赏赐一个人,并不是因为喜爱他,惩罚一个人,也不是因为憎恨他,要审视其行为带来了怎样的后果。他的行为带来了好的后果,即使自身厌恶他,也要进行赏赐;他的行为带来了不好的后果,即便私下喜欢他,也要惩罚。这就是先王用来治理混乱,挽救危亡的方法。

解__读

赏罚是君主手中最有力的权柄,臣下、百姓对君主的了解,大多都是通过奖赏、刑罚的。君主若奖赏有战功的将士、惩罚临阵脱逃的懦夫,那国人都会追求勇武;君主若奖赏有文采的学者、罢黜粗鄙无闻的官吏,那国人就都会追求学问;君主若奖赏有德志士、惩罚为恶之人,那国人就都会推崇德行；君主若喜欢奖赏身边的佞臣、惩罚犯言直谏的忠臣，那正直之士就会远离，奸佞之辈就会聚集而来；君主若是奖赏投机取巧的说客，疏远中正质朴的大臣，那国人就会变得轻佻、追名逐利……可以说，君主正是通过手中赏罚的权力，而引导着国家的发展方向。

明君一定要重视自己的赏罚，以功绩、大义作为赏罚依据，而非私情。虽然亲信喜爱的人，若没有功绩、德行，也不该予以奖赏；即便是自己所厌恶的人，只要有了该奖赏的功绩、德行，就应该进行奖赏。这就是《左传》中所说的："善为国者，赏不僭而刑不滥。""为政者不赏私劳，不罚私怨。"

晋文公行赏可以说是至善了，重视道义而轻视劳力，如此国人便都知道了道义的可贵，就会努力去做有道的君子，而不是通过奴仆那样的服侍、顺从以求取君主的奖赏、信赖。这样的国家必然多有贤士，也必然能兴盛起来，成就霸业又有什么难的呢？秦穆公虽然不计私怨，然而赏罚上做得还有所不足。相比而言，后世的光武帝的做法就更加明智了。

光武帝曾经出城打猎，车驾深夜才回来。上东城门的守将为郅恽，皇帝车驾到了门前，郅恽拒不开门。光武帝令从者到门前与郅恽面谈，郅恽以"火明辽远"，不能看清为理由，拒绝打开城门。光武帝没有办法，只能绕行到东中门进了城。第二天，光武帝赏赐给不让自己入城的郅恽布帛百匹，而贬让自己入城的东中门守将为参封尉。

秦穆公虽然没记私怨，而守职的右主然未能得到赏赐，而废职的菌改却获得升迁，在这一点上就不如光武帝更为公正。

总之，赏罚越是公正无私，臣下就越知道规律，越看重职责，这样君主的地位也就更加安稳，越能取得更大的成就。所以，明君一定要善于赏罚、谨慎赏罚。

似顺论

似顺

事多似倒①而顺②，多似顺而倒。有知顺之为倒、倒之为顺者，则可与言化矣。至长反短，至短反长，天之道也。

荆庄王欲伐陈，使人视之。使者曰："陈不可伐也。"庄王曰："何故？"对曰："城郭高，沟洫深，蓄积多也。"宁国曰："陈可伐也。夫陈，小国也，而蓄积多，赋敛重也，则民怨上矣。城郭高，沟洫深，则民力罢矣。兴兵伐之，陈可取也。"庄王听之，遂取陈焉。

田成子③之所以得有国至今者，有兄曰完子，仁且有勇。越人兴师诛田成子，曰："奚故杀君而取国？"田成子患之。完子请率士大夫以逆越师，请必战，战请必败，败请必死。田成子曰："夫必与越战可也，战必败，败必死，寡人疑焉。"完子曰："君之有国也，百姓怨上，贤良又有死之臣蒙耻。以完观之也，国已惧矣。今越人起师，臣与之战，战而败，贤良尽死，不死者不敢入于国。君与诸孤处于国，以臣观之，国必安矣。"完子行，田成子泣而遣之。夫死败，人之所恶也，而反以为安，岂一道哉？故人主之听者与士之学者，不可不博。

尹铎为晋阳，下④，有请于赵简子。简子曰："往而夷夫垒。我将往，往而见垒，是见中行寅与范吉射⑤也。"铎往而增之。简子上之晋阳，望见垒而怒曰："嘻！铎也欺我！"于是乃舍于郊，将使人诛铎也。孙明进谏曰：

"以臣私之，铎可赏也。铎之言固曰：见乐则淫侈，见忧则诤治⑥，此人之道也。今君见垒念忧患，而况群臣与民乎？夫便国而利于主，虽兼于罪，铎为之。夫顺令以取容⑦者，众能之，而况铎欤？君其图之！"简子曰："微子之言，寡人几过。"于是乃以免难之赏赏尹铎。

人主太上喜怒必循理，其次不循理，必数更，虽未至大贤，犹足以盖浊世矣。简子当此。世主之患，耻不知而矜自用，好愎过而恶听谏，以至于危。耻无大乎危者。

注　释

①倒：违背常理。

②顺：合乎道理。

③田成子：即田常，齐国田氏家族第八任首领，在位之时玩弄权术，诛杀、驱逐其他世家卿大夫，又弑杀齐简公，独揽朝政，为"田氏代齐"打下基础。

④下：晋阳在北，晋国都城绛城在南，由晋阳前往绛城述职即称为下。

⑤中行寅，即中行文子，晋国六卿之一；范吉射，即范昭子，晋国六卿之一。二者联合攻打赵简子，将赵简子围困在晋阳，但由于韩、魏、智氏的干预而失败，逃往国外。

⑥诤治：励精图治。

⑦取容：求取君主欢心。

译　文

很多事情看似悖理，其实是合理的；很多事情看似合理，其实是悖理的。有能辨明看似合理之事实则悖理，看似悖理之事实则合理的人，就可以与他谈论大道了。达到至长就会变短，达到至短就会变长，这是天地自然的规律。

楚庄王想要讨伐陈国，派人前往察探情况。使者回报说："陈国不可讨伐。"楚庄王问："为什么呢？"使者回答："陈国城墙高大，护城河很深，府库中积蓄的粮食充足。"宁国说："陈国可以讨伐。陈，是个小国，而积蓄粮食很多，这说明其赋敛沉重，如此民众一定怨恨其君；城墙高大、护城河深，民力一定凋敝。兴兵讨伐，陈国定然可以攻下。"楚庄王听从了宁国的主张，于是攻下了陈国。

田成子之所以能拥有齐国直至今日，归功于他有个兄长叫完子。完子仁爱而且勇敢，越国人兴兵讨伐田成子，说："为何杀死国君，篡夺国家？"田成子为此而感到忧虑。完子请求率领士大夫去抵抗越军，请求让自己一定和越军交战，且交战一定要战败，战败一定要战死。田成子问："一定和越国交战是可以的，交战一定要战败，战败一定要战死，这我就不明白了。"完子说："你占有齐国这件事，百姓心怀怨恨，贤良之中又有敢死之臣认为蒙受了羞辱。以我看来，国家已经令人忧惧了。如今越人兴兵，我与之交战，交战而战败，参战的贤良就会全部战死，不死的人也不敢再返回齐国。您和他们的遗孤居于国中，依我看，国家这样就安定了。"完子出征，田成子哭泣着为他送别。战败而死，是人们所厌恶的，田氏反而因此转危为安，事情怎么会只有一种道理呢？所以君主听取意见以及士人学习道术，不可以不追求广博。

尹铎治理晋阳，回国都时，去赵简子那里请示。赵简子说："去了就将那些营垒拆平。我将到晋阳去，去了看到那些营垒，就如同再次见到了中行寅、范吉射。"尹铎到了晋阳，反而加固了营垒。赵简子前往晋阳时，远远望见营垒，大怒说："呀！尹铎敢欺骗我！"于是在城外住下，将要派人诛杀尹铎。孙明进谏说："据臣私下考虑，尹铎不该处罚，反而应奖赏。尹铎的本意是说：遇到享乐之事，就会懈怠放恣，看到忧患之物，就会励精图治，这是人之常情。如今您见到那些营垒，就想到忧患，更何况群臣和百姓呢？只要有利于国家和君主，虽然会使自己获罪，尹铎也坚持去做。顺从命令而取悦君主，一般人都能，又何况尹铎呢？希望您仔细考虑！"赵简子说："没有您的这番话，我几乎犯下大过。"于是便以"使君主免于患难"的理由奖赏了尹铎。

最英明的君主，喜怒哀乐一定遵循理义；次一等的君主，虽然有时不合理义，也能经常改正，虽然称不上是大贤，仍足以超过乱世中的大部分君主了，赵简子就是这样的。君主的忧患，就在于以不知当作羞辱而骄矜自用，好坚持过错而厌恶听到劝谏，以至于陷入危险的境地中。君主的耻辱没有比让国家、自身陷入危险中更大的了。

解　读

很多事情，看似不合理实则合理，看似合理实则不合理，只有真正的智者才能摆脱思维束缚，明察是非对错，选择最合理的行为方式。而普通人往往因为智力不及，不能了解智者的做法，所以对他们进行指责，这就是愚者的悲哀了。然而，若是愚者能知道自己的愚钝，虚心向智者请教，或是耐心观察事情的发展，或许还可以避免过错和羞辱。反之，若自己本身智力有限，却不听劝告，自以为是，以人为非，那就只能沦为智者的笑料而自身蒙受羞辱了。

三国之时，曹操诬陷杨彪与袁术勾结谋反，而将其下狱。众多名士都纷纷解救，孔融、荀彧等都给负责审判的满宠写信求情，让他"只质问，不要拷打"。而满宠明白，曹操所忌惮的就是杨彪在名士之中的崇高声望，若对其加以保护，不进行拷打，反而会引起曹操的更深猜忌，那大祸就难免了。于是他在审判之时，对荀彧等人的求情毫不理会，照常拷打。荀彧、孔融等都即为愤怒，怨恨满宠。等到审判完之后，满宠才对曹操说："拷问杨彪没有找到罪证。如果要处决他，要找到证据才行。此人有名于海内，若无故而把他处决，会大失民心，请主公想清楚。"曹操觉得有道理，又看到杨彪遭到刑讯的凄凉之状就下令将其释放了。这时，荀彧等人才幡然醒悟，了解了满宠的苦心，于是对他十分钦佩。

实施严刑，反而能拯救他的性命；进行保护、优待，反而会让他死亡。若非真正的智者，谁能懂得这番道理呢？那些为杨彪求情的名士，都是智力超群之辈，还往往误解满宠，更何况愚昧的庸人了。所以，智慧越是高深的人，就越容易受到误解。

愚者往往喜欢用自己的思维去臆测别人，用自己的道德水准去衡量别人的行为。孔子遵守礼仪，而有人以为他谄媚；诛杀奸邪，而有人以为他妒贤；看到祭祀失礼而离去，有人认为他贪慕祭肉；为了推行大道拜见南子，而有人以为他好色；欲应佛肸之召而复兴周礼，而有人以为他言行不一……连孔子都要受到那么多误解，更何况其他人呢？所以，孟子都要哀叹："君子之所为，众人固不识也！"

人的智慧不同，观察事情的深浅必然不同，处理事情的手段也必然不同。所以，当我们觉得别人的行为"可笑"之时，先不要急着去嘲讽别人，也许智慧短浅的正是我们自己呢？当我们受到别人的误解、嘲笑之时，也用不着急着与其辩解，正所谓"井底之蛙，不可语江海之大"，做好自己的事情就可以了，真正明智的人总会理解你的，又何必在乎愚人的聒噪呢！

别类

原　文

　　知不知，上①矣。过者之患，不知而自以为知。物多类然而不然，故亡国戮民无已。夫草有莘有藟②，独食之则杀人，合而食之则益寿。万堇③不杀，漆淖④水淖，合两淖则为蹇⑤，湿之则为干。金柔锡柔，合两柔则为刚，燔之则为淖。或湿而干，或燔而淖，类固不必，可推知也？

　　小方，大方之类也；小马，大马之类也；小智，非大智之类也。

　　鲁人有公孙绰者，告人曰："我能起死人。"人问其故，对曰："我固能治偏枯⑥，今吾倍所以为偏枯之药，则可以起死人矣。"物固有可以为小，不可以为大，可以为半，不可以为全者也。

　　相剑者曰："白所以为坚也，黄所以为牣也，黄白杂则坚且牣，良剑也。"难者曰："白所以为不牣也，黄所以为不坚也，黄白杂。则不坚且不牣也。又柔则锩⑦，坚则折。剑折且锩，焉得为利剑？"剑之情未革，而或以为良，或以为恶，说使之也。故有以聪明听说，则妄说者止；无以聪明听说，则尧、桀无别矣。此忠臣之所患也，贤者之所以废也。义，小为之则小有福，大为之则大有福。于祸则不然，小有之不若其亡也。射招⑧者欲其中小也，射兽者欲其中大也。物固不必，安可推也？

　　高阳应将为室家，匠对曰："未可也。木尚生⑨，加涂其上，必将挠。以生为室，今虽善，后将必败。"高阳应曰："缘子之言，则室不败也。木益枯则劲，涂益干则轻，以益劲任益轻，则不败。"匠人无辞而对。受令而为之。室之始成也善，其后果败。高阳应好小察，而不通乎大理也。

　　骥、骜、绿耳⑩背日而西走，至乎夕则日在其前矣。目固有不见也，智固有不知也，数固有不及也。不知其说所以然而然，圣人因而兴制，不事心焉。

注 释

①上：智慧高明。

②莘，细辛，一种中草药。藟，葛藟，葡萄科植物，根、茎和果实可供药用。

③万，蝎子；堇，紫堇。二者都有剧毒，但放在一起反而不能毒死人。

④淖：流体。

⑤蹇：凝固。

⑥偏枯：偏瘫病。

⑦锩：剑刃锩曲。

⑧招：箭靶。

⑨生：潮湿、未干燥。

⑩骥、骜、绿耳：都是良马的称谓。

译 文

知道自己有所不知，就可以称得上是高明了。犯错之人的弊病，就在于不知道却自以为知道。事物大多都是好像如此，其实并不如此，人们不能察知这个道理，所以自以为聪明、正确而导致国家灭亡、身遭刑戮的人层出不穷。草药有莘有藟，单独食用就会毒死人，合在一起食用就能延年益寿。蝎子、紫堇都有剧毒，到了一起反而毒不死人；漆和水都是流体，合到一起反而会凝固，越是潮湿干得反而越快。铜很柔软，锡也很柔软，二者融合在一起却会变硬，用火焚烧又会变为流体。有的东西弄湿反而容易干燥，有些东西用火焚烧反而会变为流体，物类本就不是固定不变的，怎么能够推知呢？

小的方形、大的方形是同类；小马、大马也是同类；小的聪明和大聪明却不是同类的。

鲁国有个叫公孙绰的人，对别人说："我能将死人治活。"别人问他这样说的原因，他说："我本来就能治疗偏瘫，如今我将治疗偏瘫的药加倍，就可以治活死人了。"事物本来就存在可以用在小处，不能用在大处，可以用于局部，不可用于全体的。

相剑的人说："白色体现剑的坚硬，黄色体现剑的柔韧，黄白相间说明既坚硬又柔韧。"反驳他的人说："白色说明不柔韧，黄色说明不坚硬，黄白相间，则既不坚硬，又不柔韧。且柔韧就会锩刃，坚硬就会折断。剑既容易折断又会锩刃，怎么能称为利剑呢？"剑的实质并无变化，有人认为它是良剑，有人认为它是劣剑，这都是论说方式不同造成的。所以能够聪明地听取议论，那么胡言乱语的人就会闭口；不能聪明地听取议论，那么尧和桀都能被说得毫无差别。这就是忠臣所担忧的及贤者被废弃不用的原因啊！义事，小做就有小福，大做就有大福。祸患则不同，稍有灾祸也不如没有好。射靶子的人希望射中的目标越小越好，射野兽的人希望射中的目标越大越好。事物中蕴含的道理本就不是一定的，又怎么能推知呢？

高阳应打算建造房屋，工匠对他说："现在还不能建。木料尚且潮湿，在上面敷盖泥土，将来一定会发生翘曲。以湿木料盖房子，现在看着好，将来一定会倒塌。"高阳应回答："按你的说法，房子便不会倒塌。木头越干越硬，泥土越干越轻，以越加坚硬的木头承载越加轻便的泥土，房屋肯定不会倒塌。"工匠无言以对，只好奉命建造。房子刚刚建成时很好，后来果然倒塌了。高阳应喜欢在小处明察，却不懂得大的道理。

骥、骜、绿耳等良马背朝着太阳向西奔走，到了傍晚太阳仍然在它们的前面。眼睛本来就有看不见的东西，智力本来就有知道的事理，道术本来就有解释不了的事情。人们不知道事情为何会这样，但它本身就是如此，圣人应该顺应客观事实创立制度，而不能一味依循主观认识。

解　读

智力有所不足，常识就会存在误区。世上无数的错误，都是因此而起：坚持错误的常识，将荒谬的事情当作是正常的，将危险的处境当作是安全的，犯了大错还犹然不知，听到真切的劝谏还不采纳，最终只能蒙受灾祸。比如周厉王，在他的脑子中，统治人民就是用严刑酷法进行威慑，消除流言就是通过堵塞人民的嘴巴，不让他们说话。所以，当人们都不敢说话，在路上用眼神交流的时候，他还沾沾自喜，向召公炫耀自己的治理成效。以这样的见识而遭到放逐、失去君位岂不是很正常？

从古至今，世人之所以遭受灾祸、蒙受耻辱大多因此而起。智力不足，就不懂得大道；不懂大道，就为所欲为；为所欲为，犯了大错，还以为自己正确无比，不听劝谏，怙恶不悛，到了死都不知道自己错在哪里。比如，认为可以通过武力得到天下的项羽，一生都想用武力征服别人，南征北战，屡战屡胜，却落得被困垓下，落魄乌江，自刎而死的下场，临死时还不知道自己为何灭亡。比如，那些追求权贵、财富的人，一生都在追求更高的位置、更多的财富，希望用地位和钱财来保障自己生活的安定，却不知道太高的地位、太多的钱财，正是导致人走向灭亡的原因，于是像石崇那样，死到临头才知道财富不足以凭恃……

人的智力本来就有达不到的地方，一味按照自己的想法而行事必然会陷入困境，而先贤总结出的那些道理都是经过数千年历史验证的，他们告诉后人常行善道、恪守仁义、不争处下、以诚信为本等，都是我们应该去学习、坚守的。有的人仅仅根据自己一些浅薄的见解，就对先贤之教产生怀疑，认为追名逐利才是安乐的途径，认为做善事没有善报，认为"人不为己，天诛地灭"等等，这样的人就是小聪明、大愚蠢，若执迷不悟，一定会为自己的"聪明"而付出惨重的代价！

处方

原　文

凡为治必先定分①：君臣父子夫妇。君臣父子夫妇六者当位，则下不逾节②而上不苟为矣，少不悍辟③而长不简慢矣。金木异任，水火殊事，阴阳不同，其为民利一也。故异所以安同也，同所以危异也。同异之分，贵贱之别，长少之义，此先王之所慎，而治乱之纪也。

今夫射者仪豪而失墙④，画者仪发而易貌，言审本也。本不审，虽尧舜不能以治。故凡乱也者，必始乎近而后及远，必始乎本而后及末。治亦然。故百里奚处乎虞而虞亡，处乎秦而秦霸；向挚⑤处乎商而商灭，处乎周而周王。百里奚之处乎虞，智非愚也；向挚之处乎商，典非恶也：无其本也。其处于秦也，智非加益也；其处于周也，典非加善也：有其本也。其本也者，定分之谓也。

齐令章子将而与韩魏攻荆,荆令唐蔑将而应之。军相当⑥,六月而不战。齐令周最趣章子急战,其辞甚刻。章子对周最曰:"杀之免之,残其家,王能得此于臣。不可以战而战,可以战而不战,王不能得此于臣。"与荆人夹沘水而军。章子令人视水可绝者,荆人射之,水不可得近。有刍水旁者,告齐候者曰:"水浅深易知。荆人所盛守,尽其浅者也;所简守,皆其深者也。"候者载刍者,与见章子。章子甚喜,因练卒以夜奄⑦荆人之所盛守,果杀唐蔑。章子可谓知将分矣。

韩昭厘侯出弋,靷⑧偏缓。昭厘侯居车上。谓其仆:"靷不偏缓乎?"其仆曰:"然"至,舍昭厘侯射鸟,其右摄其一靷,适之。昭厘侯已射,驾而归。上车,选间,曰:"乡者厘偏缓,今适,何也?"其右从后对裕曰:"今者臣适之。"昭厘侯至,诘车令,各避舍。故擅为妄意之道,虽当,贤主不由也。

今有人于此,擅矫行则免国家,利轻重则若衡石,为方圆则若规矩,此则工矣巧矣,而不足法。法也者,众之所同也,贤不肖之所以其力也。谋出乎不可用,事出乎不可同,此为先王之所舍也。

注 释

①分:名分、职分。

②逾节:逾越礼节,违礼犯上。

③悍辟:骄悍邪僻。

④仪豪而失墙:盯着毫毛大的目标,却忽略了高大的墙壁。

⑤向挚:殷商的太史,纣王无道,向挚携带殷商典籍逃奔周。

⑥相当:互相对峙。

⑦奄:通"掩",偷袭。

⑧靷:引车前进的皮带,一端套在车上,一端套在牲口胸前。

译 文

治理国家一定要先确定名分,也就是君臣父子夫妇。君臣父子夫妇这六种名分恰当,那么居下者便不会逾越礼法,居上者便不会肆意妄为,年少的不会强悍凶邪,年长的也不会轻忽怠慢了。金与木用处不同,水与火功能有别，阴与阳性质各异，但用它们都能够有利于人这点是一致的。所以说，存异可以安同，求同反而会伤害差异。同异的区分，贵贱的分别，长少的不一，这些都是先王所慎重的，是治乱的关键。

射箭的人只盯着毫毛，就会看不见墙壁；画画的人，只观察毛发，就会忽略了容貌。这说明必须明察根本，根本不能明察，即使尧舜也不能治理好天下。所以但凡混乱的产生，一定是从近处开始而蔓延至远处，一定先从根本上产生而发展到末端。治理也是同样的道理。所以百里奚在虞国的时候，虞国灭亡，在秦国的时候，秦国称霸；向挚在殷商的时候，殷商灭亡，在周国的时候，周国称王。百里奚在虞国的时候，其才智并非低下；向挚在殷商的时候，他的典籍并非有害：国家失去了根本，他们也不能挽救。当百里奚在秦国的时候，才智并未增加；向挚在周国的时候，典籍也并未变得更好：国家根本未乱，所以能够走向强盛。国家的根本，指的就是名分。

齐王命令章子率军联合韩国、魏国攻打楚国，楚王派唐蔑率军抵抗。两军对峙，六个月没有交战。齐王令周最催促章子赶快开战，言辞甚为严厉。章子对周最说："杀死、罢免、刑戮家人，大王能够这样处置我；不可以开战而开战，可以开战而不开战，大王在我这里办不到。"继续与楚军隔着泚水对峙。章子派人侦查河水可以横渡之处，楚人放箭，侦查者不能接近水边。有在水旁割草的人，对齐军侦查者说："水的深浅很容易知道。楚人防守严密的，都是水浅处；楚人防守松懈的，都是水深处。"侦查者载着割草人回去，和他一起见章子。章子十分高兴，于是整顿士卒趁着黑夜袭击楚军防守严密的地方，果然杀死了唐蔑。章子可以说是知道为将的职分了。

韩昭厘侯外出射猎，车上套马的皮带有一侧松弛了。韩昭厘侯在车上，对他的车夫说："皮带是不是有一侧松弛了？"其车夫回答："是的。"到了猎场，昭厘侯下车射鸟，他的车右将松弛的一侧皮带重新绑紧，使它长短恰当。昭厘侯射完以后，驾车返回。上车之后，过了一会儿，问："刚才皮带有一侧松弛，现在好了，是什么原因呢？"车右从后面回答说："刚才我将它绑合适了。"昭厘侯回到朝中，责问车令的失职，车令和车右都离开住室请罪。所以，擅自行动、妄为臆测，及时行事恰当，贤主也不会这样做。

有这样一个人，矫诏擅自行动就能让国家免于祸患，确定轻重就像衡器那样准确，画方圆就如手持规矩一样，可以称为是至为工巧了，然而其做法却不值得效法。法，是众人所共同遵行的，贤者、不肖者都当竭尽其力。计谋想出来却不能采用，事情做出来却不能普及，这都是先王所舍弃的。

解　读

孔子到齐国之时，齐景公询问孔子治国之要。孔子只回答了八个字，即："君君臣臣父父子子。"也就是，做君主的要像君主，做臣子的要像臣子，做父亲的要像父亲，做儿子的要像儿子。社会若能名分分明，人人都做到自己职分之内的事情，那就安定和谐了。齐景公对此说法大为赞同，称："善哉！信如君不君，臣不臣，父不父，子不子，虽有粟，吾得而食诸？"

名分确定了，人们就知道了自己的职责是什么了，就不会僭越犯上，就不会越职干涉他人的事务。名分不确定，人们就不知道自己应该干什么。国君不知道求贤、爱民；卿大夫不知道忠君报国；百姓不知道该接受谁的领导。于是，国君骄奢自大，干涉宰辅大臣的事务，胡乱任用自己的幸臣来扰乱朝政；干涉司法机关的事务，胡乱赏罚、杀戮；干涉将领的事务，胡乱用兵……而大臣也僭越犯上，导致政出私家、陪臣执政等现象……民众更是不懂名分，容易被叛臣贼子所利用、驱使，谁给自己吃得便为谁造反……君不能制臣，臣不能使民，民不知所从，法制不行，礼乐崩乱，社会也就大乱了。所以，古代的明君治理国家，一定要先确定名分。

确定名分不仅仅是国君、大臣的事务，君子应该主动遵守自己的职分，既不僭越，也不怠慢荒废自己的职责。孔子说："不在其位，不谋其政。"《周易》说："君子以思不出其位。"都是在告诉君子要恪守职分，不越职行事。有的人，偏偏认识不到自己的职分所在，作为儿子，不好好为父母做长远考虑，却为奸行邪，给父母招致灾患；作为父亲，不好好以身作则，教育子女，却荒淫邪僻，令子女蒙羞；作为下属，自己的工作都没做好，就妄议大事，讽刺长上；作为长上，不明察大局，却与下属争权夺利，干涉别人的正常工作……这样的人，不仅智力不足，而且品德修养也存在很大的缺陷。我们每个人都该反思，自己平时是否做到了自己职分之内的事情，是否经常越职行事，若能在这个问题上无愧于心，也就不会再有其他的大过了。

慎小

　　上尊下卑。卑则不得以小观上。尊则恣，恣则轻小物，轻小物则上无道知下，下无道知上。上下不相知，则上非下，下怨上矣。人臣之情，不能为所怨①；人主之情，不能爱所非。此上下大相失道也。故贤主谨小物以论好恶。

　　巨防②容蝼，而漂邑杀人；突泄一熛③，而焚宫烧积；将失一令，而军破身死；主过一言，而国残名辱，为后世笑。

　　卫献公戒孙林父、宁殖食。鸿集于囿，虞人以告，公如囿射鸿。二子待君，日晏④，公不来至。来，不释皮冠⑤而见二子。二子不说，逐献公，立公子黩。

　　卫庄公立，欲逐石圃。登台以望，见戎州⑥，而问之曰："是何为者也？"侍者曰："戎州也。"庄公曰："我姬姓也，戎人安敢居国？"使夺之宅，残其州。晋人适攻卫，戎州人因与石圃杀庄公，立公子起。此小物不审也。人之情，不蹶于山而蹶于垤⑦。

　　齐桓公即位，三年三言，而天下称贤，群臣皆说。去肉食之兽，去食粟之鸟，去丝置之网。

　　吴起治西河，欲谕其信于民，夜日置表⑧于南门之外，令于邑中曰："明日有人偾⑨南门之外表者，仕长大夫。"明日日晏矣，莫有偾表者。民相谓曰："此必不信。"有一人曰："试往偾表，不得赏而已，何伤？"往偾表，来谒吴起。吴起自见而出，仕之长大夫。夜日又复立表，又令于邑中如前。邑人守门争表，表加植，不得所赏。自是之后，民信吴起之赏罚。赏罚信乎民，何事而不成，岂独兵乎？

　　①不能为所怨：不能为他所怨恨的人竭忠效力。

　　②防：堤坝。

③熛：火星。

④日晏：日晚。

⑤皮冠：射猎时所戴的皮帽子，以皮冠见人不礼貌、不庄重。

⑥戎州：戎人聚居的地方。

⑦垤：小土丘。

⑧表：木柱。

⑨偾：扳倒。

译 文

居上者地位尊贵，处下者地位卑微。卑微就不能通过小事来了解君主。尊贵则骄奢放恣，骄奢放恣就会轻视小事，轻视小事则君主没有途径了解臣子，臣子也没有途径了解君主。君臣上下互不了解，则君主猜疑臣子，臣子埋怨君主。就臣子的常情来说，不能为自己所怨恨的君主效力；就君主的常情来说，不能亲附其所猜疑的臣子。这就是上下隔阂疏离的原因。所以贤主谨慎地对待小事，以昭明自己的好恶。

大堤中潜伏着小小的蝼蚁，就可能导致洪水冲毁城邑、淹死民众；烟囱之中冒出一个火星，就可能引起火灾烧毁宫殿、烧掉积聚；将领下达一道错误的命令，就会导致军败身死；君主说出一句错误的言论，就会导致国破名辱，被后世所耻笑。

卫献公约孙林父、宁殖一起吃饭。恰巧大雁群集于苑囿之中，虞人汇报给了献公，献公便到苑囿中射猎大雁。孙林父、宁殖二人在宫中等待，天色已晚，献公还没有回来。回来之后，连射猎时戴的皮冠都不脱就接见两人。两人不悦，于是驱逐了献公，立公子黚为君。

卫庄公即位后，打算驱逐石圃。登台远望的时候，看到了戎人聚居的村邑，便问左右侍者说："这是什么地方？"侍者回答："这是戎人聚居的村邑。"卫庄公说："我是姬姓诸侯，戎人怎么敢居住在我的国都中？"于是派人夺取了戎人的住宅，毁坏了他们的村邑。恰逢晋国攻打卫国，戎人于是和石圃联合起来一起攻杀了卫庄公，立公子起为君。这就是对小节不慎重而造成的灾祸。不被高山绊倒而被小土堆绊倒，这是人之常情。

齐桓公即位，三年就发布了三道政令，天下都称赞他的贤德，群臣都十分欢喜：去掉苑圃中吃肉的野兽；去掉宫廷中吃粮食的鸟雀；废弃用细丝编织的兽网。

吴起治理西河，想向民众昭显自己的信用，就派人前一日在南门之外树立起一根木柱，下令全邑说："明日有能将南门之外木柱扳倒的，授予长大夫的职位。"第二天，天色晚了，还没有去扳倒木柱的。民众相互议论说："这话一定不可信。"有一个人说："试着去扳倒木柱，最多是得不到赏赐，有什么害处呢？"于是前往扳倒了木柱，来谒见吴起。吴起亲自接见他，又将他送了出来，让他做长大夫。而后，又在前一天树立起木柱，向邑中下达同样的命令。邑中民众围在南门争着去扳木柱，这次木柱埋得很深，没有人得到赏赐。从此以后，民众都相信了吴起的赏罚。赏罚取信于民众，做什么事不能成功呢，岂止是用兵？

解　读

对于君主来说，没有小的事情。他的一个小的举动，就会引起下属的注意，就会成为影响国家的大事。故古人说："吴王好剑客，百姓多创瘢；楚王好细腰，宫中多饿死。"《聊斋志异·促织》的故事就是如此，皇帝只不过将斗蛐蛐当成一件偶然的玩乐，就在官场、民间引起强烈震动，使官员用尽心思投机钻营，使百姓不堪其扰、家破人亡。隋炀帝下江南、宋徽宗置办花石纲也无不如此，那些事也许只是他们偶然想到的一个想法，就能给天下百姓带来无尽的苦难，最终导致国家的衰亡。所以说，君主无小事，任何小事都会引起深远的影响，因此在做每一件事的时候，都应三思而后行。

"千里之堤，毁于蚁巢。"任何大的灾祸，都是从一点一滴的小事开始的。臣子作乱、国君被杀，这是一国最大的事情了，然而这种大事，却往往源于小节上的不注意。卫献公对孙林父、宁殖不敬，所以遭到驱逐；陈灵公戏弄夏征舒，所以被杀；齐襄公戏弄崔杼所以被杀；宋闵公羞辱南宫万而被杀……这些人认为自己身为君主就可以为所欲为，却不知道一点小的过失而引来了杀身之祸。《夏书》说："一人三失，怨岂在明，不见则图。"《诗》云："战战兢兢，如临深渊，如履薄冰。"《周易》说："君子终日乾乾，夕惕若厉，无咎。"都是告诉人一定要勤于小物，才能免除大患。即便贵为天子诸侯也当时刻戒慎恐惧，若懈怠忘危，放纵恣肆，就一定难逃败亡的命运。

士容论

士容

　　士不偏不党，柔而坚，虚而实，其状朗然不儇①，若失其一；傲小物而志属于大，似无勇而未可恐狼②，执固横敢而不可辱害，临患涉难而处义不越，南面称寡而不以侈大；今日君民而欲服海外，节物甚高而细利弗赖；耳目遗俗而可与定世，富贵弗就而贫贱弗赇③；德行尊理而羞用巧卫，宽裕不訾而中心甚厉，难动以物而必不妄折。此国士之容也。

　　齐有善相狗者，其邻假以买取鼠之狗。期年乃得之，曰："是良狗也。"其邻畜之数年，而不取鼠，以告相者。相者曰："此良狗也。其志在獐麋豕鹿，不在鼠。欲其取鼠也则桎之④。"其邻桎其后足，狗乃取鼠。夫骥骜之气，鸿鹄之志，有谕乎人心者，诚也。人亦然，诚有之则神应乎人矣，言岂足以谕之哉？此谓不言之言也。

　　客有见田骈者，被服中法，进退中度，趋翔闲雅，辞令逊敏。田骈听之毕而辞之。客出，田骈送之以目。弟子谓田骈曰："客士欤？"田骈曰："殆乎非士也。今者客所弇敛⑤，士所术施也；士所弇敛，客所术施⑥也。客殆乎非士也。"故火烛一隅，则室偏无光。骨节蚤成，空窍哭历⑦，身必不长。众无谋方，乞谨视见⑧，多故不良。志必不公，不能立功。好得恶予，国虽大不为王，祸灾日至。故君子之容，纯乎其若钟山之玉，桔乎其若陵上之木；淳淳乎慎谨畏化，而不肯自足；乾乾乎取舍不悦，而心甚素朴。

唐尚敌年⑨为史，其故人谓唐尚愿之，以谓唐尚。唐尚曰："吾非不得为史也，羞而不为也。"其故人不信也。及魏围邯郸，唐尚说惠王而解之围，以与伯阳，其故人乃信其羞为史也。居有间，其故人为其兄请，唐尚曰："卫君死，吾将汝兄以代之。"其故人反兴再拜而信之。夫可信而不信，不可信而信，此愚者之患也。知人情不能自遗，以此为君，虽有天下何益？故败莫大于愚。愚之患，在必自用。自用则蠢陋之人从而贺之。有国若此，不若无有。古之与贤从此生矣。非恶其子孙也，非徼而矜其名也，反其实也。

注 释

①偄：轻薄、巧佞。

②恐狼：恐吓、压服。

③竭：厌恶、离去。

④桎之：用枷锁束缚其腿。

⑤弆敛：隐藏收敛。

⑥术施：述说施行。

⑦空窍哭历：指骨头疏松易折。

⑧乞谨视见：只在外表容貌上下功夫。

⑨敌年：年龄相同。

译 文

士不偏私不结党，柔和而坚强，清虚而笃实，看上去光明磊落而不轻薄滑巧，好像忘记了自身的存在；他们藐视琐事而志向远大，看似没有勇气却不能威胁恐吓；他们坚定勇敢而不可侮辱，面临忧患艰险而守义不改，即便南面称王也不会骄奢自大；他们一旦君临万民就准备收服四海，行事高瞻远瞩而轻视小利；他们超越尘俗而可以安定天下，不追逐富贵也不会厌恶贫贱；他们看重德行、遵守义理而羞于施用诈巧，胸怀宽广不诋毁别人而心志高洁，难以用外物打动而绝不轻易改变节操。这就是国士的风范。

　　齐国有个擅长相狗的人，他的邻居托付他买个捕鼠用的狗。过了一年才找到，对邻居说："这是条好狗啊！"他的邻居养了数年，狗却不捕老鼠，将这种情况告诉了相狗者。相狗者说："这是条好狗。他的志向在捕捉獐麋豕鹿，而不在捕捉老鼠上。要想让它捉老鼠，就要对它的腿加以束缚。"邻居于是给狗的后腿上了木枷，狗才开始捕鼠。骥骜奔行千里的气质，鸿鹄一飞冲天的志向，能够使人心感知，是因为这种气质、志向真实存在。人也是这样的，果真具备了君子的气质、志向，就一定能被别人所感知，言语岂能完全说得明白？这就是不言之言。

　　有位客人前来拜访田骈，衣服合乎法式，进退合乎礼仪，举止娴雅，言辞恭敏。田骈听他说完，就谢绝了他。客人出去以后，田骈目送他远去。弟子问田骈说："来客是位士吗？"田骈说："大概算不上士吧。客人所掩饰收敛的地方，正是士人所述说施行的；而士人所掩饰收敛的地方，正是客人所述说施行的。客人大概算不上是士吧。"所以说，火光只照耀一个角落，半个屋子就会昏暗无光。骨骼过早生长，就会疏松而不结实，身材必然难以高大。众人不专心道义，只在外表上谨慎造作，所以多不成才。心志不正，就不能立功。贪得恶施，国家虽大也难以成就王业，灾祸时时都会到来。所以君子的仪容，像钟山美玉一样纯洁美好，像高山上的大树一样坚强朴素；真诚谨慎，敬畏教化，不敢骄傲自满；孜孜不倦，宠辱不惊，永远心地淳朴。

　　唐尚的同龄人做了史官，他相识的故人认为唐尚也希望那样，就将消息告诉了唐尚。唐尚说："我并不是不能做史官，只是以仅能做个史官为羞耻，不愿意去做。"他的故人不相信。等到魏国围困邯郸，唐尚游说魏王解除了邯郸之围，赵国就将伯阳封给了他。这时他的故人才相信他以做史官为耻。过了一段时间，故人为其兄长请求官职，唐尚说："卫国国君去世了，我将让你的哥哥代替他。"故人起身再拜，竟然信以为真。可信之事不相信，不可信之事却相信，这就是愚人的忧患之所在啊。能够知道别人的缺陷，自己却不能改正，这样做君主，即便拥有天下又有什么益处？所以说，没有比愚蠢之人更能坏事的了。愚蠢之人的忧患，就在于顽固自用。顽固自用，那些浅陋无知的人都会跑来祝贺他。像这样拥有国家，还不如没有。古代让贤的事就是由此而生的。让贤并不是厌恶自己的子孙，也并非是夸耀、追求名声，而是依据实际情况才这样做的。

解__读_

一个人是士君子还是小人，并不是天生注定的，而在于其后天的修养。喻于义者即为士，喻于利者即为小人；慕仁义者即为士，慕权势者即为小人；珍视名节者即为士，珍视钱财者即为小人；舍生取义者即为士，背信弃义者即为小人……我们每个人都应不断提高自己的道德修养，追求更高的人生境界，努力做一个受人尊敬的士君子，而非让人厌恶的小人。

能否称为一个士，在于人的内心追求、内在品质，而非外表、服侍。士人应该将精力放在内在修养之上，而不是刻意去修饰仪容。没有士的品德，却装出一副士的样子，那就是伪君子，是乡愿之人。真正的士人心中时刻想着如何提高自己的道德，如何为天下百姓排忧解难，又怎么会在意自己的衣着、容貌呢？曾子在卫国，十年不制衣，正冠而缨绝，捉衿而肘见，纳履而踵决；虞卿拜见赵王时蹑蹻檐簦为之画策；王猛拜见桓温时，穿麻布短衣，一边捉虱子，一边畅谈天下大事……他们都是士人之中的出类拔萃之辈，却毫不在乎自己的外表、服饰。所以说，一个人是不是士君子和其衣着、容貌没有任何关系。

士人修身，不可好高骛远、贪慕虚名。德是立身之本，义是名声之源，踏踏实实修养自己的德行，努力遵从道义而行事，士节自然会彰显，美名自然会到来。若不注重根本，却追求士的虚名，就会在修身之上有所预期，就会犯助长的毛病。古人在修身之中，很看重"勿忘勿助"的原则，对于努力成为士的人来说，既要在心中想着成为士君子这件事，又要懂得从根本上下功夫，而不是刻意做作，以虚伪的行为来沽名钓誉。能从根本上下功夫，就不会在乎虚名，就不会在意愚蠢之人对自己的误解。即便他人都不了解自己，也不改变自己的志向；即便他人都误解自己，也不动摇自己的初衷。"人不知而不愠"，"不见是而无闷"，"定乎内外之分，辩乎荣辱之境"，这样的人才能成为真正的士君子。

务大

尝试观于上志①，三王之佐，其名无不荣者，其实无不安者，功大故也。俗主之佐，其欲名实也与三王之佐同，其名无不辱者，其实无不危者，无功故也。皆患其身不贵于其国也，而不患其主之不贵于天下也，此所以欲荣而逾辱也，欲安而逾危也。

孔子曰："燕爵争善处于一屋之下，母子相哺也，区区焉相乐也，自以为安矣。灶突决，上栋焚，燕爵颜色不变，是何也？不知祸之将及之也。不亦愚乎？为人臣而免于燕爵之智者寡矣。夫为人臣者，进其爵禄富贵，父子兄弟相与比周于一国，区区焉相乐也，而以危其社稷，其为灶突近矣，而终不知也，其与燕爵之智不异。"故曰：天下大乱，无有安国；一国尽乱，无有安家；一家尽乱，无有安身。此之谓也。故细之安必待大，大之安必待小。细大贱贵交相为赞，然后皆得其所乐。

薄疑说卫嗣君以王术，嗣君应之曰："所有者千乘也，愿以受教。"薄疑对曰："乌获举千钧，又况一斤？"

杜赫以安天下说周昭文君，昭文君谓杜赫曰："愿学所以安周。"杜赫对曰："臣之所言者不可，则不能安周矣；臣之所言者可，则周自安矣。"此所谓以弗安而安者也。

郑君问于被瞻曰："闻先生之义，不死君，不亡君②，信有之乎？"被瞻对曰："有之。夫言不听，道不行，则固不事君也。若言听道行，又何死亡哉？"故被瞻之不死亡也，贤乎其死亡者也。

昔有舜欲服海外而不成，既足以成帝矣。禹欲帝而不成，既足以王海内矣。汤、武欲继禹而不成，既足以王通达③矣。五伯欲继汤、武而不成，既足以为诸侯长矣。孔、墨欲行大道于世而不成，既足以成显荣矣。夫大义之不成，既有成已，故务事大。

注　释

①上志：古代的典籍、记录。

②死君：为君主赴难而死；亡君：陪同君子流亡国外。

③通达：指道路通达，舟车可及之处。

译　文

　　试看古代记载，三王的辅佐大臣，其名声没有不荣显的，地位没有不安稳的，这是因为功大的缘故。庸俗之主的辅佐大臣，想要得到名声、地位的意愿和三王的辅佐大臣相同，然而其名声没有不卑辱的，地位没有不危险，这是因为无功的缘故。他们都担心自身不能在国中显贵，而不担心自己的君主不能在天下显贵，这就是求荣得辱，欲安反危的原因。

　　孔子说："燕雀在屋檐下争得好地方筑巢，母鸟哺育小鸟，怡然相乐，自认为是安稳了。烟囱破裂，上面的房梁燃烧起来，燕雀仍然不知惊慌，这是为什么呢？不知道灾祸即将到来啊！这岂不是很愚蠢吗？作为臣子能避免燕雀这种见识短浅过错的人太少了。身为臣子，一心追求爵位俸禄金钱地位，父子兄弟在国中朋比为奸，怡然自乐，以此危害国家社稷。他们的巢穴离烟囱很近，却始终不能察觉；他们的智力和燕雀也没有什么差别。"所以说：天下大乱，没有安定的国家；国家大乱，没有安定的家族；家族大乱，没有安定的个人。这些说的就是以上情况，所以，局部的安危一定要倚仗整体的稳定，整体的稳定也一定要靠局部的安稳。局部、整体，卑贱、尊贵相互辅助支持，然后大家才能各得其所乐。

　　薄疑以王道游说卫嗣君，卫嗣君说："我有的只是千乘小过，希望就此听您指教。"薄疑回答："乌获能够力举千钧，又何况一斤之重呢？"

　　杜赫以安定天下之术游说周昭文君，昭文君对他说："只希望学习可以安定周地的方法。"杜赫回答："我所说的您若做不到，周地就不能安定；我所说的您做到了，周地自然安定了。"这就是所谓的不以专门安定它的方法而使它自然得到安定。

　　郑君请教被瞻说："听闻先生的主张，不为君主而死难、逃亡，真有这样的话吗？"被瞻说："有。言论不被听用，主张不被采纳，那本来就未曾侍奉君主。若言论被听用，主张被采纳，国家又怎么会灭亡呢?"所以被瞻不为国君为死难、逃亡，比那些为国君死难、逃亡的要更加贤能。

从前舜帝想令海外服膺而未能成功，但足以成就帝业了。禹想成就帝业而未能成功，但足以称王于天下了。商汤、武王想要继承大禹的事业而未能成功，但也足以在舟车所及的地方称王了。五霸想要继承商汤、武王的事业而未能成功，但再也足以成为诸侯的君长了。孔子、墨子想要在天下施行大道，而未能成功，但也足以成就自己的尊显荣耀了。追求大义而不能成功，结果还是会有所成就，所以一定要致力于大事。

解 读

一个人有多高的理想，往往就决定了他能够取得什么样的成就。立志高远者，前进的动力也必然十足，思考问题的方式也必然深刻；而志向短浅者，往往只能想到身边、眼前的琐事，得过且过，难以建立什么大的事业。所以，古今中外的英雄、圣贤，无不立志高远。孔子说，斯文在兹；孟子说，舍我其谁；刘邦说，大丈夫当如是；项羽说，彼可取而代之；拿破仑说，不想做将军的士兵，不是一个好士兵；阳明先生也说，读书的目的在于做圣贤……正是因为他们拥有崇高远大的志向，所以能够看得比普通人深远，意志比普通人坚强，对自己的要求比普通人更加严格，也取得了普通人所难以企及的伟大成就。

一个士兵，不能只想着在战斗中活下去，要多想想自己可以建立功勋，称为英雄、做上将军；一个学者，不能只想着摆弄文字、填饱肚子，要多想想自己可以为往圣继绝学，做一个令人崇敬的圣贤；一个君主，不能只想着保全社稷，要多想想自己可以成为尧舜禹汤那样的明君，为万世开太平；普通人也都一样，无论出身如何、从事什么职业，都不要每天只求饱腹安眠，要有更高的人生追求，做一个受周围人尊重的人，做一个受天下人敬仰的人，做一个受后世人崇敬的人……有了这些理想，人才能摆脱平庸的命运，走出庸俗的生活境界，而不辜负上天赐予自己的生命。